# 船舶动力装置生产设计

主　编　刘晓丽　吴璇璇
副主编　于功志　赵　波
参　编　陈秀双　刘　冶
　　　　韩彩娟　王英乾
主　审　毕坚裔

北京理工大学出版社
BEIJING INSTITUTE OF TECHNOLOGY PRESS

## 内容提要

本书基于工作过程的理念，按照新模块化教学方案进行编制，在编写过程中凭借编者实践积累和多年船舶修造中的生产经验，以船舶动力装置生产设计原则及方法为指导思想，以适应行业发展的要求，对接职业标准和岗位要求，具有鲜明的行业特点。本书共设置了8个教学任务，18个活动，按照思维导图、任务描述、活动引擎、知识充电站、学生活动页、拓展知识的思路进行编写。本书科学地阐明了船舶动力装置生产设计原则、生产设计标准、设计前的准备工作，并引入企业生产案例进行船舶燃油系统生产设计、船舶压载水系统生产设计、船舶机舱通风系统放样设计，操作性极强，工学结合，使学生能更快、更顺利地适应生产设计岗位。

本书是针对高等教育船舶动力工程技术专业编写的理论与实践教材，同时适用于企业员工培训、从事轮机设计从业人员的自学以及其他形式的职业教育。

**版权专有　侵权必究**

### 图书在版编目（CIP）数据

船舶动力装置生产设计 / 刘晓丽，吴璇璇主编. -- 北京：北京理工大学出版社，2022.1
ISBN 978-7-5763-1027-6

Ⅰ.①船… Ⅱ.①刘… ②吴… Ⅲ.①船舶机械—动力装置—船舶设计—教材 Ⅳ.①U664.1

中国版本图书馆CIP数据核字(2022)第028389号

| | |
|---|---|
| 出版发行 / | 北京理工大学出版社有限责任公司 |
| 社　　址 / | 北京市海淀区中关村南大街5号 |
| 邮　　编 / | 100081 |
| 电　　话 / | （010）68914775（总编室） |
| | （010）82562903（教材售后服务热线） |
| | （010）68944723（其他图书服务热线） |
| 网　　址 / | http://www.bitpress.com.cn |
| 经　　销 / | 全国各地新华书店 |
| 印　　刷 / | 河北鑫彩博图印刷有限公司 |
| 开　　本 / | 787毫米×1092毫米　1/16 |
| 印　　张 / | 15.5 |
| 字　　数 / | 376千字 |
| 版　　次 / | 2022年1月第1版　2022年1月第1次印刷 |
| 定　　价 / | 75.00元 |

责任编辑 / 阎少华
文案编辑 / 阎少华
责任校对 / 周瑞红
责任印制 / 边心超

图书出现印装质量问题，请拨打售后服务热线，本社负责调换

# 前言

为了深入贯彻落实《中国制造2025》，并满足高职高专教育改革发展的需要，编者在结合目前船舶动力工程技术专业行业需求，依照《船舶动力装置技术专业人才培养方案》的基础上，积极推行工学结合、校企合作，融教学做一体化、实境教学等高职教学改革，采用模块化设计，根据生产岗位的需要、职业标准的要求，编写了这本教材。

本书是理论与实践一体化的教材，在编写过程中，形成了如下特色：

1．教学内容按行动领域项目化，取材于工作实际，由企业专家参与设置，体现校企合作、工学结合。

2．知识结构按工作过程系统化，体现教学过程以学生行动为主体。

3．明确教学方法以培养能力为目标。

4．理论性知识总量适度够用且反映新技术、新工艺。

5．任务引领设计具体、可操作，能方便地按岗位工作实际设计教学情境。

本书共分8个任务：现代船舶与现代造船工程、船舶生产设计概述、船舶动力装置生产设计、船舶动力装置生产设计标准、生产设计准备、船舶燃油系统生产设计、船舶压载水系统生产设计、机舱通风系统放样设计。

本书由渤海船舶职业学院刘晓丽、吴璇璇担任主编并进行全书统稿，具体编写分工为：任务1、任务6、任务7由渤海船舶职业学院吴璇璇负责编写；任务2由渤海船舶职业学院韩彩娟、王英乾编写；任务3、任务5由渤海船舶职业学院刘晓丽负责编写；任务4、任务8由大连海洋大学创新创业学院副院长于功志负责编写；上海外高桥造船有限公司赵波高级工程师、江南造船（集团）有限责任公司刘冶高级工程师、渤海造船厂集团有限公司陈秀双高级工程师设计并完成船舶设计图纸的绘制，提供生产设计案例；全书由渤船船舶重工有

# Foreword

限责任公司副总经理、研究员级高级工程师毕坚裔主审。另外，本书配备的相关附录图纸，读者可通过扫描右侧二维码获取。

　　由于编者水平有限，收集的资料不够全面，书中内容难免有不妥或错误之处，恳请读者批评指正。

编　者

# 目录

## Contents

**任务1 现代船舶与现代造船工程** ························ 1
　　活动　现代船舶与现代造船工程 ···················· 2

**任务2 船舶生产设计概述** ···································· 14
　　活动　船舶生产设计概述 ································ 15

**任务3 船舶动力装置生产设计** ···························· 27
　　活动　船舶动力装置生产设计 ························ 28

**任务4 船舶动力装置生产设计标准** ···················· 47
　　活动4.1　船舶动力装置生产设计标准体系 ···· 48
　　活动4.2　《船舶管系布置和安装工艺要求》（CB/Z 345—2008）······ 56
　　活动4.3　机舱装专业设计指导书 ···················· 65

**任务5 生产设计准备** ·········································· 78
　　活动5.1　船舶建造方针书编制 ························ 79
　　活动5.2　船舶建造施工要领编制 ···················· 99
　　活动5.3　区域划分和托盘划分 ······················ 110

**任务6 船舶燃油系统生产设计** ·························· 121
　　活动6.1　船体结构建模 ································ 122

1

活动6.2　燃油系统设计规范查读 ·········································· 137
　　活动6.3　燃油系统生产设计 ·················································· 147

**任务7　船舶压载水系统生产设计** ············································ 168
　　活动7.1　全船结构建模 ·························································· 169
　　活动7.2　压载水系统规范查读 ·················································· 181
　　活动7.3　压载水系统生产设计 ·················································· 190

**任务8　机舱通风系统放样设计** ············································· 204
　　活动8.1　机舱通风系统设备建模 ·················································· 205
　　活动8.2　机舱通风系统设计规范查读 ·········································· 222
　　活动8.3　机舱通风管系生产设计 ·················································· 233

**参考文献** ························································································· 242

# 任务 1　现代船舶与现代造船工程

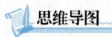

思维导图

```
                                                        现代船舶与现代造船工程
                                      【知识充电站】——船舶建造方式的变革
                                                        现代造船模式
现代船舶与现代造船工程——【学生活动页】现代船舶与现代造船工程调研
                                      【拓展知识】单元化建造模式
```

任务描述

　　船舶是一种主要在水中运行的人造交通工具，内部主要包括容纳空间、支撑结构和排水结构，并具有利用外在或自带能源的推进系统。纵观船舶的发展历史，其主要特点是专业化、大型化、复杂化。现代船舶工程是一个范围辽阔的专业领域，它有为数众多的科学和技术分支。随着科学技术的发展，船舶经历了由小到大、由简单到复杂的不断演变的过程，现代船舶工程也就必然成为一项复杂的系统工程。本任务对现代船舶与现代造船工程的基本概念、主要内容及设计的特点进行阐释，并对造船模式的未来发展予以展望。

　　通过本任务的学习，学生具体应达到以下要求。

　　一、知识要求

　　1. 了解造船工业发展。
　　2. 了解船舶建造方式的变革历程。
　　3. 完整地理解现代造船模式。
　　4. 了解未来造船模式的发展趋势。

　　二、能力要求

　　1. 能够掌握传统船舶建造方式的主要内容。
　　2. 能够掌握现代船舶建造方式的主要内容。
　　3. 能够掌握单元化设计模式原则及方法。
　　4. 能够掌握精益制造原则及方法。

　　三、素质要求

　　1. 具有规范操作、安全操作、环保意识。
　　2. 具有爱岗敬业、实事求是、团结协作的优秀品质。
　　3. 具有分析问题、解决实际问题的能力。
　　4. 具有创新意识，获取新知识、新技能的学习能力。

# 活动　现代船舶与现代造船工程

## 活动引擎

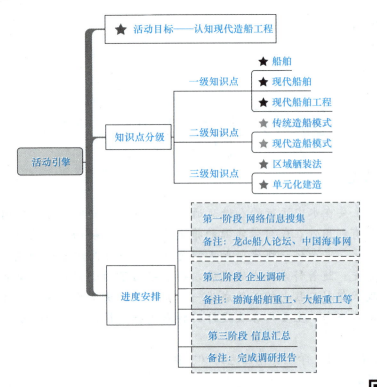

## 知识充电站

### 一、现代船舶与现代造船工程

船舶是一种主要在水中运行的人造交通工具。民用船一般称为船，军用船称为舰，小型船称为艇或舟，其总称为舰船或船艇。内部主要包括容纳空间、支撑结构和排水结构，具有利用外在或自带能源的推进系统。纵观船舶几十年来的发展历史，其主要特点是专业化、大型化、复杂化。

运输散装石油的油船是最早的专业化运输船，其他专业化的运输船舶是从20世纪50年代才迅速发展起来的。首先是干散货船与杂货船的分离，出现了矿砂船、散货船、散货与石油兼用船，然后陆续出现了液化气船、液体化学品船、集装箱船、滚装船、汽车运输船等。随着经济的全球化，海上物流形态和品种连续不断地发生着变化，使得高性能专用船替代常规通用船，船舶品种继续呈现多样化发展趋势。集装箱船的大量建造使杂货船、冷藏船制造减少；能源消耗的增加，天然气、石油气的扩大应用，尤其是清洁能源的使用，使油船、液化天然气船需求增加。

现代船舶既是复杂的水上工程建筑物，也是一种比较特殊的工业产品。我国建造的30万

视频：现代船舶与现代造船工程

吨海上浮式生产储油船(FTSO)，船体由数十万个零部件组成。这样的庞然大物，其复杂程度是陆地上的金属结构物无法比拟的。在现代航海技术、现代柴油机技术、船舶自动化技术迅猛发展和日渐成熟的同时，诸如卫星定位与导航、数字通信、综合导航系统、数字化驾驶台、无人机舱、船舶控制系统、完整的废油处理系统、船舶管理系统等新技术的应用，船上安装的机械电气设备和各种装置的种类增多，现代船舶性能也更加先进。高科技在现代化舰船上的应用，将达到空前的高度。船舶将向安全、环保、尖端技术等方向发展，船舶的复杂程度将进一步增加。船舶的设计、制造技术正面临着新的挑战。

工程是一种创造性的专业。现代船舶工程是范围辽阔的专业领域，它有为数众多的科学和技术分支。随着科学技术的发展，船舶经历了由小到大、由简单到复杂的不断演变的过程，现代船舶工程也就必然成为一项复杂的系统工程。虽然其组成复杂，大体上，可以将整个船舶工程划分为船体和舾装两大部分。船厂主要从事船体的建造和各类机电设备、装置的安装调试。前者为船体工程；后者则统称为舾装工程。从专业的角度也可以将船舶工程划分为船体、机械和电气等几个具体的专业。现代船舶工程又是活跃的并在发展变化的专业领域，有多种类型人才参与其中，紧密联系着社会现实生活。一般认为现代船舶工程包括研究、开发、设计、建造、运行、试验、营销、管理、工程咨询和工程教育培训等诸多方面。其中，最基本的工程活动是船舶的设计、建造和营销服务，三者构成一个最简单的工程循环。

## 二、船舶建造方式的变革

早期的船舶，利用木材建造，铁钉钉连船板，桐油加麻丝捻缝保证水密。当时，船体建造采用的是在工场内，边制作零件边进行装配的手工作坊式的建造方法。

19世纪后期，铆接技术应用于造船，船舶建造进入铆接时代。在铆接时代，船体建造采用的是一个一个零件直接上船台装配的"整体造船法"。数量众多的船体零件经放样号料并加工成形后，直接送往船台装配。待整个船体装配完成并下水后，才在码头上进行舾装作业，安装全船的各类机械、电气、管路及其他设备。当时的船舶设计提供的图纸资料，也只反映所要建造船舶的结构式样设备类型及其布置情况，基本上不涉及现场的施工方法和生产的组织管理。通俗地讲，当时的设计只解决"造什么样的船"的问题，至于"怎样造船"和"怎样组织造船生产"在设计阶段是不予或很少考虑的。施工作业则基本依赖工人的技艺和现场管理人员的指挥。这是典型的船舶建造的旧模式。在旧模式下，船体工程与舾装工程，船舶设计与船舶建造，基本上都处于分离的状态。这个时期船舶建造的效率低、周期长。

20世纪50年代中期，随着焊接技术的发展，船厂起重运输能力的提高，以及新材料、新设备、新工艺的逐步采用，船体结构从铆接过渡到焊接，船体建造也从"整体建造法"发展为"分段建造法"，即将整个船体划分为若干个分段，如艏段、艉段、底部分段、甲板分段等。在上船台之前各分段单独制造，完成后再运往船台进行总装，这种船体装配技术的出现大大改变了造船生产的面貌。随后，便将全段划分为更小的部件组合件进行装配，这有效地扩大了船体制造的作业面，改善了作业条件。与此同时，舾装工程也不是等船舶下水后完全在码头上进行，大部分舾装工程，如管路和部分机械设备的安装也被提前到船台装配和分段装配阶段进行，这个阶段的舾装被称为船舶预舾装。虽然初始阶段预舾装的程度还是比较低的，码头舾装仍占有相当的比例，但船体和舾装工程由完全的分离开始走向结合。焊接船体、分段建造和预舾装的出现，虽有效地缩短了船舶的建造周期，但同时也带来了许多新的问题，如结构的焊接变形，装配中存在的误差和余量、补偿量的设置，分段的吊运和翻身，以及舾装工程和船体工程的协调与配合，工艺流程的合理确定等，都必须加以研究解决，从而对船舶的设计工作提出了新的、更高的要求。这些内容已涉及"怎样造船"和"怎样组织造船生产"的问题，即船舶设计与制造工艺走向相互结合的萌芽阶段。

经过不断的探索和实践，船舶设计工作发生了很大的变化。为了满足现场施工的要求，设计图纸不仅要反映船舶产品的完工状态，还要尽量使施工的各个工位和各个工序的施工要求、施工方法一一对应。这就是使实际生产的各个细节，如材料流程、零件加工、结构预装配、船台总装配、设备安装等阶段所必需的资料和数据，都完整清楚地表达在一张张设计图纸中。这样，船舶设计不仅解决了"造什么样船"的问题，还解决了"怎样造船"和"怎样组织造船生产"的问题。这就是在造船行业中逐步形成并不断深化的设计与制造一体化的要领。

随着船舶的大型化、现代化和生产技术的发展，这种一体化造船的新概念又延伸到舾装领域，形成了新的"区域舾装法"。这种方法是根据船舶的结构和布置特点，将整条船划分为机舱、甲板和上层建筑几个大区域。对于货船，甲板区域包括货舱区、船艏区和船艉区，也就是除机舱外的几乎整个主船体部分。机舱区域包括烟囱部分在内。为了便于组织施工，每个大的区域又根据不同情况，沿着船舶深度、宽度和高度方向再划分为若干个较小的区域，对于每个区域都要绘制舾装综合布置图。一个区域的综合布置图中可能包括有主机、辅机、管子及其支架、电缆及其支架、通风管路、格栅等。所需的材料或零件则按生产程序所要求的时间和所属的区域进行配套集中，形成所谓的"托盘"。这些托盘仅仅在需要的时候，才送往船上相应区域的指定地点。这样，就使船上种类繁杂的舾装件的安装做到了时间上有序、空间上分流，并与船体工程保持协调一致，实现船体工程与舾装工程的一体化。为了高质量、高效率、短周期、确保安全地造船，造船工作者认识到，不仅要实现设计、制造(生产)的一体化和船体工程与舾装工程的一体化，还要将船舶涂装工作也纳入一体化之中，因为全船几乎每一个部位都要进行涂装，而且涂装作业分阶段贯穿在整个船舶建造过程中，涂装作业涉及面广，也同样需要与船体工程、舾装工程协调一致地进行。如此，就形成了当今壳、舾、涂一体化区域造船法，也就逐步形成了造船生产设计的概念，并将造船生产设计纳入船舶设计的工作范畴。

船舶被"壳、舾、涂"一体化区域造船模式(图1-1-1)划分为三大区域，即机装区域M、居装区域A(船舶上层建筑部分)和这两个区域之外的甲板区域D。图1-1-1中E为全船电气舾装的代号。

图1-1-1中船体工程(含涂装)的工艺流程是：板材、型材预处理→船体零件加工→部件、组合件装配→分段装配→船台合龙。从图中可以看出，涂装工作先后分四次穿插在船体建造过程中，即钢材预处理阶段的涂防护底漆、分段装配阶段的第二次除锈和涂漆、船台合龙阶段的涂漆及船舶下水以后的最后涂漆。各个阶段的涂装工作应与船体及舾装工程相互配合、合理安排，既不要在已经涂装的表面又进行较大面积的气割焊接作业，也不应在涂装之前就过早安装会妨碍除锈涂装工作进行的舾装件。

图1-1-1中舾装工程的工艺流程是：部分舾装零件和管系的制造→车间内进行的单元舾装和标准模块组装→由托盘集配送往各区域进行的分段舾装→分段预合龙后的大分段(或总段)舾装→船台舾装→船舶下水后的码头舾装。从图中可以清楚看出，船体工程、舾装工程和涂装工程在施工时间(阶段)上的对应关系。

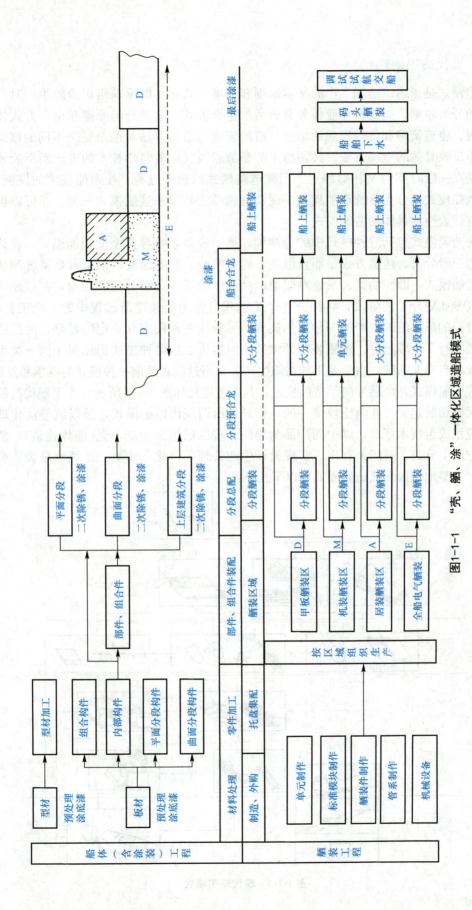

图1-1-1 "壳、舾、涂"一体化区域造船模式

### 三、现代造船模式

造船模式是指组织造船生产的基本原则和基本方式。其既反映组织造船生产对产品作业任务的分解原则,又反映作业任务分解后的组合方式。这种分解原则和组合方式体现了设计思想、建造策略和管理思想的结合。造船模式与造船方法是两个完全不同的概念,造船模式不反映具体的造船方法。必须指出的是造船模式随着科学技术的进步而不断发展变化,但是在一段时期内又相对稳定。回顾造船模式的演变过程,按造船技术的发展水平,可以将造船模式划分为传统造船模式、现代造船模式和未来造船模式三类,还可以再细分成五个有代表性的具体的造船模式。

传统造船模式包括五种模式中的前两种,第一种是系统导向型的造船模式,设计、工艺、管理三者分离,建造方式是船台散装、码头舾装、整船涂装;第二种是系统和区域导向型的造船模式,即按功能、系统对船舶产品的作业任务进行分解和组合,并按船体、轮机、电气专业划分工艺阶段,再细分各个工艺项目作为船舶建造过程中的一个工艺环节,以工艺过程的形式组织生产的一种造船模式。尽管这两种模式有一定的差异,而且后一种模式已经实行了分段建造、预舾装和预涂装,但实质上这两种模式仍然属于同一类型,它们都是按各自专业系统,由专业工种组织生产,只不过后者是前一种模式的继承和发展。

现代造船模式是产品导向型造船模式,其工艺流程如图 1-1-2 所示。关于现代造船模式目前尚无确切的定义。业内比较统一的认识是:所谓现代造船模式,是以统筹优化理论为指导,应用成组技术原理,以中间产品为导向,按区域组织生产,壳(船体建造)、舾、涂作业在空间上分道、时间上有序,实现设计生产管理一体化,均衡、连续地总装造船的造船模式。完整地理解现代造船模式有以下几点:

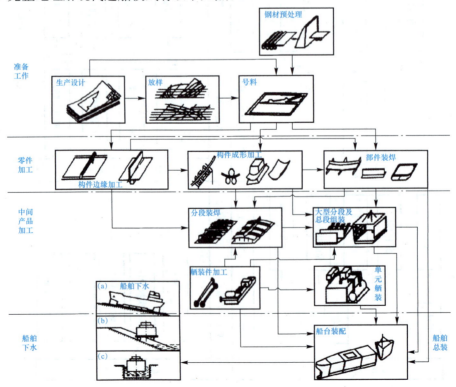

图 1-1-2 现代造船模式

(1)应用成组技术的制造原理和相似性原理,以及系统工程技术的统筹优化理论,是形成现代造船模式的理论基础。

(2)应用成组技术的制造原理,建立以中间产品为导向的生产作业体系,是现代造船模式的主要标志。

(3)中间产品导向型的生产作业体系的基本特征,是以中间产品的生产任务包形式体现的。

(4)应用成组技术的制造原理进行产品作业任务分解,以及应用相似性原理按作业性质(壳、舾、涂)、区域、阶段、类型分类成组,必须通过生产设计加以规划。其中,按区域分类成组,建立区域造船的生产组织形式,是形成现代造船模式的基础和必要条件。

(5)应用系统工程的统筹优化理论,是协调使用成组技术原理建立起来的现代造船生产作业体系相互关系的准则。该准则可形象化地概括为两个"一体化"。其中,壳、舾、涂一体化是指以"船体为基础、舾装为中心、涂装为重点"的管理思想,将壳、舾、涂不同性质的三大作业类型,建立在空间上分道、时间上有序的立体优化排序。而设计、生产、管理一体化是指设计、生产、管理三者的有机结合,在设计思想、建造策略和管理思想的有机结合中,以正确的管理思想作为三者结合的主导。两个"一体化"是组织"系统"运行极为重要的一种管理思想。

(6)现代造船模式是通过科学管理,特别是通过工程计划对各类中间产品在船舶建造过程中的人员、资材、任务和信息的强化管理,以实现作业的空间分道、时间有序、逐级制造、均衡、连续地总装造船。

现代造船模式包括五种造船模式中的第三种和第四种,这两种模式共同的基础是区域造船,目标是以中间产品为导向,但是也有误差。第三种模式是船舶设计、工艺和管理为一体,生产方式是分道建造、区域舾装、区域涂装;而第四种模式则是实现了两个"一体化"的区域造船法的造船模式,是充分体现现代造船技术发展水平的现代造船模式。

未来造船模式是以中间产品模块化组织生产为特征的模块化总组造船模式,属于第五种造船模式。作为中间产品的造船模块应该是"具有标准尺寸和标准件,且主要部件具有可选择性的最终产品的预制单元"。这种预制单元有船体结构单元和舾装功能单元。所有造船模块都必须具有独立的功能、通用性、特定的界面、连接尺寸和连接形式。当然,第五种造船模式只是对将来高一级造船技术的预测,要全面实现模块化造船还有待于船舶产品设计部门和建造部门的共同努力。

## 🧰 学生活动页

**现代船舶与现代造船工程调研**

| 学习领域 | 船舶动力装置生产设计 | 任务名称 | 船舶动力装置生产设计概述 |
|---|---|---|---|
| 活动名称 | 现代船舶与现代造船工程 | 建议学时 | |
| 学生姓名 | | 班级学号 | |
| 组别 | | 任务成绩 | |
| 活动描述 | 本活动主要针对现代船舶工程进行讲解,并简单介绍船舶工程的发展。 | | |

续表

| 活动目的 | 1. 了解造船工业发展。<br>2. 了解船舶建造方式的变革历程。<br>3. 完整地理解现代造船模式。<br>4. 了解未来造船模式的发展趋势。<br>5. 培养学生在学习中分析问题、解决问题的能力。<br>6. 培养学生的沟通能力和团队协作意识。 ||
|---|---|---|
| 活动重点 |||
| 现代船舶工程 |||
| 活动材料 || 学生知识与能力准备 |
| ➤ 课件<br>➤ 微视频 || ➤ 使用 CAD、SPD、SB3DS 放样软件的能力<br>➤ 正确识读、查找规范的能力 |
| 小组人员分工 | 1. 资料搜集<br><br>2. 汇总分析<br><br>3. 调研报告撰写<br><br>4. 存在问题整理 ||
| 调研报告 | 调研内容：<br><br>调研报告 ─┬─ 船舶 ─┬─ 船舶的萌芽<br>　　　　　　　　├─ 船舶出现的意义<br>　　　　　　　　├─ 现代船舶的演变历程<br>　　　　　　　　└─ 现代船舶的主要作用<br>　　　　├─ 现代造船工程 ─┬─ 船舶建造方式的变革<br>　　　　　　　　├─ 船舶建造业的第一次飞速发展<br>　　　　　　　　└─ 船舶建造业的第二次飞速发展<br>　　　　└─ 全球造船企业分布 ─┬─ 全球技术的标杆<br>　　　　　　　　├─ 全球订单持有量分布<br>　　　　　　　　└─ 全球技术革新趋势 ||

续表

| | |
|---|---|
| 调研报告 | 1. 计划<br><br><br>2. 实施<br><br><br>3. 收集与整理<br><br><br>4. 撰写（报告粘贴处） |
| 存在问题 | |

续表

| | 简答题 |
|---|---|
| 活动测试 | 1. 简述船舶动力装置设计的任务。<br><br>2. 简述舾装工程的工艺流程。<br><br>3. 简述船体工程(含涂装)的工艺流程。<br><br>4. 简述系统导向型的造船模式与系统和区域导向型的造船模式的联系与区别。 |
| | 填空题 |
| | 1. 船舶动力装置包括三个主要部分：_____、_____、其他辅机和设备。<br>2. 现代船舶工程最基本的工程活动是_____、_____和营销服务，三者构成一个最简单的工程循环。<br>3. 造船模式是指组织造船生产的_____和_____。<br>4. 目前，选择使用单元类型最多的主要是_____、_____以及区域综合单元三种。 |

| 任务评价 | | |
|---|---|---|
| | 自我评价 | 1. 通过本任务学习，我学到的知识点和技能点有：_____。<br>存在问题有：_____。<br>2. 在本次工作和学习的过程中，我的表现可得到：<br>□优　□良　□中　□及格　□不及格 |
| | 小组互评 | |
| | 教师评价 | |

• **拓展知识**

单元化建造模式

　　随着人们对船舶建造工艺与质量要求的提升和科学技术水平的快速发展，船舶行业逐渐走向规范化和成熟化，当前管路系统单元设计也日趋成熟和完善，许多科学、精准的船舶设计系统理念和实践经验已被广泛应用于实际的造船设计和生产中，新工艺和新技术的运用缩短了造船周期，节约了生产成本，实现了造船领域的高科技化，提高了船舶整体质量和产率。

　　在船舶所有设备中轮机相当于整个船舶的心脏，是船舶获得推进机械能、电能和热能而配置的机械设备的有机结合体。它不仅关系着船舶的停靠、航行、装卸等作业，还会影响到船舶及船员的生命财产安全。船舶由于长时间运行在水中，其中轮机管系成为重要的组建部分，船舶中的管系贯穿着整个船只，其中包括船只连接管、压载系统、舱底水系统、污水处理系统、消防系统等。当前，随着现代数字造船技术和计算机技术理论的成熟与发展，当今的管路系统设计也在不断地优化和完善，不仅是简单地满足船舶的使用功能和质量，还对精细化设计、人性化设计和节能降耗等先进理论提出了更高的设计要求。因此出现了单元化建造模式，如图1-1-3所示为机舱底层M1G单元设计模型。

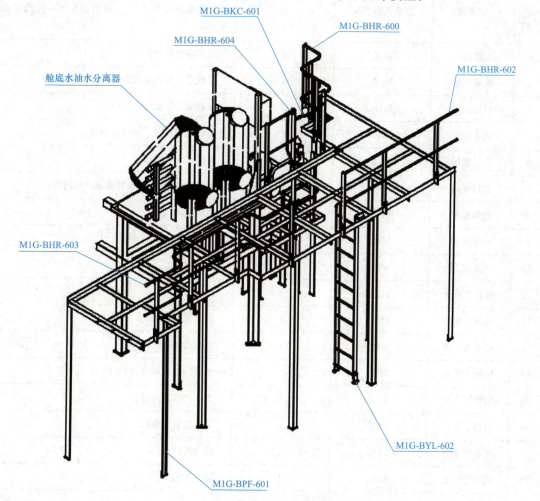

图1-1-3　机舱底层 M1G 单元设计模型

目前选择使用单元类型最多的主要是管束单元、功能单元及区域综合单元三种。现分别叙述如下:

(1)管束单元是指成束成排(含阀件、附件)敷设并以组合支架合成的多路管段的整合体。其适用于机舱内、甲板上、房舱内外等全船区域有成束管路的场合。

(2)功能单元是指以含一台(组)及一台(组)以上的设备或装置为中心并包含周边相关的管路、阀件、附件、铁舾件及电舾件等在内的组合体。其既适用于机舱各个平台甲板上,也适用于舱房内及主甲板上有关的设备或装置。

(3)区域综合单元是指在大面积的机电设备等综合布置密集的区域内,对其整个大区域工程进行科学和合理的分解,成为若干个较小的、相互依附且制作方便的单元的有机合成体。而这些较小单元是按照区域划分原则分解成的,也属于综合性单元。其既适用于机舱包含花钢板上下在内的整个底层区域,也适用于油船主甲板上管路系统综合布置的区域。××船机舱单元模块划分情况见表1-1-1。

表1-1-1 ××船机舱单元模块划分情况

| 序号 | 安装区域 | 单元名称 | 机舱设备数量 | 设备名称 |
| --- | --- | --- | --- | --- |
| 1 | 分油机 | 分油机室模块 | 10 | 燃油分油机(3)、滑油分油机(2)、供油单元、锅炉燃油输送泵(2)、主机供油单元、辅机供油单元 |
| 2 | 烟囱 | 烟囱模块 | 1 | 火星熄灭器(2) |
| 3 | 机舱底层 | M1A | 4 | 压载泵、海水泵(3) |
| 4 | 机舱底层 | M1B | 3 | 压载泵、燃油输送泵(2) |
| 5 | 机舱底层 | M1C | 2 | 舱底总用水泵、消防总用泵 |
| 6 | 机舱底层 | M1D | 2 | 舱底水泵、油渣泵 |
| 7 | 机舱底层 | M1E | 4 | 艉管滑油泵(2)、艉管滑油冷却器(2) |
| 8 | 机舱底层 | M1F | 2 | 主滑油泵(2) |
| 9 | 机舱底层 | M1G | 2 | 滑油驳运泵(2) |
| 10 | 机舱底层 | M1J | 0 | 伴行管分配器 |
| 11 | 机舱下平台 | M2A | 1 | 造水机 |
| 12 | 机舱下平台 | M2B | 3 | 淡水泵(3) |
| 13 | 机舱下平台 | M2C | 2 | 滑油冷却器(2) |
| 14 | 机舱下平台 | M2D | 2 | 中央淡水冷却器(2) |
| 15 | 机舱下平台 | M2E | 1 | 生活污水处理装置 |
| 16 | 机舱下平台 | M2F | 2 | 主机缸套水泵(2) |
| 17 | 机舱下平台 | M2G | 1 | 辅空气瓶 |
| 18 | 机舱下平台 | M2H | 1 | 辅空气瓶 |

续表

| 序号 | 安装区域 | 单元名称 | 机舱设备数量 | 设备名称 |
|---|---|---|---|---|
| 19 | 机舱下平台 | M2J | 0 | 控制空气分配器 |
| 20 | 机舱上平台 | M3A | 1 | 杂用空气瓶 |
| 21 | 机舱上平台 | M3B | 0 | 控制空气分配器 |
| 22 | 机舱上平台 | M3C | 1 | 淡水压力柜 |

根据表 1-1-1 可以看出，图 1-1-3 所示的是两组滑油驳运泵单元，这类设备组件安装单元设计建造，可以有效利用空间，同时方便建造施工。

**学习笔记：**

# 任务 2　船舶生产设计概述

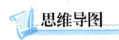

```
                                    ┌── 传统船舶设计方式
                                    ├── 现代船舶设计方式
                    ┌【知识充电站】──┤
                    │               ├── 船舶设计阶段的划分
                    │               └── 船舶生产设计技术的发展趋势
船舶生产设计概述 ───┼【学生活动页】船舶生产设计调研
                    └【拓展知识】数字化造船
```

船舶设计是一种技术实践活动，是联系船舶科学研究、船舶工程研究活动与船舶建造、经营服务活动的中介。船舶设计不是简单的翻手册、画图纸的经验性的狭窄技术工作，它除需要科学知识外，还需要工艺和技巧方面的知识。由于造船模式的演变，船舶设计方式也发生了相应的变化，根据船舶设计方式转变的过程，可以将船舶设计方式划分为传统设计方式和现代设计方式。本任务对船舶生产设计的基本概念、主要设计原则及设计的特点进行阐释，并对生产设计的未来发展予以展望。

通过本任务的学习，学生具体应达到以下要求。

**一、知识要求**

1. 了解传统船舶设计模式。
2. 掌握造船生产设计的管理方法。
3. 掌握现代造船模式的设计方式。

**二、能力要求**

1. 能够熟练掌握现代船舶设计的基本原则。
2. 能够独立完成船舶设计阶段的划分。
3. 能够按要求完成相应的管系生产设计。

**三、素质要求**

1. 具有规范操作、安全操作、环保意识。
2. 具有爱岗敬业、实事求是、团结协作的优秀品质。
3. 具有分析问题、解决实际问题的能力。
4. 具有创新意识，获取新知识、新技能的学习能力。

# 活动 船舶生产设计概述

## 活动引擎

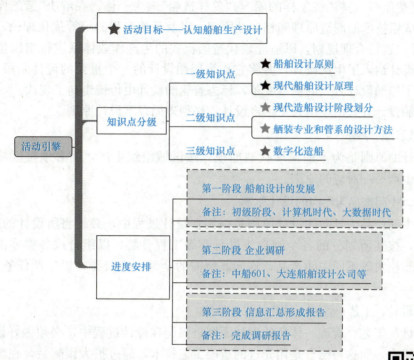

## 知识充电站

船舶设计是一种技术实践活动,是联系船舶科学研究、船舶工程研究活动与船舶建造、经营服务活动的中介。船舶设计不是简单的翻手册、画图纸的经验性的狭窄技术工作,它除需要科学知识外,还需要工艺和技巧方面的知识。由于造船模式的演变,船舶设计方式也发生了相应的变化,根据船舶设计方式转变的过程,可以将船舶设计方式划分为传统设计方式和现代设计方式。

视频:船舶设计

## 一、传统船舶设计方式

传统的船舶设计通常分为方案设计、技术设计和施工设计三个阶段。方案设计和技术设计基本上是船舶产品的设计,它反映的是船舶完工后的最终状态。施工设计则为船厂提供制造、安装、调试用的施工图纸和工艺文件,是为现场生产服务的。但旧模式下的施工设计对解决"怎样造船"和"怎样组织造船生产"的问题是远远不够的,程度极其有限。例如,就船体而言,施工设计图主要是表示结构的最后完成状态、必需的工艺装备和工艺要求,并没有详细表示出结构及零件的制造、安装顺序、施工方法、工艺要领和施工中必需的各种数据和指令;就舾装而言,也只表示设备与系统的原理、布置、要求及安装的最后完成状态,并没有表示出设备与系统制造、安装的阶段、程序、方法与试验要求等。这些图纸中没有解决的问题，就由船厂施工部门另行编制工艺、技术和管理方面的文件，以指导现场生产，弥补设计图纸的不足。传统的船舶设计基本上属于产品设计。它只设计"船舶产品"，而不设计"船舶生产"。

## 二、现代船舶设计方式

现代造船模式的设计方式与传统船舶设计方式不同，在解决"造怎样的船"的同时，还要解决"怎样造船"，是将"造怎样的船"与"怎样造船"融为一体。在解决"造怎样的船"的基础上，应用成组技术的制造原理和相似性原理，以及系统工程的统筹优化理论，对"怎样造船"通过设计，进行合理规划，以适应现代造船模式的生产作业体系进行组织生产的要求。为此，船舶设计纳入了生产设计，并将它作为船舶设计的一个重要的设计阶段。生产设计的产生带来了船舶设计方式的根本变革，标志着船舶设计由传统走向了现代。

现代船舶设计方式由于纳入了生产设计，必须遵循以下设计原则。

### 1. 区域设计的原则

区域设计的原则是为了适应现代造船模式按区域组织生产，而必须按区域进行设计，以便设计与生产一一对应的原则。

### 2. 贯彻以中间产品为导向的设计原则

贯彻以中间产品为导向的设计原则是强调在设计过程中，必须将所设计的船舶产品作为最终产品，按其所划分的各个制造级进行逐级工程分解，以组合成各类零部件、分段、托盘、单元、模块等不同中间产品，连同其所需的全部生产资源，以生产任务包形式进行设计。

### 3. 贯彻设计、工艺、管理一体化的设计原则

贯彻设计、工艺、管理一体化的设计原则是强调在设计过程中，必须做好设计、工艺、管理的有机结合，而这种结合是用先进的造船工艺技术，通过扩大预舾装，在统筹优化"怎样造船"的前提下，经各部门的相互协商，从工程管理的角度提出合理要求，最终以设计形式将"怎样造船"体现在工作图和管理图表上，作为指导现场施工的依据。

### 4. 贯彻壳、舾、涂一体化的设计原则

贯彻壳、舾、涂一体化的设计原则是强调在设计过程中，必须做好壳、舾、涂三类作业的有机结合，而这种结合是在一体化建造计划的指导下，通过壳、舾、涂生产设计之间的协调，最大限度满足各作业的均衡、连续地总装造船。

### 5. 贯彻各设计阶段相互结合的设计原则

贯彻各设计阶段相互结合的设计原则是强调设计必须事先通过做好工程管理方面的准备，含技术准备、计划准备和工程控制准备，将事先准备作为开展设计工作的前提，并在设计过程中处理好各设计阶段的相互渗透、相互交叉的密切联系，使设计的事先准备能与各个设计阶段的相互结合贯穿在船舶设计过程的始终。

现代造船的上述基本设计原则，就决定了其设计方式在设计阶段的划分、设计与工程管理的结合，以及设计中的协调有其独特的方式。

## 三、船舶设计阶段的划分

为了转变传统的造船生产模式，1983年11月，中国船舶工业总公司主持召开的"民船

设计工作座谈会",已确定将船舶设计划分为初步设计、详细设计和生产设计三个设计阶段。1988年,中国船舶工业总公司指导性技术文件《初步设计、详细设计和生产设计相互衔接的基本要求》规定了船舶初步设计、详细设计和生产设计三个设计阶段的衔接关系和各设计阶段的周期要求,以及生产设计对初步设计和详细设计的要求。

**1. 初步设计**

初步设计又称概念设计,是在深入分析船舶技术任务书和调查研究的基础上,对船舶总体性能和主要技术指标、动力装置、各种系统进行设计,并通过理论计算、资料对比和必要的模型试验来确定产品的基本技术形态、工作原理、主要参数、结构形式与主要设备选型等重大技术问题。初步设计阶段的主要任务是为签订合同的谈判提供技术文件、主要设备选型清单及主要设备厂商表,同时,为详细设计提供必要的技术文件和图纸。初步设计的结果应提交船东审查。主要图纸和技术文件应取得船东认可,作为下一个阶段设计的依据。

**2. 详细设计**

详细设计的依据是造船合同和经审查通过的初步设计技术文件。详细设计的任务是在初步设计的基础上,通过对船、机、电各专业项目的设计、计算和关键图纸的绘制,解决设计中的基本和关键技术问题,最终确定新船全部的技术性能、结构强度、重要材料和设备选型与订货要求,以及各项技术要求和标准。详细设计的基本内容是提供法定检验机构和所入船级社规定送审的图纸与技术文件、造船合同中规定送船东认可的图纸和技术文件和船厂订货所需材料、设备清单,同时,为生产设计提供所必需的图纸、技术文件和数据。

**3. 生产设计**

生产设计是对造船施工的各种工程技术问题进行分析研究,对制造方法和有关技术措施作出决策,并利用图、表和技术文件等方式表达出来,作为编制生产计划和指导现场施工的依据。生产设计的主要任务就是根据船厂的条件和特点,按建造的技术、设备、施工方案、工艺要求和流程生产管理等具体情况,设计和绘制施工图纸,编制施工工艺和规程等文件。生产设计是解决"怎样造船"的工程技术问题的,也就是对新造船舶建造工艺及其流程的设计。实际上生产设计中的纲领性工艺文件,如建造方针的编制和施工要领的编制等,是与初步设计和详细设计平行进行的;而各工艺阶段、施工区域和单元的工作管理图表,则是在详细设计的基础上进行的。生产设计的详细、完整和深入的程度对提高造船质量、缩短建造周期和提高生产效率有很大的影响。在现代造船中,生产设计必须用专门的设计软件进行,在计算机上预演完成船舶建造的全过程,否则难以适应制造、加工中应用计算机控制和管理的要求。例如,生产设计完工后输出的零件加工图既能指导生产,也能指导安装,又能完整地传递并管理设计建造数据。

生产设计不同于初步设计和详细设计,它是设计工作向现场施工的延伸,也是船舶设计工作的扩展和深化。其设计对象不是"产品"而是"生产"。它提供的不是船舶制造的最终结果,而是制造的中间过程,是被称为"以中间产品为导向"的设计;它解决的是"怎样造船"和"怎样组织造船生产"的问题。因此,生产设计的实施,结束了过去船舶设计与制造长期脱离的状态,使设计真正起到组织生产和指导生产的作用,实现了设计与施工、管理的一体化。

初步设计、详细设计和生产设计是船舶设计的三个组成部分，既独立存在，又相互关联。初步设计是详细设计和生产设计的依据，详细设计是生产设计的依据，而初步设计和详细设计又必须反映生产设计的意图和要求。初步设计和详细设计基本上属于"产品设计"，它提供的是船舶制造的完工状态，解决"造什么样的船"的问题，在整个造船流程中的位置如图2-1-1所示。

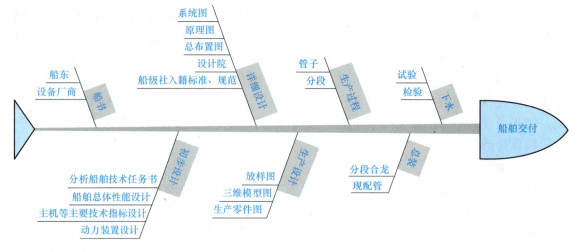

图 2-1-1　船舶设计流程

## 四、船舶生产设计技术的发展趋势

**1. 舾装专业和管系的设计方法**

(1)舾装专业的设计方法。调用船体结构的背景图进行舾装专业的综合布置，无论是外箱、内箱、电装、冷空通还是涂装专业，都可以通过生产设计软件来进行详细设计和生产设计。其建模方法和设计流程与管系设计基本相似，仅仅是设计内容有所不同。

(2)机装和舾装管系的设计与建模。目前，机装和舾装管系原理图的设计一般采用二维CAD的设计方法。为满足管路生产设计的要求，首先应用三维设计自身提供的转化功能，将CAD图纸直接转化成TRIBON三维设计系统用图纸。然后使用三维设计系统的独特功能将管路和设备定义，使管系原理图上的简单线条成为利于识别并带有详细数据定义的虚拟部件，即每一段管路都有给定的参数(如压力、温度、材料、规格等)。同时，建立各种设备、基座、箱柜等的模型，机舱布置图的模型等，供管系生产设计使用。

(3)机装管系三维设计及布置。管系生产设计利用前道工序所建立的三维模型，根据周围环境的情况进行管系的三维设计，建立管系模型。图2-1-2所示为管系三维建模关系。管系模型建成后，应用TRIBON系统的干涉功能检查管子与管子、管子与设备、管子与其他专业实体干涉碰撞现象，并予以消除；查看管路布置的合理性，并且对管子零件进行工艺、连接件选择是否正确等内容的检查。

(4)管系设计图纸的输出。管系三维设计模型建成，并经干涉检查和确认后，系统可自动生成各类图纸和表册、管子安装图和开孔图等。但这些图纸和表册必须与企业的生产管理体系及加工安装工艺相适应，否则要进行必要的转换。图2-1-3所示为机泵舱区域的三维管系模型。

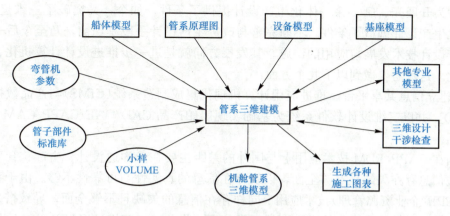

图 2-1-2 管系三维建模关系

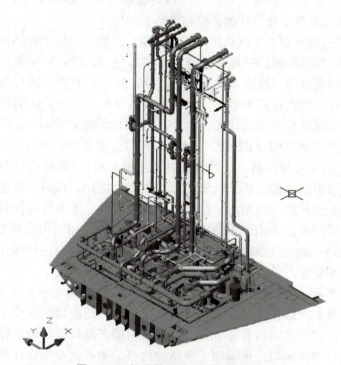

图 2-1-3 机泵舱区域的三维管系模型

## 2. 生产设计技术的发展趋势

生产设计从其初始概念的形成到完整概念的建立,以及在发达造船国家中的广泛应用,至今可以认为,其设计的理论基础、设计理念与原则、设计内容与方法均一清二楚,而且这种设计不仅适用于民船,还适用于军舰及海洋工程装备。但是,生产设计仍然需要不断完善,改进设计手段才能促使这项设计技术的进一步发展。

在我国,推行生产设计20多年的实践表明,生产设计的发展和应用,与其设计手段的不断完善、改进是紧密相连的。回顾我国船厂在引入生产设计技术的当初,开展生产设计仅局限于船体,设计是在图板上手工绘制的。随后应用CAD/CAM技术进行了船体、管系、电缆等方面的生产设计,进而在一些骨干造船企业引进了国外先进的造船设计软件系统后,才为开展壳、舾、涂一体化生产设计提供了条件。如今,又突破了三维建模技术,更为深化生产设计创造了条件。不断完善与改进生产设计手段是当前,乃至今后一段时间促进生产设计技术发展与应用的课题。其发展方向就是进一步推进设计计算机化、数字化与信息化。这就需要做到以下几个方面:

(1)建立信息共享平台。推进应用计算机现代集成制造系统(CIMS)与产品数据管理系统(PDM),并以三维设计软件系统为基础实现船舶产品CAD/CAE/CAPP/CAM/PDM的集成应用。

我国在CAPP/PDM技术应用上与国外的差距主要在于沟通设计、生产、管理三者之间的相关信息存在欠缺且不够全面,以及存在信息的真实性与可靠性不够。由于我国造船企业在ERP(企业资源管理)技术应用上同样存在信息的欠缺且不够全面,导致搭建信息共享平台尚缺乏足够的生产、管理方面的可靠信息。为此,加速推进CAPP/PDM及ERP技术的研究将是进一步完善、改进生产设计手段,推进应用CIMS系统,实现CAD/CAE/CAPP/CAM/PDM三维数字化设计的必然趋势与必要保证。

(2)研究并推避三维模型在不同软件之间的转换。所谓三维模型在不同软件之间的转换是指要求设计院(所)提供准确的三维模型能"直接"或"经转换后"可供船厂后续生产设计使用,并使设计院(所)提供的三维模型成为船东、设计院(所)及船厂认可的施工依据,从而改变目前在船舶设计、建造过程中船东、设计院(所)及船厂三者之间的技术载体、审核与施工依据均有赖于二维纸质图样的状态。如今,沪东中华造船(集团)有限公司自主开发的SPD系统软件已成功实现TRIBON、CATIA、CADDS5等系统产生的模型几何数据和部分属性数据在SPD中的导入与转换,从而既解决了异构CAD同设计院(所)、企业的设计集成,又可使企业原来引进的设计系统和SPD系统的集成应用。推进三维电子模型在不同软件之间的转换,应从设计院(所)先行。设计院(所)在提供二维图样的同时,还应提供准确的三维电子模型。船厂可以采用专用的模型数据转换接口,如运用或开发类似SPD系统,或配置同设计院(所)一致的三维设计软件对提供的三维电子模型进行深化,并开展生产设计,这样才能大大缩短生产设计的周期。

(3)推进异地协同设计。异地协同设计是解决不同设计组织在不同设计阶段之间信息共享的有效手段。计算机网络技术尤其是网络互联技术的广泛应用,改变了企业内部及企业之间、企业与设计院(所)之间的业务合作模式,为船舶产品远程异地设计的实施提供了新的平台,也使得设计的内涵与外延增加了全新的内容。通过企业与设计院(所)之间的异地协同设计,还可以使设计院(所)的设计融入企业尽可能多的生产工艺信息,同时,可使企业能够尽早地获得详细设计信息,使并行设计延伸到详细设计,从而提高了设计质量和加快了设计进度。

民用船舶远程协同设计是以计算机网络为平台采用协同设计软件,包括船舶设计各个阶段的设计模块,通过网络进行远程协同设计,实现不同组织之间的各设计阶段的衔接,使生产设计前移,达到缩短设计周期的目的。异地协同设计可分为异步协同和同步协同两种。异步协同是指在不同时间下异地用户可以通过服务器获得协同信息;同步协同是指异地用户同时进行面对面的网络协同,信息交流可不经过系统的服务器,可以大大减轻系统的负担,并能提高工作效率。选用同步协同设计可用通用的网络会议软件作为协同设计的软件支持平台,通过文字、视频、声音、图形、图像等方式加强异地之间的协同设计。

推进生产设计全面实现计算机化、数字化与信息化,除要研究上述三个方面的技术外,更为重要的是要打好基础，能用信息技术构建完整、可靠、实用的产品设计、生产、管理信息共享平台，真正推广应用 CIMS。因此，还要求做到以下几点：

（1）在理顺船舶生产设计流程，合理划分设计阶段，明确各阶段设计内容的基础上，建立船舶设计生产信息库，包括设计所需各类标准、代码、图形、文件、管理信息，以及各类产品数据库。

（2）在理顺生产作业流程、定点、定岗作业的基础上，构建企业资源数据库与作业信息反馈数据库。

（3）在理顺生产管理流程，建立生产管理体系的基础上，构建生产管理信息数据库，包括各类管理标准、作业标准、代码、文件、管理信息等，以及各类主导产品的工程数据库，还包括完工记录、工时、物量统计、质量、成本分析等数据。

（4）在构建设计、生产、管理信息共享平台的基础上，能有效推广 CIMS 的应用。

## 学生活动页

**船舶生产设计调研**

| 学习领域 | 船舶动力装置生产设计 | 任务名称 | 船舶动力装置生产设计概述 |
|---|---|---|---|
| 活动名称 | 船舶生产设计调研 | 建议学时 | |
| 学生姓名 | | 班级学号 | |
| 组别 | | 任务成绩 | |
| 活动描述 | 本活动主要针对船舶生产设计主要内容进行讲解，并着重介绍现代船舶设计手段与方法，通过本活动的实施，学生能够明确船舶设计的出现与发展。 ||||
| 活动目的 | 1. 了解传统船舶设计模式。<br>2. 掌握造船生产设计的管理方法。<br>3. 掌握现代造船模式的设计方式。<br>4. 熟练掌握现代船舶设计的基本原则。<br>5. 能够独立完成船舶设计阶段的划分。<br>6. 能够按要求完成相应的管系生产设计。<br>7. 培养学生爱岗敬业、实事求是、团结协作的优秀品质。 ||||
| 活动重点 |||||
| 现代船舶设计方法 |||||
| 活动材料 | | 学生知识与能力准备 |||
| ➤课件<br>➤微视频<br>➤微课<br>➤设计图纸 | | ➤使用 CAD 的能力<br>➤正确识读、查找规范的能力<br>➤查找资料的能力 |||
| 小组人员分工 | 1. 资料搜集 ||||

续表

| | |
|---|---|
| 小组人员分工 | 2. 汇总分析<br><br>3. 调研报告撰写<br><br>4. 存在问题整理 |
| 调研报告 | 调研内容：<br><br>调研报告 ─ 传统船舶设计 ─ 设计方法／设计原则／特点／存在问题<br>　　　　 ─ 现代船舶设计 ─ 设计方法／设计原则／特点／存在问题<br>　　　　 ─ 船舶设计阶段的划分 ─ 初步设计／详细设计／生产设计 |
| | 1. 计划<br><br>2. 实施<br><br>3. 收集与整理<br><br>4. 撰写（报告粘贴处） |

续表

| | |
|---|---|
| 调研报告 | |
| 存在问题 | |

续表

| | | |
|---|---|---|
| 活动测试 | 简答题 | 1. 什么是船舶设计？<br><br>2. 简述现代船舶设计的基本原则。<br><br>3. 简述船舶设计三个组成部分的关系。<br><br>4. 简述生产设计的主要任务。 |
| | 填空题 | 1. 传统的船舶设计通常分为_____、_____和施工设计三个阶段。<br>2. 为了转变传统的造船生产模式，确定把船舶设计划分为_____、_____、_____三个阶段。<br>3. 船舶详细设计的依据是_____。<br>4. 船舶设计的主要图纸和技术文件应取得_____认可，才能作为下一个阶段设计的依据。 |
| 任务评价 | 自我评价 | 1. 通过本任务学习，我学到的知识点和技能点有：_____。<br>存在问题有：_____。<br>2. 在本次工作和学习的过程中，我的表现可得到：<br>□优　□良　□中　□及格　□不及格 |
| | 小组互评 | |
| | 教师评价 | |

## • 拓展知识

### 数字化造船

20世纪70年代中期，计算机技术被应用到船舶数学放样和数控切割两个领域，船舶设计建造的数字化从此起步;20世纪80年代,计算机技术的应用逐渐向着辅助船舶设计/制造/分析(CAD/CAM/CA)领域拓展;20世纪90年代至今,先进的造船国家纷纷将CIMS及船舶虚拟设计和制造仿真作为重要的研究方向,逐渐"虚拟"企业,开发造船数据的连续搜集与全生命周期支持系统CALS。美国在1992年进行了下一代船舶设计系统SBD(Simulati on Based Design)的项目研究,目标是要建立一个能预先进行船舶设计、制造、运行和评价的虚拟环境,即在计算机上实现虚拟设计和建造船舶。2000年,全美6大造船公司又率先联合建成基于信息技术的造船虚拟企业(动态联盟联合了造船的分包商、供应商和船舶使用、检验、研究部门),采用能交互的、一致性定义的设计、建造过程控制方法,基本实现了造船CALS系统。近年来,日本各大造船企业在引进计算机先进技术、提高船舶三维自动化设计方面狠下功夫。三菱重工引进TRIBON公司船舶自动化设计系统的同时,又引进并开发了MATS系统;IHI联合造船开发了名为"紫阳花"的设计信息自动化系统;三井造船开发了MACISS设计自动化系统;川崎造船在TRIBON系统的基础上,采用川崎造船独有的专利技术,开发了新的智能化的K-KARDS自动化设计系统;韩国引进了日本的造船技术和管理模式,建立了CIMS,随后又引进CALS系统,大力开展了有关敏捷制造和电子商务等方面的研究,力争建立起"虚拟造船企业"。2002年,韩国三星重工正式启动"数字化造船"系统的发展计划,该系统汇集了目前的造船经验和数字化信息技术,可在虚拟环境下模拟和检查整个造船过程;现代重工正在新建因特网采购系统HIPRO,利用因特网将现代重工、现代尾浦造船公司、三湖重工的采购集中于一个采购系统。

随着信息通信技术快速更迭,数字化、网络化、智能化逐渐成为未来制造业发展的主要趋势,世界主要造船国家纷纷加快智能制造步伐。数字化作为智能制造的开端和基础,主要特征包括数字化技术(如数控机床)的广泛应用、计算机辅助设计与制造(如CAD、CAPP、CAM等)的兴起、生产过程管控信息化(如ERP、MES)等。在数字化理念的引导下,船舶建造的体系架构也有所改变。其体系如图2-1-4所示。

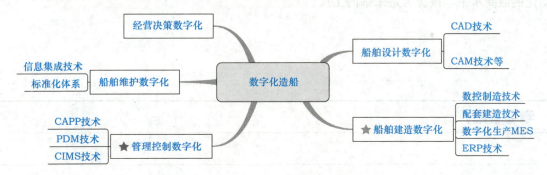

图 2-1-4 数字化造船体系

数字化造船技术是以造船过程中的知识融合为基础,以数字化建模仿真与优化为特征,将信息化技术、先进数字化制造技术、先进造船技术和现代造船模式,综合应用在船舶设计、制造、测试、试验和管理维护等全部生命周期的各个阶段与各个方面。数字化造船技术主要包括船舶设计数字化、船舶建造数字化、管理控制数字化、经营决策数字化和船舶维护数字化五个方面。船舶设计数字化指的是使用船舶设计软件,如CAD、TRIBON、SPD、SB3DS、CATIA等,结合虚拟现实技术,在船舶设计方法与设计过程阶段实现数字化；船舶建造数字化是指在船舶在生产制造过程中利用自动化等高新信息技术，实现生产制造过程的自动化和智能化；管理控制数字化是指在互联网的基础上利用电子商务等方法，对企业内外的资源进行信息化系统管理；经营决策数字化是指企业运用信息化技术在设置经营目标和战略决策时进行资源的综合分析，利用科技手段作出企业的经营决策；船舶维护数字化是指运用计算机、网络技术和信息库等手段，通过建立船舶设备数据信息库，实现船舶和计算机之间信息的传递与共享，实现对船舶营运状态和设备进行有效的监控。

数字化造船技术中的应用技术（如 CIMS）是随着计算机辅助设计与制造的发展产生的。它是在信息技术自动化技术与制造的基础上，通过计算机技术将分散在产品设计制造过程中各种孤立的自动化子系统有机地集成起来，形成适用于多品种、小批量生产，实现整体效益的集成化和智能化的制造系统。其核心组成部分如图 2-1-5 所示。

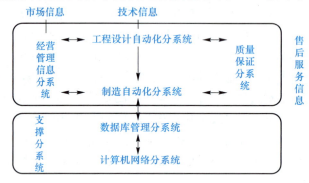

图 2-1-5　数字化造船系统框架

制造业的各种生产经营活动，从人的手工劳动变为 CIMS 采用机械的、自动化的设备，并进而采用计算机是一个大的飞跃，而从计算机单机运行到集成运行是更大的一个飞跃。作为制造自动化技术的最新发展、工业自动化的革命性成果，CIMS 代表了当今工厂综合自动化的最高水平，被誉为是未来的工厂。

**学习笔记：**

# 任务3　船舶动力装置生产设计

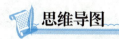

思维导图

```
                              ┌─ 船舶动力装置生产设计内容
              ┌─【知识充电站】─┼─ 船舶动力装置生产设计方法
              │               └─ 管系生产设计
船舶动力装置   │
生产设计   ───┼─【学生活动页】船舶动力装置生产设计认知
              │                                      ┌─ 系统开发的背景及特点
              └─【拓展知识】船舶制造三维设计系统SB3DS─┤
                                                     └─ 系统使用说明
```

任务描述

　　船舶动力装置的设计是造船工程中的一项重要内容，设计的任务是根据船东的要求，制订一个既切实可行又效果良好、符合设计任务要求的工程设计。本任务对船舶动力装置的生产设计的基本概念、主要内容及设计的特点进行阐释，并对船舶动力装置生产设计的未来发展予以展望。

　　通过本任务的学习，学生具体应达到以下要求。

一、知识要求

1. 了解现代造船模式的设计方式。
2. 熟悉生产设计的产生背景、基本概念。
3. 了解现代造船流程。
4. 熟悉生产设计的发展及主要内容。
5. 熟悉生产设计工作准备内容。
6. 熟悉生产设计的特点。

二、能力要求

1. 能够掌握船舶动力装置生产设计主要内容。
2. 能够掌握船舶动力装置生产设计主要方法。
3. 能够掌握船舶动力装置生产设计主要流程。
4. 能够掌握管系生产设计的主要内容。
5. 能够了解管路建模系统的功能模块。

三、素质要求

1. 具有规范操作、安全操作、环保意识。
2. 具有爱岗敬业、实事求是、团结协作的优秀品质。
3. 具有分析问题、解决实际问题的能力。
4. 具有创新意识，获取新知识、新技能的学习能力。

# 活动 船舶动力装置生产设计

## 活动引擎

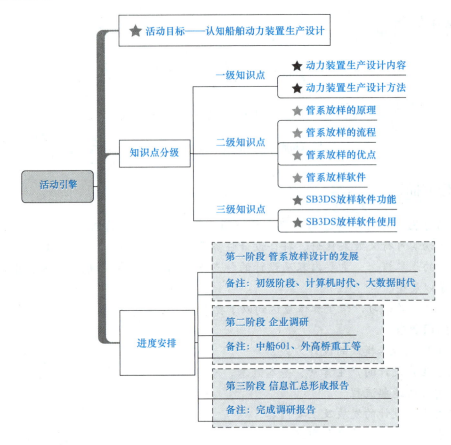

## 知识充电站

通常按主发动机类型，船舶动力装置可分为柴油机动力装置、蒸汽轮机动力装置、燃气轮机动力装置、核能动力装置和联合动力装置。由于柴油机动力装置具有较高的经济性、机型众多、功率范围广及良好的机动性等优点，被广泛应用在船上。上述五种船舶动力装置类型，在设计观点、方法及步骤方面具有很大的共性。下面以柴油机动力装置为例导入船舶动力装置设计观点。

### 一、船舶动力装置生产设计内容

船舶动力装置生产设计是指船舶动力装置制造与安装过程中所需的设计图纸绘制，以及工艺说明书等技术资料的编制过程。生产设计图纸一般要比详细设计的图纸更具体，更符合生产要求，使生产时能按这些图纸资料所表示的尺寸、形状及工艺要求准确地进行放样、制造与安装，如绘制零件图、放样图及安装施工图等，同时，也要求能制订动力装置试验大纲。

船舶动力装置设计的四大内容包括主推进装置设计、辅助供能装置设计、管路系统与设备设计及机舱布置总体设计。它们在功能上是一个相互有关、相互制约的综合体，是一个有组织的并具有共同功能目的复杂的整体，可称为船舶动力装置设计系统工程。因此，必须用系统工程的观点方法来研究与设计船舶动力装置。设计研究人员只有具备了正确的设计观点与方法，才能使所设计的船舶动力装置不仅具有可靠、优良的工作性能，而且在经济性、操纵性等方面都达到较高的水平。

### 二、船舶动力装置生产设计方法

船舶动力装置设计是一个复杂而有联系的系统工程设计，所以，应采用系统分析的方法。其设计过程如图 3-1-1 所示。

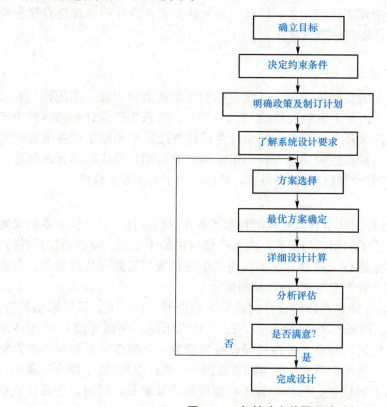

图 3-1-1 船舶动力装置设计过程

(1)确立目标：为某船设计的船舶动力装置，其燃耗费与初投资费均较低，性能可靠优良，符合设计任务书要求。

(2)决定约束条件：即航速、航区、续航力、油种及船舶主尺度的约束。

(3)明确政策及制订计划：即明确国家燃料政策、国家规定的船舶入级与建造规范、防污染公约及其他有关法令、标准等，并在此基础上制订工作计划。

(4)了解系统设计要求：对船舶动力装置在可靠性、经济性及机动性等方面和船主的具体设计要求必须了解清楚。

(5)方案选择：对船舶动力装置主机选型、传动形式、轴系设计、电站配置、管系设备设计与机舱布置等进行不同方案的论证、权衡与选择比较。

(6)最优方案确定:从各技术经济指标出发,参照船主要求,对各个方案进行优选,最终确定最优方案。

(7)详细设计计算:对所选择的最优方案,进行各部分内容的详细设计计算。

(8)分析评估:对整个设计从性能及各种指标方面予以评估。如果满意,即可投入生产设计进行生产,设计完成;若不满意,则必须重复前述过程予以修改。

根据图 3-1-1 能够发现,在整个船舶动力装置设计流程中,生产设计是最后也是最重要的一环,其所在位置直接导致推进过程是一个综合知识丰富、学科交叉的过程,要求设计者应掌握的知识点、技能点也最多。船舶动力装置生产设计过程是在确定船舶总的建造方针前提下,以详细设计为基础,根据船厂施工的具体条件,按工艺阶段、施工区域和单元绘制记入各种工艺要求的施工图,以及为现场生产提供各种管理信息文件的设计过程。其生成的工艺、技术文件直接指导零件的加工、设备、单元的安装;设计的合理性直接影响整个建造过程的成本、生产进度与建造质量。

### 三、管系生产设计

在船舶建造中,工程最大的是船体建造,其次是船舶管系制造和安装。据统计,管系的加工与安装所耗费的工时,占整个造船工程的 12%~15%。管系生产设计和船体的生产设计并称为船厂生产设计的两大环节。因此,船舶管系设计直接影响船舶生产各节点的完成周期。为了缩短造船周期,提高造船质量,做出船东满意的船舶,单从船舶管系制造这个角度讲,必须改革落后的"管子制造现场取样法",从而出现了船舶管系放样。

#### 1. 管系放样的原理

(1)传统现场取样。设计部门从事管系原理图和管系布置图的设计,只提供管系的大致走向。而管系的确切走向、管子的制造与安装,由生产部门在船体合龙、设备定位后进行。管子的制造则按"样棒弯管"法进行。这种方法不仅使管子的制造与管路安装质量差、劳动强度大、造船周期长,而且不利于实现管系的"预制预装"。

(2)现代管系放样。管系放样是在详细设计完成后,根据船、机、电、管等原始资料,在样台或图纸及计算机上,用投影几何的方法,按一定的比例,在预先放好的船体型线——结构图上布置主机、辅机、轴系、各种机械设备的位置,再根据管系原理图布置整个管路及电缆、通风管道等,这种全部管系的实际布置图——放样总图(管系综合布置图),不仅要求确定每根管道在船上的位置、形状和管子的连接形式及数量,同时,还要计算出每根管子的曲形参数。

#### 2. 管系放样的流程

目前,大、中型船厂的船舶生产设计都已经采用计算机辅助设计,使用得比较多的软件系统是挪威 KCS 公司的 TRIBON 系统。但无论是否利用计算机辅助设计,管子生产设计的流程基本上没有变化。图 3-1-2 所示为典型的管子生产设计流程。

(1)管路走向图的设绘。管系生产设计,要设绘好管系走向图,这是设绘综合布置图的基础。它设绘的前提是:初步设计已经结束,详细设计的机舱布置图、舱室布置图、管系原理图、管系阀件及附件清册等基本确定;管路的基本参数(平时所说的 B 表)已输入计算机,相关的生产设计标准已确定并输入计算机;船体结构的背景图(大段或分段图)已可以从网上收到;大型电气设备布置、主干电缆、大型风管、排气管的走向在已初步确定的情况下,由该船的主要设计人员分区域设绘管路的走向图。

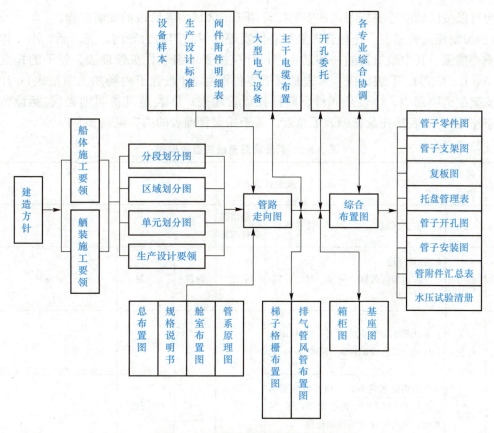

图 3-1-2 典型的管子生产设计流程

(2) 综合布置图的设绘。在管路走向图的基础上,在所需各种资料和图纸充分准备的情况下,即可开始综合布置图的设绘工作。按现代造船模式的要求,按区域进行设计工作,所以,全船所有区域几乎可以同时进行综合布置的工作,每一位设计人员先在自己负责的区域内进行初步的布置和协调,然后与相邻区域的接口进行协调和与外专业进行协调。舾装专业协调工作规定:上方区域将向下延伸的接口位置、规格等提交给下方的区域,前面区域将接口提交给后面区域,左面区域将接口提交给右面的区域进行校核,如有问题,双方进行协调,直到统一意见为止。

(3) 管子开孔委托及开孔图的设绘。按壳、舾、涂一体化造船的要求,管子在结构上的开孔应与船体结构下料同时进行,因此,管子(包括其他专业)的开孔要求必须在船体分段结构图上反映出来,即船体生产设计时就应将管子开孔要求委托给船体的生产设计人员。按目前的船体建造工艺,管子生产设计人员应及时向船体生产设计部门提供除各层甲板外所有纵、横舱壁和构件、肋板等的管子开孔委托单,便于船体生产设计及时将有关管子开孔信息表达在船体生产设计图中,并对某些开孔作必要的加强。另外,委托开孔的办法是将船体分段详细设计图纸交给管子生产设计部门,由管子生产设计人员将这些开孔的位置、坐标、开孔形状和尺寸标注在船体分段结构图上,并转交给船体生产设计部门,再由他们表达到船体结构生产设计的图纸上。全船舷侧开孔布置图如附图 1 所示。

(4) 管子安装图的设绘。管子安装图的设绘同样是在综合布置图的基础上进行的。它既可以根据制作和安装的阶段,分别设绘单元组装、分段预装、总段预装和船内舾装的安装图,也可以按区域设绘安装图,该安装图可用于该区域内各阶段的安装工作。

(5)编制托盘管理表。托盘管理是舾装件实现以中间产品为导向,壳、舾、涂一体化造船的重要措施。其中最重要的一环是生产设计应按要求编制托盘管理表。管子的托盘管理表由A、B、C、D、T表组成。A表是管子零件汇总表(兼管子内场加工明细表);B表是管子支架制造明细表;C表是阀件、附件托盘管理表;D表是设备明细表(包括设备、箱柜、基座等);T表是托盘管理表汇总表。关于托盘管理表的内容见表3-1-1。

表3-1-1 某船消防系统托盘管理表

| 安装阶段 | 码头舾装 | 施工单位 | 甲装 | 安装托盘表 | | | |
|---|---|---|---|---|---|---|---|
| 工艺月份 | 8 | 安装区域 | Z00 | 安装内容 | 全船消防杂件布置 | | |
| 序号 | 件号 | 物资描述(包含物资名称、标准、材质、规格等信息) | | 单位 | 数量 | 来源 | 备注 |
| 1 | 协议订货 | 安全图筒(带支架)组合件 $\phi$114 mm×1 000 mm 红色GRP材质,防水型 | | 个 | 2 | 物资部 | |
| 2 | 协议订货 | 红色消防水龙带箱 组合件 带有水龙带托架用于安装水龙带,扳手,水枪,所有配件为不锈钢材质 | | 个 | 19 | 物资部 | |
| 3 | | 25 m长白色消防水龙带 组合件 带直径2英寸STORZ-C铜制接口 | | 个 | 19 | 物管处 | 置于红色消防水龙带箱内 |
| 4 | | 16 mm口径水枪 组合件 带STORZ-C铜质接口 | | 个 | 19 | 物管处 | 置于红色消防水龙带箱内 |
| 5 | | 消防扳手 组合件 | | 个 | 19 | 物管处 | 置于红色消防水龙带箱内 |
| 6 | | 红色消防水龙带箱 组合件 带有水龙带托架用于安装水龙带,扳手,水枪,所有配件为不锈钢材质 | | 个 | 1 | 物管处 | |
| 7 | | 15 m长白色消防水龙带 组合件 带直径2英寸STORZ-C铜制接口 | | 个 | 1 | 物管处 | 置于红色消防水龙带箱内 |
| 8 | | 12 mm口径水枪 组合件 带STORZ-C铜质接口 | | 个 | 1 | 物管处 | 置于红色消防水龙带箱内 |
| 9 | | 消防扳手 组合件 | | 个 | 1 | 物管处 | 置于红色消防水龙带箱内 |
| 10 | | 6 kg便携式ABC干粉灭火器 组合件 | | 个 | 5 | 物管处 | |
| 11 | | 6 kg便携式ABC干粉灭火器船用壁装托架 组合件 | | 个 | 5 | 物管处 | |

续表

| 序号 | 件号 | 物资描述（包含物资名称、标准、材质、规格等信息） | 单位 | 数量 | 来源 | 备注 |
|---|---|---|---|---|---|---|
| 12 | | 消防员成套装备箱 组合件 玻璃钢材质，红色 | 个 | 2 | 物管处 | 置于NO.4与NO.5货舱间甲板储藏室内 |
| 13 | | 消防员服 组合件 带头盔、手套、靴子和包装袋 | 套 | 2 | 物管处 | 置于消防员成套装备箱内 |
| 14 | | 消防员手斧 组合件 柄长34 cm 手柄带有高电压绝缘 | 个 | 2 | 物管处 | 置于消防员成套装备箱内 |
| 15 | | 皮革短斧套 组合件 | 个 | 2 | 物管处 | 置于消防员成套装备箱内 |
| 16 | | 防火型消防安全绳 组合件 长100 m，一端带有索结，此绳应一次性通过静载荷为3.5 kN、时间为5 min的认可试验 | 个 | 2 | 物管处 | 置于消防员成套装备箱内 |
| 17 | | 电镀弹簧扣 组合件 | 个 | 2 | 物管处 | 置于消防员成套装备箱内 |
| 18 | | 安全防爆手电灯 组合件 带两节可再充电池 | 个 | 2 | 物管处 | 置于消防员成套装备箱内 |
| 19 | | 230 V充电器 组合件 | 个 | 2 | 物管处 | 置于消防员成套装备箱内 |
| 20 | | 自给式压缩空气呼吸器 组合件 带全套面具，不带气瓶 | 个 | 2 | 物管处 | 置于消防员成套装备箱内 |
| 21 | | 安全腰带 组合件 双排扣 | 个 | 2 | 物管处 | 置于消防员成套装备箱内 |
| 22 | | 合金/碳纤维复合型压缩空气瓶 组合件 6.8 L/300 bar | 个 | 4 | 物管处 | 置于消防员成套装备箱内 |
| 23 | | 25 kg舟车式干粉灭火器 组合件 | 个 | 2 | 物管处 | 置于NO.4与NO.5货舱间甲板储藏室内 |
| 24 | 协议订货 | 20 kg舟车式二氧化碳灭火器 组合件 软管长度按制造厂标准 | 个 | 1 | 物资部 | 置于NO.4与NO.5货舱间甲板储藏室内 |
| 25 | | 木质泡沫发生器箱 组合件 用于直升机平台 | 个 | 1 | 物管处 | 置于NO.4与NO.5货舱间甲板储藏室内 |
| 26 | | 泡沫喷枪 组合件 225 L/min at 7 bar 带Storz-C铜质接口和Storz-25铝质吸口 | 个 | 1 | 物管处 | 置于木质泡沫发生器箱内 |
| 27 | | 1.5 m长抽吸软管 组合件 用于泡沫喷枪，带铝制Storz-25接口 | 个 | 1 | 物管处 | 置于木质泡沫发生器箱内 |
| 28 | | 20 L桶装3%泡沫浓缩液 组合件 用于泡沫喷枪 | 个 | 2 | 物管处 | 置于木质泡沫发生器箱内 |
| 29 | | 25 m长白色消防水龙带 组合件 两端带有2英寸Storz-C铜质接口 | 个 | 1 | 物管处 | 置于木质泡沫发生器箱内 |
| 30 | | 消防扳手 组合件 用于泡沫发生器及泡沫喷枪 | 个 | 1 | 物管处 | 置于木质泡沫发生器箱内 |

续表

| 序号 | 件号 | 物资描述（包含物资名称、标准、材质、规格等信息） | 单位 | 数量 | 来源 | 备注 |
|---|---|---|---|---|---|---|
| 31 |  | 90 cm长柄消防斧 组合件 最高绝缘20 000 V | 个 | 1 | 物管处 | 置于NO.4与NO.5货舱间甲板储藏室内 |
| 32 |  | 皮革长斧套 组合件 用于90 cm长柄消防斧 | 个 | 1 | 物管处 | 置于NO.4与NO.5货舱间甲板储藏室内 |
| 33 |  | 消防抓钩 组合件 2.5 m长，直径35 mm | 个 | 1 | 物管处 | 置于NO.4与NO.5货舱间甲板储藏室内 |
| 34 |  | 带柄消防铲子 组合件 尺寸：300 mm×270 mm | 个 | 1 | 物管处 | 置于NO.4与NO.5货舱间甲板储藏室内 |
| 35 |  | 消防铁锹 组合件 长60 cm | 个 | 1 | 物管处 | 置于NO.4与NO.5货舱间甲板储藏室内 |
| 36 |  | 直升机平台救援装备箱 组合件 红色GRP材质 | 个 | 1 | 物管处 | 置于NO.4与NO.5货舱间甲板储藏室内 |
| 37 |  | 活络扳手 组合件 10″ | 个 | 1 | 物管处 | 置于直升机平台救援装备箱内 |
| 38 |  | 箱装防火毯 组合件 2.0 m×1.6 m | 个 | 1 | 物管处 | 置于直升机平台救援装备箱内 |
| 39 |  | 60 cm螺栓刀具 组合件 | 个 | 1 | 物管处 | 置于直升机平台救援装备箱内 |
| 40 |  | 带可折叠绳的抓钩或捞钩 组合件 | 个 | 1 | 物管处 | 置于直升机平台救援装备箱内 |
| 41 |  | 钢锯（含6片备用锯条） 组合件 | 个 | 1 | 物管处 | 置于直升机平台救援装备箱内 |
| 42 |  | 折叠梯 组合件 负荷150 kg，工作高度5.2 m | 个 | 1 | 物管处 | 置于NO.4与NO.5货舱间甲板储藏室内 |
| 43 |  | 起重绳 组合件 $\phi 5$ mm×15 m | 个 | 1 | 物管处 | 置于直升机平台救援装备箱内 |

(6)其他图表的设绘和编制。管子生产设计除以上一些内容外，还必须完成以下内容：

1)管子零件图的设绘。如果采用计算机辅助生产设计，则管子零件图可以由计算机自动生成。如果是手工设绘，一般一艘70 000 t级的散货船的管子在11 000根、70 000 t级的油轮的管子在12 000根、而6 000 TEU级集装箱船的管子在16 500根左右，工作量很大；而且容易出错。计算机辅助管系生产设计的软件很多，其中有挪威的TRIBON系统、我国自行研制的SPD系统、日本的SF—1(代号)数值零件图系统等。

2)支架图。在设计过程中大量采用的是标准支架。对于标准支架，在托盘管理表中只要标注采用的标准号、规格、数量就可以进行制造；对于非标准支架、组合支架等就必须手工设绘支架图。

3)管子附件汇总表。管子附件汇总表主要是管子内场加工用的附件汇总表，按区域进行编制，车间有要求时也可以按托盘编制。

4)管子表面处理和水压试验清册。不同系统的管子其表面处理的要求是不一样的，所以必须编制表面处理清册,使管子内场加工结束后,能分门别类进行整理,送往不同的部门或外厂进行镀锌、酸洗、特涂、涂塑、磷化处理等。同时,根据管子的等级,要列出管子水压试验由船级社验收的管子清册,以便集中由船级社进行验收。

5)管子内场下料清册。当利用计算机辅助管子生产设计时,计算机还能输出管子内场下料清册,对管子进行套料,提高管子的利用率和实施先焊后弯的加工工艺。

**3. 管系放样的优点**

管系放样的目的是布置全船的管系,并为管子的制造与管路的安装提供施工图纸。其与旧的管子制造工艺相比具有以下优点:

(1)在船体开工建造的同时(甚至在开工之前),即可进行管子的预制预装,可以大大缩短工期,提高造船效率;大量的船内现场工作移到车间或外厂协作完成。工作条件好,安全可靠,加工质量高。

(2)一次上船安装,减少了不必要的重复劳动,大大减轻劳动强度。

(3)能统筹安排管线,做到合理美观,有利于优化管理和精简节约。

(4)管系参数及空间计算等可以采用计算机技术取代人工计算管系参数,进一步提高了工作效率和准确度。

**4. 船舶生产设计常用软件**

(1)Tribon M3:是由瑞典 KCS(Kockums Computer System AB)公司研发的一款集CAD/CAM/MIS 于一体的辅助船舶设计和建造软件。它在造船业中有着广泛的用户,它是造船界应用最多的软件。该软件将船舶建造过程中的各种生产工艺集成到了软件中,从零件下料开始有详细的流程,可以指导生产。

(2)Catia:是法国达索公司的产品开发旗舰解决方案。作为 PLM 协同解决方案的一个重要组成部分,它可以帮助制造厂商设计他们未来的产品,并支持从项目前阶段、具体的设计、分析、模拟、组装到维护在内的全部工业设计流程。

(3)CADS5:是美国的船舶三维设计软件。

(4)FORAN:是由西班牙 SENER 集团开发的软件。它是由船舶设计师开发、为船舶设计师使用的软件,符合船舶设计师、船厂的工作模式和生产特点;FORAN 软件可以用于各种船型的设计建造,包括常规客轮、货船、非对称船、双体船等,各种军用舰船包括航空母舰、巡洋舰、驱逐舰、潜艇等,也可用于 FPSO、海洋平台等。

(5)SPD:是沪东中华的船舶三维设计软件,部分功能达到或超过国外软件,价钱便宜。沪东 SPD 的套料模块操作简单,许多船厂都是用 SPD 的套料模块,新软件可直接使用沪东套料模块。

(6)SB3D:是上海申博(中船 611 所)软件的船舶三维设计软件。

### 学生活动页

**船舶动力装置生产设计认知**

| 学习领域 | 船舶动力装置生产设计 | 任务名称 | 船舶动力装置生产设计概述 |
| --- | --- | --- | --- |
| 活动名称 | 船舶动力装置生产设计认知 | 建议学时 | |

续表

| 学生姓名 | | 班级学号 | |
|---|---|---|---|
| 组别 | | 任务成绩 | |
| 活动描述 | 本活动主要针对动力装置生产设计主要内容，并明确船舶动力装置生产设计内容和设计方法。 | | |
| 活动目的 | 1. 了解船舶三维设计系统；熟悉生产设计的发展及主要内容。<br>2. 熟悉船舶生产设计常用软件。<br>3. 掌握船舶动力装置生产设计主要方法。<br>4. 掌握船舶动力装置生产设计主要流程。<br>5. 掌握管系放样的原理。<br>6. 熟悉管系放样的流程。<br>7. 培养学生分析问题、解决实际问题的能力。<br>8. 培养学生获取新知识、新技能的学习能力。 | | |
| 活动重点 | | | |
| 管系生产设计 | | | |
| 活动材料 | | 学生知识与能力准备 | |
| ➤ 课件<br>➤ 微视频<br>➤《钢质海船入级规范》<br>➤ 船舶管系生产设计图纸资料<br>➤《船舶设计实用手册》 | | ➤ 使用CAD的能力<br>➤ 正确识读、查找规范的能力<br>➤ 查找资料的能力 | |
| 小组人员分工 | 1. 资料搜集<br><br>2. 汇总分析<br><br>3. 调研报告撰写<br><br>4. 存在问题整理 | | |
| 调研报告 | 调研内容：<br><br>调研报告 — 传统管系生产设计 — 传统管系生产设计方法 / 存在问题<br>调研报告 — 现代管系生产设计 — 现代管系生产设计方法 / 现代管系生产设计特点 / 现代管系生产设计存在问题<br>调研报告 — 计算机辅助管系生产 — 技术支持 / 设计理念支持 / 技术革新趋势 | | |

续表

| | |
|---|---|
| 调研报告 | 1. 计划<br><br>2. 实施<br><br>3. 收集与整理<br><br>4. 撰写(报告粘贴处) |

续表

| | |
|---|---|
| 调研报告 | |
| 存在问题 | |

续表

| | 简答题 |
|---|---|
| 活动测试 | 1. 什么是船舶动力装置生产设计？<br><br>2. 管系放样的优点是什么？<br><br>3. 简述现代管系放样的具体内容。<br><br>4. "样棒弯管"法的缺点是什么？ |
| | 填空题 |
| | 1. 通常按主发动机类型，船舶动力装置可分为_____动力装置、_____动力装置、_____动力装置、_____动力装置和联合动力装置。<br>2. 船舶动力装置设计的四大内容包括_____、_____、管路系统与设备设计及_____。<br>3. _____和船体的生产设计一起并称为船厂生产设计的两大环节。<br>4. 船舶动力装置生产设计是指_____。 |

| | | |
|---|---|---|
| 任务评价 | 自我评价 | 1. 通过本任务学习，我学到的知识点和技能点有：_____。存在问题有：_____。<br>2. 在本次工作和学习的过程中，我的表现可得到：<br>□优　□良　□中　□及格　□不及格 |
| | 小组互评 | |
| | 教师评价 | |

## • 拓展知识

### 船舶制造三维设计系统 SB3DS

#### 一、系统开发的背景及特点

**1. 系统开发的背景**

造船业是一个极为复杂的行业。船厂在接获订单后便需要在最短的时间内完工交船。这意味着许多不同阶段的工作必须同步进行。要在同一时间成功地开展多项工作,最重要的一点就是要采用良好的工具对各项工作进行协调,并处理有关各方之间的复杂信息流。因此,提供这种工具的公司对于造船行业的熟悉程度至关重要。

船舶制造三维设计系统 SB3DS 是上海申博信息系统工程有限公司(中国船舶工业第十一研究所控股)开发的,基于 AutoCAD 平台的,以三维建模技术为核心的,面向船舶设计和制造的计算机集成系统。其开发目标是为船舶设计和制造单位提供一套完整的,数据自上而下传递的,符合当今国内船舶制造先进生产模式的,内容覆盖船舶总体设计、船体初步设计、详细设计、生产设计和舾装、涂装生产设计的计算机辅助系统。该系统通过建立产品电子数字模型来实现虚拟建造和仿真检验,并提供完整的生产设计图纸和统计报表,为深化生产设计,促进造船企业转模创造条件。三维设计系统功能见表 3-1-2。

表 3-1-2 三维设计系统功能

| 船舶制造三维设计系统 SB3DS ||| 
|---|---|---|
| 模块名称 | 主要功能 | 模块图形 |
| 船体建造三维系统 | 在原有船体建造系统 HCS3.0 的基础上,实现船壳曲面和船体结构的三维显示。通过与船舶设计院(所)的联合和接口的开发,建立具有拓扑关系的船体结构三维建模系统 | |
| 船体快速背景 | 以船体结构二维图为基础,快速生成正交结构件的空间单线或实体船体背景。它用于综合放样的初始背景 | |
| 管系三维建模与数据处理 | 创建管路、插入附件和连接件、修改管路、移动附件和连接件、删除管路、除去附件和连接件、管子零件编号、生成剖面图等实用的建模操作。<br>生成管子制作图、安装图、托盘管理表等加工文件与管理文档 | |

续表

| 模块名称 | 主要功能 | 模块图形 |
|---|---|---|
| 船舶制造三维设计系统 SB3DS | | |
| 管支架三维设计 | 支架布置、支架复制和修改。支架形式覆盖了工厂常用的基本类型。可生成支架制作表 | |
| 风管三维建模与数据处理 | 通风管路(方风管、螺旋风管)的三维建模、数据处理和支架三维设计功能与管系类似 | |
| 铁舾装三维设计 | 舾装件通用标准库建库,铁舾装件的三维设计,箱柜、扶梯等参数化设计,材料汇总 | |

管路建模功能包括创建管路、插入附件和连接件、修改管路、移动附件和连接件、删除管路、除去附件和连接件、管子零件编号、生成剖面图等实用的建模操作。在 PCPS 和 CAPDS 系统的基础上开发的数据处理功能包括管子制作图、安装图、托盘管理表等加工文件与管理文档。

视频:船舶制造三维设计系统模型展示

**2. 系统特点**

(1) 采用成熟的支撑软件。SB3DS 系统采用成熟的支撑软件,以 AutoCAD 为图形平台,以微软的 Office 为数据库和输出文件平台(大量采用 Excel 图表),采用 VBA、VB 和 C++开发工具,与支撑软件实现无缝连接。由于采用成熟通用的支撑软件,提高了 SB3DS 系统的可靠性和易用性,使熟悉 AutoCAD、Office 的船舶专业人员经过简单的培训就能很快地上手,大大减少了培训时间和成本,便于推广与普及。

(2) 自主开发,维护方便。SB3DS 系统的开发单位熟悉国内各船厂的设计、生产习惯,在吸收国外造船软件的优点和总结我国自行开发造船软件经验的基础上进行自主开发，完全适用于我国造船设计和制造需要。在数据库的结构设计中，兼顾了各方面的需要，并可对工厂的特殊要求进行专用版本的开发。

（3）充分应用数据库技术。利用数据库技术进行数据管理，提高了数据的准确性、安全性和一致性。开放的数据库结构，提供给用户最大的开放性和灵活性。数据库中包含模型数据，即使三维图形文件损坏或丢失，也能重新生成；数据库中包含中间统计数据，方便用户再次进行"个性化"的数据分类汇总，并与其他管理信息系统能够无缝连接；数据库中包含各类标准库，提供内容丰富的附件库、阀件库、舾装件库和三维图形小样，大大简化了用户的基础工作。

（4）采用可视化交互设计技术。采用可视化交互设计技术，直观形象。支持并行工程，实现设备、管系、风管、电缆通道等的综合布置与平衡。船体结构快速建模技术的应用，使舾件生产设计能够提前开展，缩短了设计周期，提高了设计质量。

（5）支持虚拟漫游。应用视觉观察软件，可以立体动态地观看（漫游或飞行）当前的 AutoCAD 模型。在虚拟漫游环境中可以定义材质纹理、多种光源及背景颜色等参数改变仿真渲染的效果；预先可以设定漫游路径，并录制 *.AVI 文件；通过通信工具，可以进行协同审查。

（6）强大的数据处理功能。强大的数据处理功能使二维出图和生产设计报表生成变得方便、快捷。零件图生成模块具有智能化的尺寸标注功能，减少了人工干预。大量采用 Excel 表格，方便文字编辑；Excel 的图形与 AutoCAD 自动关联，方便图形的编辑。

（7）可利用的资源丰富。SB3DS 系统可以充分地利用其他造船 CAD/CAM/CAE 软件提供的资源，如 TRIBON、CADDS5 和 CATIA 等造船集成软件都具有与 AutoCAD 的标准接口，可以利用这些造船集成软件提供的三维船体背景和三维图形小样进行三维综合放样。

## 二、系统使用说明

### 1. 系统概述

本系统是在 AutoCAD 2004 系统下开发的一个 VBA 程序。它充分利用 AutoCAD 2004 系统的图形功能，结合本系统程序的交互设计，能帮助设计人员实现三维的管路（包括管支架）布置。由于本系统采用了数据库技术，在管路布置完成后，所有的管路设计数据都存放在数据库中，因此，可以直接进行管路的生产设计，自动编制报表。应用本系统，可以大大地提高设计效率和质量。本系统的计算机配置要求：P4/1.6 $GH_z$ 以上，内存 512 MB 以上，AutoCAD 2004，Office 系列的 Access 2000 数据库。

### 2. 数据库说明

本系统有三个数据库：第一个是管路标准数据库；第二个是管路布置数据库；第三个是管路材料统计数据库。管路标准数据库存放系统使用的管系设计标准数据，管路布置数据库存放三维建模的管路布置数据，管路材料统计数据库存放预估的材料表和经零件计算后产生的材料统计数据。用户可以不关心管路布置数据库的结构和内部数据，但应了解标准数据库的结构。管路标准数据库由 ATTF、FLATF、PN、TN、DN、PSTAD、SYS、MAT、BEND、连接件分类、校管方式、流体介质、绝缘材料、附件表、管路表、支架标准、管卡标准、支架材料、表面处理、端部形式、挡水圈标准、工艺参数、参数设置、管件焊接方式、管件加工特征、管件试压、管径分类、管子材料分类、内场工时、外场工时、工程、用户 32 个数据表组成。管路布置数据库由管路基本数据、管路坐标、支架数据、挡水圈数据、临时通道、图号 6 个数据表组成。管路材料统计数据库由管材、定型弯头、连接件、复板、附件、支架、绝缘材料、开孔、垫片、材料预估 10 个数据表组成。

数据库使用与维护相对复杂，以表 3-1-3 FLATF 表为例，对表中数据加以解释，FLATF 数据表存放连接件（与管子焊接）的标准数据。

表 3-1-3　FLATF 表

| 字段名称 | 数据类型 | 说明 |
| --- | --- | --- |
| 指令 | 数字 | 连接件指令代号① |
| 管径 | 数字 | 连接的管子外径 |
| 外径 | 数字 | 连接件外径② |
| 厚度 | 数字 | 连接件厚度 |
| 缩割 | 数字 | 连接件的焊接缩割量③ |
| 重量 | 数字 | 连接件质量 |
| 螺孔数 | 数字 | 连接件的螺孔数 |
| 螺母 | 数字 | 连接件的螺母尺寸 |
| 螺栓 | 数字 | 连接件的螺栓尺寸 |
| 螺母重 | 数字 | 每一千个螺母的质量 |
| 螺栓重 | 数字 | 每一千个螺栓的质量 |
| 螺栓材料 | 文本 | 连接件的螺栓材料 |
| 螺母材料 | 文本 | 连接件的螺母材料 |
| 图号 | 文本 | 连接件的标准图号 |
| 路径 | 文本 | 连接件三维实体的 DWG 文件路径④ |

① 如果连接件是异径接头、三通和马鞍支管（在 PN 表中是 4，5，9，8），在表 3-1-3 中的指令分别为 14 X、15 X、19 X 和 18 X，其中 X 是材料代号，如果材料是钢管（代号≥10），则 X=0。例如，材料代号是 6，则同心异径接头指令是 146，偏心异径接头指令是 156，三通指令是 196，马鞍支管指令是 186；如果材料代号≥10，则同心异径接头指令是 140，偏心异径接头指令是 150，三通指令是 190，马鞍支管指令是 180。
② 如果连接件是异径接头、三通和马鞍支管，则外径数据是指异径另一端或支管的外径。如果连接件外径是椭圆，则整数表示长轴，小数表示短轴。如 220.150 表示 220 为长轴，150 为短轴。如果连接件是套筒，则外径是套筒的外径，厚度是套筒的长度。
③ 如果连接件是异径接头，则焊接缩割量是异径接头的长度；如果连接件是三通或马鞍支管，则焊接缩割量的整数部分为三通的半长，小数部分为三通或马鞍支管的支管端长。
④ 如果连接件三维实体的 DWG 文件路径不为空，则表示该连接件按指定的 DWG 文件路径显示三维实体。否则，系统自动按连接件的外径和厚度显示圆柱体。

标准件是指所有的连接件、附件和设备。在本系统中，所有标准件的三维实体都利用 AutoCAD 制作成样图，系统在布置时将它们作为块插入到指定位置。

**3. 标准件三维实体库的存放原则**

标准件三维实体库是一个目录，在该目录下存放标准件三维实体的 AutoCAD 的 DGW 文件。系统规定该目录在本系统目录下，目录名为 volume。为了便于区分和管理，在 volume 目录下可以再分若干子目录，

视频：三维实体库

如图 3-1-3 所示。

| 名称 | 大小 | 类型 | 修改时间 |
|---|---|---|---|
| 阀件 | | 文件夹 | 2002-12-10 8:16 |
| 附件 | | 文件夹 | 2002-9-27 9:04 |
| 连接件 | | 文件夹 | 2002-6-25 8:05 |
| 螺旋风管 | | 文件夹 | 2002-9-1 15:03 |
| 设备 | | 文件夹 | 2002-2-6 10:43 |
| 舾装件 | | 文件夹 | 2002-6-27 14:12 |

图 3-1-3　volume 目录

即使分布在不同的目录下，标准件实体库内的实体也不能重名。如果一个实体能被多个标准件调用，则用规格加尺寸表示，如 AS25 L160.dwg，其中，AS25 表示阀件的形式及通径，L160 表示阀件的长度；如果一个实体只能被一个标准件调用，则用标准号表示，如 A40015 GB594.dwg；如果三维实体是块，则块名应该与文件名相同。

标准件三维实体的制作在 AutoCAD 中绘制，其基本平面为 XZ 平面，附件插入点（块的定位点或图形的原点"0，0，0"）均在左端法兰或管件的中心，连接件的插入点均在连接件的左端，如图 3-1-4 所示。

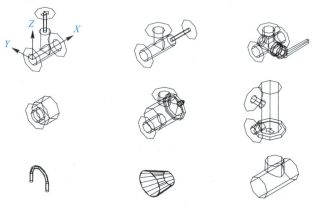

图 3-1-4　三维实体图

### 4. SB3DS 系统操作

将 Z:\SB3DS\bin\SB3DS.exe 做成快捷方式放到屏幕桌面上，再用鼠标双击 SB3DS 快捷方式，屏幕上出现 SB3DS 主菜单，如图 3-1-5 所示。

视频：SB3DS 放样
软件系统启动

图 3-1-5　船舶建造系统操作界面

(1)工程管理。"工程管理"由系统管理员进行操作,用鼠标单击"工程管理",屏幕上出现输入密码窗口,在此窗口内输入密码,如果密码输入连续三次不正确,则返回主菜单,如果密码输入正确,则进入"工程管理"窗口,在此窗口中可以进行工程管理(若是第一次使用本程序,直接单击"确定"按钮就可进入"工程管理"窗口,再利用"修改密码"功能设置新密码)。

视频:工程管理

(2)新建工程。一个工程开始时首先要进行"新建工程"操作。将光标移动到"新建工程名",填入新工程名称,工程名为三个字符(数字或字母)。"新建工程"按钮被激活,然后用鼠标单击"新建工程",稍等片刻,新建工程完毕,新建工程将列入 SB3DS\project 目录下。

(3)船型、甲板数据输入和修改。用鼠标单击 SB3DS\project 目录下的某一工程,则"船型、甲板数据输入和修改""添加用户名、用户目录"和"删除工程"三个按钮被激活,同时,目录框右上角出现一个"Off"按钮,如果要改变工程,单击"Off"按钮,就可以选择其他工程。

用鼠标单击"船型、甲板数据输入和修改",则屏幕上出现"肋距、甲板数据定义"窗口,如图 3-1-6 所示。

视频:新建用户名
与用户目录

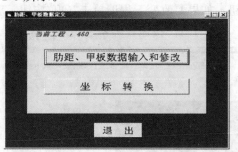

图 3-1-6 "肋距、甲板数据定义"窗口

在此窗口内,可以进行船型肋距、甲板数据的输入和修改,也可以进行船体坐标和直角坐标之间的相互转换。选择坐标转换形式,需要填入"船体(或直角)坐标"的值,再单击"坐标转换"按钮,"船体(或直角)坐标"的值将转换成"直角(或船体)坐标"的值。

(4)添加用户名、用户目录。"管系""风管""空调管"专业按不同的登录用户名将数据存放在不同的用户目录下,提高数据的安全性。某登录用户可以修改自己的用户目录下的管路数据,但不能修改其他登录用户的管路数据(显示管路图形没有问题)。新建工程完成后,系统管理员要为"管系""风管""空调管"的专业设计人员添加设置登录用户名和用户目录。用鼠标单击"添加用户名、用户目录",则屏幕上出现"添加用户名、用户目录"窗口,如图 3-1-7 所示。

先选择专业,然后在带"＊"的空行内填入欲添加的用户名和用户目录。用户名是上机的登录名,不大于 16 个字符。用户目录是用户数据库所在目录,该目录的取名规格为:XXX－YYY…。其中,XXX 必须是三个字符(数字或字母)的工程号,YYY…是用户的缩写名。单击"确定"按钮,则"添加用户名、用户目录"工作完成;单击"放弃"按钮,则放弃填入的用户名和用户目录。用户目录的位置参见 SB3DS 系统目录结构树。

(5)工程选择。用鼠标单击"工程选择"按钮,屏幕上出现"选择工程和专业"窗口,如图 3-1-8 所示。

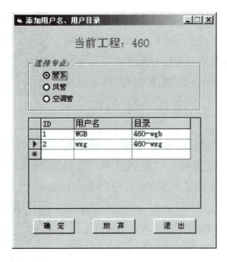
图3-1-7 "添加用户名、用户目录"窗口

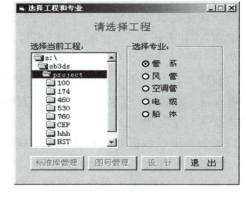
图3-1-8 "选择工程和专业"窗口

用鼠标单击 project 下所需的工程，"标准库管理"和"设计"两个按钮被激活，同时，工程目录框右上角出现"Off"按钮，如果要改变工程请单击"Off"按钮，就可以重新选择工程，再选择所需要进行工作的专业，单击"设计"按钮，屏幕上出现工程设计窗口，如图3-1-9所示。

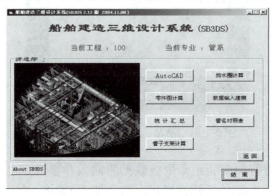
图3-1-9 工程设计窗口

---

**学习笔记：**

# 任务 4　船舶动力装置生产设计标准

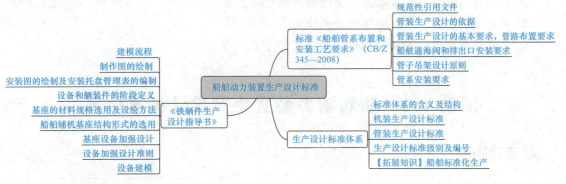

## 任务描述

船舶动力装置生产设计标准是生产设计的重要技术依据。它不仅是加速推行生产设计的手段，而且是船舶专业标准的一项重要组成部分。综合协调是生产设计的核心，它具有将设计、工艺、管理等融为一体的特点。因此，作为生产设计标准，必然涉及有关综合性与各个专业性的设计技术、工艺技术、设计管理、生产管理和安全生产等方面的有关标准、规则、指导性文件、设计要领及标准图册等。并且，生产设计作为船舶三个设计阶段的重要组成部分，其工作图表将直接用于现场施工和管理的指挥，生产设计标准还必须涉及详细设计中有关的标准、现场施工过程中的质量标准等。本任务对船舶动力装置的生产设计的常用标准进行讲解，并列举《船舶管系布置和安装工艺要求》(CB/Z 345—2008)、《铁舾件生产设计指导书》进行查读，以保证学生掌握标准的选用与原则，能够熟练查读相关标准并对机装、管装、铁舾件进行生产设计。

通过本任务的学习，学生具体应达到以下要求。

### 一、知识要求

1. 了解生产设计标准体系的含义与结构。
2. 熟悉机装生产设计标准。
3. 熟悉管装生产设计标准。
4. 了解生产设计标准级别及编号原则。
5. 熟悉生产设计工作准备内容。
6. 熟悉生产设计的特点。
7. 熟悉《船舶管系布置和安装工艺要求》(CB/Z 345—2008)。
8. 熟悉《铁舾件生产设计指导书》。

### 二、能力要求

1. 能够掌握机装生产设计的主要内容。

2. 能够掌握管装生产设计的主要内容。
3. 能够掌握管路布置要求。
4. 能够掌握船舷通海阀和排出口安装要求。
5. 能够掌握船舶辅机基座设绘方法。
6. 能够掌握管子吊架设计要求方法。

三、素质要求
1. 具有规范操作、安全操作、环保意识。
2. 具有爱岗敬业、实事求是、团结协作的优秀品质。
3. 具有分析问题、解决实际问题的能力。
4. 具有创新意识，获取新知识、新技能的学习能力。

## 活动 4.1　船舶动力装置生产设计标准体系

### 活动引擎

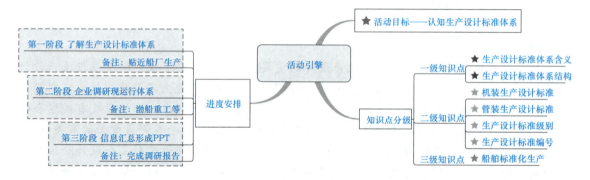

### 知识充电站

生产设计标准是生产设计的重要技术依据。它不仅是加速推行生产设计的手段，还是船舶专业标准的一项重要组成部分。标准是对产品的品种、规格、尺寸、参数、技术要求、试验方法、工艺与工作方法、管理等方面所作的统一规定，是从事设计、生产、管理及商品流通的一种共同技术依据。标准化则可以反映出一个企业、一个行业甚至一个国家的科技水平、管理水平和经济发达程度。造船生产设计标准包括技术标准和管理标准两大部分。它可以统一设计准则，减少设计工作量，提高设计质量，并且方便设计管理等。

视频：船舶动力装置生产设计

#### 一、生产设计标准体系的含义及结构

生产设计标准体系，就是从系统观点，分析研究生产设计标准的特点，指示生产设计标准范围、结构层次、专业内容的总体构成。目前，我国使用的船舶专业技术标准是由许多标准体系所构成的，如通用机械标准体系、甲板机械标准体系、造船工艺标准体系、无线电导航与通信标准体系等。生产设计标准体系是一个新体系，它是随生产设计深入开展的需要而形成的。

综合协调是生产设计的核心，它具有将设计、工艺、管理等融为一体的特点。因此，作为生产设计标准，必然涉及有关综合性与各个专业性的设计技术、工艺技术、设计管理、生产管理和安全生产等方面的有关标准、规则、指导性文件、设计要领及标准图册等。并且，生产设计作为船舶三个设计阶段的重要组成部分，其工作图表将直接用于现场施工和管理的指挥，所以，生产设计标准还必须涉及详细设计中有关的标准、现场施工过程中的质量标准等。通常情况下，这部分标准也会被作为相关标准，列入生产设计的标准体系之中。

生产设计的标准体系的结构层次主要分为大类、专业类、功能类和项目类四个结构层次。其中，大类专指造船生产设计标准；专业类则包含基础(综合性)、船体、机装、船装、电装、管装和涂装七类；功能类包含基础、设计、作业(包括加工制作、装配和安装)及质量等；项目类专指具体标准项目。该种体系层次条理清晰、脉络分明，从各个角度勾画生产设计标准的全貌，从而更有助于生产设计标准化工作的开展。

## 二、机装生产设计标准

以机装生产设计为例，其标准包含如下部分。

### 1. 基础标准

机装区域划分原则及其代号等。

### 2. 设计标准

(1)机舱综合布置图设绘要领；
(2)机装辅机基座设计要领；
(3)机装单元组装设计要领；
(4)机装箱柜及其附件标准图册；
(5)机舱起重梁和起重吊环设计要领；
(6)机舱交通装置布置要领；
(7)机舱平台开孔挡水板；
(8)机舱综合布置图标准图册；
(9)机装托盘管理表的编制要领等。

### 3. 作业(制作、安装)标准

(1)船舶轴系及主机的安装定位；
(2)船舶辅机的安装；
(3)低速重型柴油机整体吊装技术要求；
(4)无键螺旋桨油压安装技术要求；
(5)主机环氧树脂塑料垫块浇注技术要求；
(6)艉轴包覆玻璃钢；
(7)船用主锅炉安装技术要求；
(8)船用辅锅炉(包括废气锅炉)安装技术要求等。

## 三、管装生产设计标准

以管装生产设计为例，其标准包含如下部分。

### 1. 基础标准

(1)船舶管系符号代号；

(2)船舶综合放样符号；
(3)船舶管路附件图形符号；
(4)船舶通风系统图形符号；
(5)船舶钢管系列标准；
(6)管系安装工艺符号；
(7)船舶管路和识别符号的油漆颜色等。

**2. 设计标准**

(1)管子零件图设绘要领；
(2)管系支管设计要领；
(3)管支架及其附件设计要领；
(4)标准型支管图册；
(5)管路附件标准图册；
(6)通风系统布置要领等。

**3. 作业(制作、安装)标准**

(1)船用管子加工通用技术条件；
(2)船舶管系布置和安装通用技术条件；
(3)管子先焊后弯通用工艺技术要求；
(4)管子无余量下料工艺技术要求；
(5)管子绝缘包扎通用工艺技术要求；
(6)热浸锌通用工艺；
(7)钢管镀塑通用工艺技术要求；
(8)舷外附件的安装与试验；
(9)支架板安装技术要求等。

**4. 质量标准**

(1)弯管精度标准；
(2)管舾装精度标准等。

## 四、生产设计标准级别及编号

**1. 生产设计标准级别**

目前，我国生产设计标准分四类级别，即国家标准级、专业(行业)标准级、部标准级和企业标准级。国家标准由国家标准化委员会批准、发布，在全国范围内统一实施；专业(行业)标准由专业标准化委员会批准、发布，在全国范围内统一实施；部标准由各主管部委(局)批准、发布，在该部门范围内统一实施；企业标准则由企(事)业标准化委员会或总工程师批准、发布。企业标准一般要比上一级的标准要求高，有关规定也不可与上一级标准相抵触。各企业可根据自己企业的具体情况酌情考虑进行设计标准的编制，以满足生产设计的标准。企业在制订自己企业的标准以后，一般都按照该标准来执行，对于生产设计中未有企业级标准规定的项目，通常选用上级标准。

以上列举的生产设计标准的主要项目，其标准级别也可分为国家标准、船舶专业标准、部(中国船舶工业总公司)标准和企业标准四类。其中企业标准是生产设计标准中数量最多，且最基本的标准，它应作为生产设计标准化工作的重点，但也需要组织力量编制部分部级生产设计标准。随着生产设计的进一步深入推广，在企业标准的制订基础上再逐步统一，以便有条件逐步编制新的船舶专业级和国家级的生产设计标准。

**2. 生产设计标准的编号**

(1)企业级生产设计标准的编号。标准的编号，其根本目的是便于标准资料的管理和方便使用。企业级生产设计标准的编号，既要与国家规定的船舶专业标准相吻合，又要有自己的特点，便于识别。企业级生产设计标准编号应该包含标准级别、标准性质、企业类别、标准序号、标准编制年份。具体结构层次见表4-1-1。

表4-1-1 企业级生产设计标准的编号

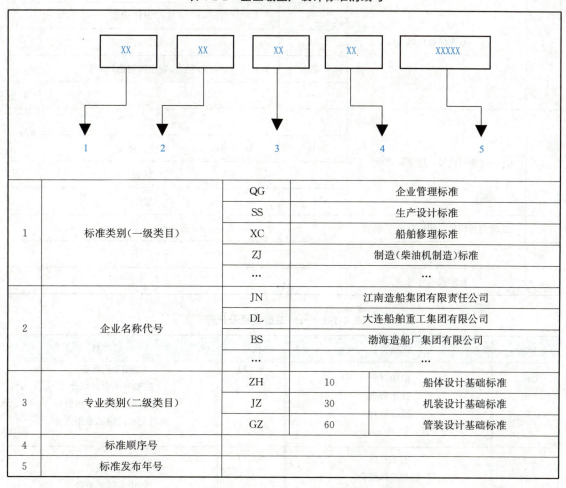

| | | | | |
|---|---|---|---|---|
| 1 | 标准类别（一级类目） | QG | | 企业管理标准 |
| | | SS | | 生产设计标准 |
| | | XC | | 船舶修理标准 |
| | | ZJ | | 制造（柴油机制造）标准 |
| | | ... | | ... |
| 2 | 企业名称代号 | JN | | 江南造船集团有限责任公司 |
| | | DL | | 大连船舶重工集团有限公司 |
| | | BS | | 渤海造船厂集团有限公司 |
| | | ... | | ... |
| 3 | 专业类别（二级类目） | ZH | 10 | 船体设计基础标准 |
| | | JZ | 30 | 机装设计基础标准 |
| | | GZ | 60 | 管装设计基础标准 |
| 4 | 标准顺序号 | | | |
| 5 | 标准发布年号 | | | |

标准级别即企业级标准；标准性质即生产设计标准、企业管理标准、船舶修理标准及造机（柴油机制造）标准等性质区别，也可称为一级类目区分；企业类别指生产设计标准中的基础（综合类）标准、船体标准、机装标准、船装标准、电装标准的区分，或称为二级类目区分；标准序号即标准的顺序号；标准编制年份前两项的内容用汉语拼音字母表示，第三项用字母或数字表示，第四项、第五项用数字表示。

(2)专业标准编号。根据《专业标准管理办法》的规定，专业标准编号应按照《中国标准文献分类法》进行编号。其构成见表4-1-2。

表 4-1-2　企业级生产设计标准的编号表

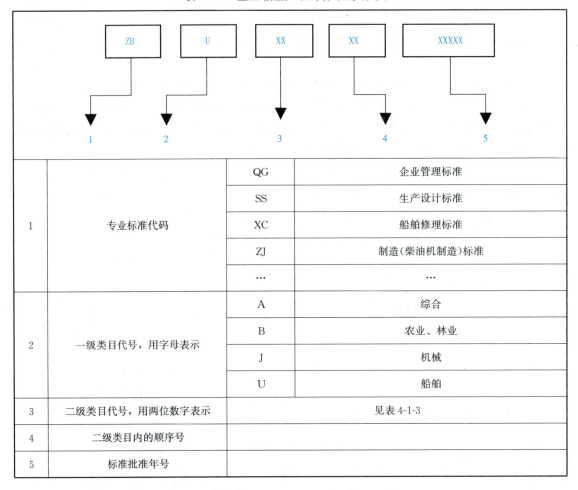

| | | | |
|---|---|---|---|
| 1 | 专业标准代码 | QG | 企业管理标准 |
| | | SS | 生产设计标准 |
| | | XC | 船舶修理标准 |
| | | ZJ | 制造（柴油机制造）标准 |
| | | … | … |
| 2 | 一级类目代号，用字母表示 | A | 综合 |
| | | B | 农业、林业 |
| | | J | 机械 |
| | | U | 船舶 |
| 3 | 二级类目代号，用两位数字表示 | 见表 4-1-3 | |
| 4 | 二级类目内的顺序号 | | |
| 5 | 标准批准年号 | | |

表 4-1-3　一、二级类目及代号

| 代号 | 二级类目 | 代号 | 一级类目 |
|---|---|---|---|
| 00/09 | 船舶综合 | 30/39 | 船舶专用设备 |
| 01 | 技术管理 | 30 | 船舶专用设备综合 |
| 02 | 经济管理 | 31 | 海洋交通运输船专用设备 |
| | … | 32 | 内河交通运输船专用设备 |
| 10/19 | 船舶总体 | 40/49 | 船用主辅机 |
| 10 | 船舶总体综合 | 40 | 船用主辅机综合 |
| 11 | 船舶理论与船模实验 | 41 | 船用锅炉与蒸汽机 |
| 12 | 船体通用结构 | 42 | 机舱设备 |
| | … | | … |
| 20/29 | 舾装设备 | 50/59 | 船舶管路附件 |
| 20 | 舾装设备综合 | 50 | 船舶管路附件综合 |
| 21 | 系泊设备 | 51 | 船用阀件 |
| 22 | 甲板设备 | 52 | … |
| | … | | |

· 52 ·

续表

| 代号 | 二级类目 | 代号 | 一级类目 |
|---|---|---|---|
| 60/69<br>61<br>62 | 船舶电气、观通、导航设备<br>船舶发电、变电与配电设备<br>船用电控装置与测量设备<br>… | 90/99<br>90<br>91<br>92 | 造船专用工艺设备<br>造船专用工艺设备综合<br>造船专用设备<br>制造主辅机专用设备<br>… |
| 80/89<br>80<br>81<br>82 | 船舶制造工艺装备<br>船舶制造工艺装备综合<br>船体制造工艺装备<br>轮机制造工艺装备<br>… | R30/R39<br>R30<br>R31<br>R32 | 船舶维护与修理<br>船舶维护与修理<br>综合船体及舾装修理<br>船用主辅机及管路附件修理 |

## 🧰 学生活动页

### 船舶动力装置生产设计标准体系认知

| 学习领域 | 船舶动力装置生产设计 | 任务名称 | 船舶动力装置生产设计标准 |
|---|---|---|---|
| 活动名称 | 船舶动力装置生产设计标准体系 | 建议学时 | |
| 学生姓名 | | 班级学号 | |
| 任务描述 | 本活动主要针对船舶动力装置生产设计标准体系进行讲解,明确现阶段船舶生产设计涉及的标准目录。 ||||
| 活动目的 | 1. 掌握生产设计标准体系的含义。<br>2. 明确生产设计标准体系的结构。<br>3. 了解机装生产设计标准包含的内容。<br>4. 掌握管装生产设计标准内容。<br>5. 能够识读生产设计标准编号。<br>6. 培养学生分析问题、解决问题的能力。<br>7. 培养学生的沟通能力和团队协作精神。 ||||
| 教学重点 ||||
| 管装生产设计标准 ||||
| 教学材料 ||| 学生知识与能力准备 |
| ➤ 课件<br>➤ 微视频<br>➤ 船舶生产设计手册 ||| ➤ 使用CAD软件的能力<br>➤ 正确识读、查找规范的能力 |
| 活动测试 | 简答题<br><br>1.SS 和 BS 分别代表什么? ||||

续表

| | |
|---|---|
| 活动测试 | 2. 二级类目包括什么？<br><br>3. 管装生产设计标准中的基础标准有哪些？<br><br>4. 标准级别可分成哪几类？<br><br>填空题<br>1. 船舶动力装置包括_____、_____、_____三个部分。<br>2. 生产设计的标准体系的结构层次主要分成_____、_____、_____和_____四个结构层次。<br>3. 船舶动力装置是各种能量的_____、_____、_____的全部机械、设备，它是船舶的一个重要组成部分。<br>4. 企业生产设计标准编号应该包含：_____、_____、_____、_____、_____。 |
| 任务评价 | 自我评价：1. 通过本任务学习，我学到的知识点和技能点有：_____。<br>存在问题有：_____。<br>2. 在本次工作和学习的过程中，我的表现可得到：<br>□优 □良 □中 □及格 □不及格 |
| | 小组互评 |
| | 教师评价 |

• **拓展知识**

**船舶标准化生产**

为在一定的范围内获得最佳秩序，对实际的或潜在的问题制定共同和重复使用的规则的活动，称为标准化。其包括制定、发布及实施标准的过程。标准化的重要意义是改进产品、过程和服务的适用性，防止贸易壁垒，促进技术合作。

## 一、现代化生产的必要条件

标准化可以规范社会的生产活动，规范市场行为，引领经济社会发展，推动建立最佳秩序，促进相关产品在技术上的相互协调和配合。随着科学技术的发展，生产的社会化程度越来越高，技术要求越来越复杂，生产协作越来越广泛。许多工业产品和工程建设，往往涉及几十个、几百个甚至上万个企业，协作点遍布世界各地。这样一个复杂的生产组合，客观上要求必须在技术上使生产活动保持高度的统一和协调一致。这就必须通过制定和执行许多的技术标准、工作标准和管理标准，使各生产部门和企业内部各生产环节有机地联系起来，以保证生产有条不紊地进行。标准化有利于实现科学管理和提高管理效率。现代生产讲究的是效率，效率的内涵是效益。现代企业实行自动化、电算化管理，前提也是标准化。

## 二、扩大市场的必要手段

生产的目的是消费，生产者要找到消费者就要开发市场。标准化不但为扩大生产规模、满足市场需求提供了可能，也为实施售后服务、扩大竞争创造了条件。需要强调的是，由于生产的社会化程度越来越高，各个国家和地区的经济发展已经同全球经济紧密结合成一体，标准和标准化不但为世界一体化的市场开辟了道路，也同样为进入这样的市场设置了门槛。而且标准化可以使资源合理利用，可以简化生产技术，可以实现互换组合，为调整产品结构和产业结构创造了条件。

## 三、促进科学技术转化成生产力的平台

科学技术是第一生产力，但是在科学技术没有走出试验室之前，只在科学技术领域发生影响和作用，是潜在的生产力，还不是现实的生产力。只有通过技术标准提供的统一平台，才能使科学技术迅速快捷地过渡到生产领域，向现实的生产力转化，从而产生应有的经济效益和社会效益。标准化与科技进步有着十分密切的关系，两者相辅相成、相互促进。标准化是科技成果转化为生产力的重要"桥梁"，先进的科技成果可以通过标准化手段，转化为生产力，推动社会的进步。

## 四、推动贸易发展的桥梁和纽带

标准化可以增强世界各国的相互沟通和理解，消除技术壁垒，促进国际之间的经贸发展和科学、技术、文化交流与合作。当前世界已经被高度发达的信息和贸易联成一体，贸易全球化、市场一体化的趋势不可阻挡，而真正能够在各个国家和各个地区之间起到联结作用的桥梁和纽带就是技术标准。只有全球按照同一标准组织生产和贸易，市场行为才能够在更大的范围和更广阔的领域发挥应有的作用，人类创造的物质财富和精神财富才有可能在全世界范围内为人类所共享。

## 五、提高质量和保护安全

标准化有利于稳定和提高产品、工程和服务的质量，促进企业走质量效益型发展道路，增强企业素质，提高企业竞争力；保护人体健康，保障人身和财产安全，保护人类生态环

境，合理利用资源；维护消费者权益。技术标准是衡量产品质量好坏的主要依据，它不仅对产品性能做出具体的规定，而且对产品的规格、检验方法及包装、储运条件等相应地做出明确规定。严格地按标准进行生产，按标准进行检验、包装、运输和贮存，产品质量就能得到保证。标准的水平标志着产品质量水平，没有高水平的标准，就没有高质量的产品。

信息技术在我国船舶工业中的应用，使船舶设计从传统的二维设计转向三维建模模式，使船舶建造从离散型生产方式的分道制造模式转向连续型生产的集成制造模式，造船工业开始逐步进入了数字化时代。造船数字化程度取决于信息技术应用程度，并随着造船软件系统功能的增强和加工制造装备的提升而深化。进一步的发展，造船软件系统与造船企业的信息管理相结合，提升造船企业的信息化程度，走向数字化船舶企业和数字化船舶工业。

当前，我国造船数字化程度与国际上先进的造船国家有较大的差距，除信息技术水平和造船工艺装备水平上的差距外，还集中表现在与信息技术应用相适应的标准化基础环境上。加快我国数字化造船的建设，不仅要深化先进适用的信息技术的应用，进一步改造提升传统造船工艺装备，还应加强相应的标准化工作。

## 活动 4.2 《船舶管系布置和安装工艺要求》(CB/Z 345—2008)

### 活动引擎

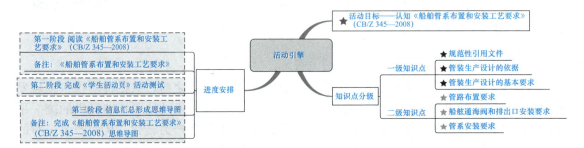

### 知识充电站

标准《船舶管系布置和安装工艺要求》(CB/Z 345—2008)。

#### 1. 范围

本指导性技术文件规定了船舶管装生产设计的依据和基本要求、管路布置要求、管系设备布置要求、管子通过船体结构的要求、船舷通海阀和排出口安装要求、管子吊架、绝缘包扎、管系安装要求及检验项目等。

本指导性技术文件适用于大中型船舶管系的布置和安装，特种类型船舶及小型船舶可参照使用。本指导性技术文件不适用于通风管路。

#### 2. 规范性引用文件

《船舶与海上技术 管路系统内含物的识别颜色 第1部分：主颜色和介质》(GB 3033.1—2005)；

《船舶与海上技术 管路系统内含物的识别颜色 第2部分：不同介质和(或)功能的附加

颜色》(GB 3033.2—2005)；
《船用法兰非金属垫片》(GB/T 17727—2017)；
《船舶舾装区域划分原则及代号》(CB/T 3671—2013)；
《管子吊架》(CB/T 3780—2016)；
《船舶管子加工技术条件》(CB/T 3790—1997)。

**3. 管装生产设计的依据**
(1)详细设计相关图样；
(2)产品建造方针、规格书；
(3)船级社及相关公约、规范、规则；
(4)管子加工和安装工艺标准；
(5)管路附件的标准及样本图；
(6)有关的设备资料；
(7)管子表面处理工艺。

**4. 管装生产设计的基本要求**
(1)管系布置的区域划分可按《船舶舾装区域划分原则及代号》(CB/T 3671—2013)的规定进行。
(2)管系单元划分应符合下列要求：
1)管系单元划分，应考虑工厂安装场地的起重、运输能力和进舱方法，确保管系单元的吊装。
2)上层建筑区域管系单元划分，应便于分段预装、实施总段安装及船上区域的安装。
3)货舱区域管系单元划分应根据甲板、分段合龙状况，确定单元长度及数量。
4)机舱底部区域管系单元划分，可按照舾装或分段综合单元布置进行。管端高度应距离花纹钢板 250～400 mm。
5)机舱上部区域管系单元划分，应考虑分段接缝位置，管端高度应距离甲板或平台 250～400 mm。
(3)区域管系单元可划分为下列四类：
1)机舱底层按区域划分，一般分为主机前端综合单元、主机左侧综合单元、主机右侧综合单元三个单元。
2)烟囱作为一个区域性的管系综合单元。
3)油船、化学品船的货舱甲板区域也可按实际情况划分若干个管系综合单元。
4)发电机组平台划分为一个区域性的管系综合单元。
(4)管装生产设计选用的功能模块和单元一般包括燃滑油分油机模块、主机供油模块、辅机供油模块、凝水冷却模块、生活水泵组单元、锅炉给水泵组单元、主机淡水泵组单元、主机淡水冷却器组合单元、主机滑油冷却器组合单元、压缩空气减压阀组单元、蒸汽分配阀组单元、蒸汽调温阀组单元、凝水阻汽器阀组单元、油舱加热盘管单元、凸轮轴供给泵单元、主海水冷却泵组单元、卫生单元、化学清洗泵组单元、主机滑油自清滤器及旁通滤器单元、主机缸套水冷却泵组单元。

**5. 管路布置要求**
(1)管子公称通径不小于 15 mm 时，应按区域进行管路综合布置设计。对于管子通径小于15 mm的集束管路,应设计走向图。

(2)按区域综合布置时,应先划定框界。管路布置一般是先大管后小管,先压载水管和舱底管,后油管、气管,并优先考虑疏排水管、透气管和注入管等管路布置,且不应有存水弯。

(3)通过各层甲板面的管路由下向上布置,通过各层甲板下的管路由上向下布置。布管时应考虑主干电缆、主风管的路线。管路的排列应平直,成组并列。

(4)各种管路应尽量沿船体结构或箱体的附近布置,管路布置应使路线短,弯头少,且便于安装、操作和维修。

(5)机舱底部的管路布置原则为:最底层为舱底管,法兰边与内底板间距应不小于20 mm,燃油及蒸汽管不宜布置在底部。

(6)管系综合单元应设置框架式共同基底,应将泵组、基座、管路和阀件连接在一个单元上,并规定其吊装先后顺序。

(7)功能模块或单元,应做成独立的中间产品,可在车间内组装后,直接上船安装。

(8)管路布置应考虑木作、绝缘、天花板和甲板敷料的要求,应注意防火。

(9)在主要通道、拆装维修及检查等空间,不应设置管路。对于设备的拆装、维修、检查等必要的空间,应根据各设备的相关资料,决定能否设置管路。一般情况下,管路在通道内的布置间距如图4-2-1所示。

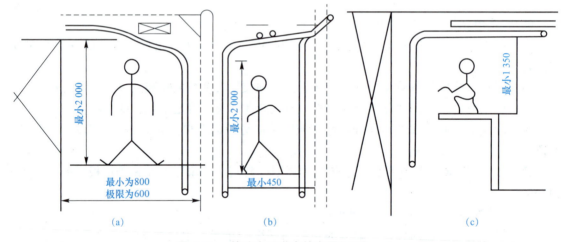

图 4-2-1 管路在通道内的布置间距(mm)
(a)正向行走空间的尺寸(高和侧宽);(b)侧向行走空间的尺寸(高和前后宽);(c)弯蹲行走空间的尺寸(高)

(10)当管子、电缆和通风管布置在同一位置时,应由上至下,按照电缆、管子、风管的顺序布置,采用组合吊架固定,如图4-2-2所示。

(11)在电气设备、发电机和重要仪器的上方及后面不应设置蒸汽管、油管、水管。若不可避免时,则不应设置可拆接头,并应采取保护措施。

(12)淡水管、疏水管不应通过油舱。油管、海水管不应通过淡水舱。若不可避免时,应从油密隧道或在套管内通过。其他管子通过燃油舱时,管壁应按相关规范要求加厚,且不应设置可拆接头。

(13)舱底水管应尽量避免通过双层底舱及深舱。若不可避免时,管壁应按相关规范要求加厚,且不应设置可拆接头。

(14)燃油舱柜的空气管、溢流管、测量管、注入管以及液压管,应避免通过居住舱室。

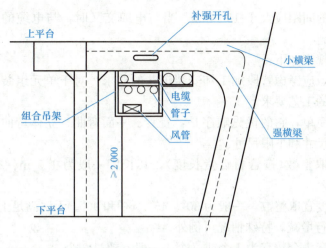

注：若层高不够可在强横梁上开孔补强，管子、风管相应升高

图 4-2-2　管子、电缆和风管的布置(mm)

若不可避免时，则不应设置可拆接头。

(15)锅炉、烟道、排气管、消音器和蒸汽管的上方应避免设置油管及油柜。若无法避免时，油管不应设置可拆接头，或采取其他防护措施。

(16)透气管布置应确保无冷凝水滞留现象产生，且应布置在舱柜的最高部位和舱柜前部。

(17)液位遥测装置下端应靠近测量管布置，两者间距为 100～200 mm，艉部液舱及有敷料液舱的测量管末端高度应与液舱放水塞位置一致，并应靠近放水塞。

(18)机炉舱内的蒸汽管路应布置在易于检查和拆装的地方，一般不应敷设在花纹钢板下。加热管和吹洗管也应布置在距离内底板较高的地方。

(19)蒸汽管路布置的斜度和放水阀或旋塞的数量与位置，应在船舶处于正常纵倾、正浮或横倾不超过 5°时，能使蒸汽管路任何管段泄放凝水。

(20)坐便器及水池排水管下部应设存水弯头，管路布置的倾斜度不应小于 1°，且应优先考虑法兰连接，在弯曲部位增加疏通接头。

(21)货舱区域的槽型隔舱内，加强扶强材之间及肋骨之间的管路布置一般不超过两路，且应设置管子保护罩，管子过舱开孔边缘与槽型壁弯曲部位的切线间距应大于 100 mm。

(22)管路布置开孔应避开船体分段连接焊缝，若无法避开时，应在连接焊缝焊好后在焊接接头正中开孔。

(23)艏部防撞舱壁只允许穿一根管子，控制阀应直接安装在防撞舱壁前侧并能在干舷甲板上操作。其他管路一般不应穿过该壁。

(24)管路布置间距规定如下：

1)并行管或交叉管，邻近两根管子及管路附件间距应不小于 20 mm，相邻管路法兰交叉间距应大于 100 mm，如图 4-2-3 所示；

2)对于需要包扎绝缘的管路，包扎绝缘后，其外缘与相邻管子、管路附件或船体结构件的间距应不小于 20 mm；

3)当蒸汽管、排气管与电缆平行时，管

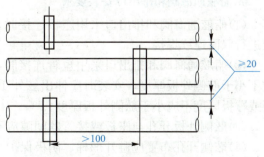

图 4-2-3　管路布置间距(mm)

路绝缘外层与电缆的间距应大于 100 mm。当与电缆交叉时，与电缆的间距应大于 80 m，否则应采取隔热措施。

(25) 管段划分规定如下：

1) 管段的划分，应考虑管段加工和安装工艺的要求。对于单元组装的管段，应考虑管段安装及单元吊装的工艺要求。

2) 管子形状应简单，它的优先顺序是：直管、平面弯曲、立体弯曲。需弯曲的管子应考虑弯管机的上限尺寸和下限尺寸。

3) 直管长度应取整数（按管材订货长度），其长度一般为 1.5 m、2 m、3 m、6 m 和 9 m，形成标准管段。

4) 管子弯曲角度宜取整数，一般为 30°、45°、60°和 90°。无法满足上述角度要求时，一般应以 5°为单位进行增减，特殊情况可例外。

5) 弯曲管子的弯头个数宜为 1 个或 2 个，一般不超过 3 个。

6) 管子弯曲半径为 3D（D 为管子外径），油舱蒸汽加热盘管弯曲半径可采用 2D，局部布置困难的情况下可选用小弯曲半径的定型弯头连接。

7) 管段划分应优先考虑满足先焊后弯工艺要求，保持弯管机规定的首尾段长度，并使不同管段有相似的形状。

8) 在船体分段连接处、单元连接处或设备连接处，可设置嵌补管，其长度为 1 m 左右。管段划分时，应不使管段超出分段端部。

9) 成束管子连接接头排列一般应为平面型、交叉型、阶梯型，并采用多联支架形式布置，如图 4-2-4 所示。

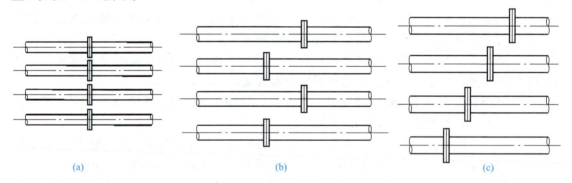

图 4-2-4　成束管布置

(a) 平面型；(b) 交叉型；(c) 阶梯型（立体管）

## 6. 船舷通海阀和排出口安装要求

(1) 船舷通海阀和排出口采用座板连接时，结构形式如图 4-2-5 所示。座板与舷侧外板应进行双面连续焊接。

(2) 船舷通海阀和排出口采用短管连接时，结构形式如图 4-2-6 所示。船舷接管的壁厚应不小于舷侧外板厚度，安装时应伸出舷外 10～15 mm，并采用肘板或覆板进行加强，肘板或覆板厚度不应小于舷侧外板厚度。

(3) 舷侧外板开孔与座板或接管的间隙应不大于 3 mm。

(4) 舷侧开孔布置应避开舷梯、阴极保护、阳极保护、水尺线或艏部船名。舷侧排水孔应避免开在救生艇及舷梯卸放区域内。若不可避免时，则应采取防止将水排至救生艇内或

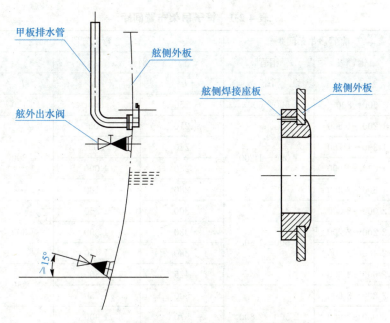

图 4-2-5　船舷通海阀和排出口的座板连接安装

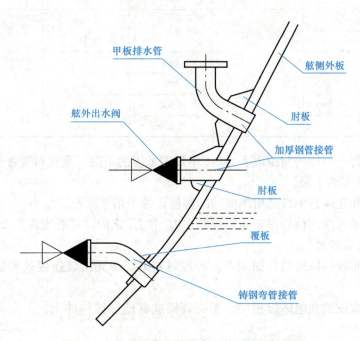

图 4-2-6　船舷通海阀和排出口的短管连接安装

舷梯上的措施。

**7. 管子吊架**

(1)管子吊架结构形式。管子吊架的结构形式,可按《管子吊架》(CB/T 3780—2016)的规定选用。

(2)管子吊架布置间距。

1)管子吊架布置间距按表 4-2-1 选用。

表 4-2-1 管子吊架布置间距 mm

| 管子公称直径 DN | 直管段吊架间距 | | 弯曲管段吊架间距 | | | |
|---|---|---|---|---|---|---|
| | 钢管 | 铜管 | 钢管 | | 铜管 | |
| | $L_1$ | $L_1$ | $L_2$ | $L_3$ | $L_2$ | $L_3$ |
| 10 | 600~800 | 500~600 | 150 | 500 | 100 | 400 |
| 15 | 1 200~1 500 | 1 000~1 200 | 210 | 700 | 200 | 800 |
| 20 | 1 300~1 700 | | 240 | 800 | | |
| 25 | 1 600~2 000 | | 250 | 1 000 | | |
| 32 | 1 800~2 300 | | 280 | 1 100 | | |
| 40 | 2 000~2 500 | 1 500~1 800 | 300 | 1 250 | 300 | 1 200 |
| 50 | 2 200~2 700 | | 330 | 1 300 | | |
| 65 | 2 400~3 100 | | 380 | 1 450 | | |
| 80 | 2 600~3 300 | | 425 | 1 500 | 350 | 1 250 |
| 100 | 2 800~3 600 | 2 500~2 800 | 500 | 1 750 | | |
| 125 | 3 000~3 800 | | 570 | 1 900 | 400 | 1 300 |
| 150 | 3 200~4 200 | | 650 | 2 000 | | |
| 175 | | — | 810 | 2 050 | | |
| 200 | 3 400~5 000 | | | 2 150 | | |
| 225 | 3 600~5 200 | | 860 | 2 200 | | |
| 250 | 3 600~5 400 | | 880 | 2 300 | | |
| 300 | 3 800~5 800 | | 1 100 | 2 450 | | |
| ≥350 | 4 000~5 800 | | 1 200 | 2 500 | | |

2)水平布置管子吊架的间距取表 4-2-1 中规定范围的下限,垂直布置管子吊架的间距取表 4-2-1 中规定范围的上限。

3)对机舱间和在航行中容易出现振动的部位,管子吊架间距应缩小。

4)为确保管子弯曲部位的吊架间距控制在 $L_2$ 和 $L_3$ 之内,可适当调整 $L_1$ 的吊架间距。

(3)管子吊架布置要领。

1)管子吊架布置应以通舱件固定点、分段对接处、单元组装连接处和管系附件安装处为起点。

2)管子吊架应设置在船体纵桁梁、船壳骨架或其他船体构件上。不应将管子吊架直接装焊在船体外板上。

3)机舱内宜利用格栅撑脚和辅机座来安装管子吊架。

4)对蒸汽管、排气管和加热管等伸缩量较大的管系,在其伸缩段内不应设置刚性吊架。

5)支管的吊架应设置在主管附近,且不影响主管伸缩的地方。

6)水平管子吊架座板的角钢背缘方向应朝向船艉或舷侧,垂直管子的吊架座板角钢背缘方向应朝下。

7)在双层底、水密隔舱壁、油和水舱柜及上甲板以上的上层建筑(包括上甲板)布置管子吊架时,如果吊架点不落在构架上,则应增加覆板。覆板边缘距离吊架脚边缘不应小于 25 mm,其厚度为 9~12 mm。

(4)管子吊架安装要求。

1)管子吊架底脚应采用包角双面焊。

2)在有色金属管及油舱中的管子与吊架之间应添加聚四氟乙烯或其他相应材料衬垫。蒸汽管、排气管与吊架之间应填加隔热材料。

3)木壁上的吊架安装：公称通径 25 mm 以下的管子，其吊架可直接用木螺钉固定在木壁上；公称通径 32 mm 以上的管子，其吊架应焊接在木壁内的钢壁上。

4)管子吊架安装完毕后，紧固螺栓应伸出螺母 3～5 牙。

5)双层底下的舱柜及油、水舱内的管子吊架应采用双螺母紧固。

### 8. 管系安装要求

(1)管系安装前应划出管子安装基准线（船体中心线和水线），并经检验合格。

(2)所有上船安装的管子，应有加工管子的合格印记。对封口损坏的管子，安装前需用压缩空气吹净管内壁。

(3)管系安装的依据是管系安装图或零件图、吊架图和托盘表。

(4)管系安装的先后顺序，应按图样规定进行。一般可分为单元舾装、分段舾装和船上舾装三个阶段。

(5)上船安装的各种阀件、法兰、接头、螺栓和螺母等应经检验合格。

(6)法兰密封面垫片可按下列规定选用：

1)法兰密封面垫片可按《船用法兰非金属垫片》(GB/T 17727—2017)规定选用；

2)每对法兰只应放置一个垫片，垫片的内径边缘不应遮挡管子或附件的流通截面。

(7)管系安装时，两根连接管子的末端应自然对准，不应采用杠杆或夹具强行对中。

## 学生活动页

**《船舶管系布置和安装工艺要求》(CB/Z 345—2008)识读**

| 学习领域 | 船舶动力装置生产设计 | 任务名称 | 船舶动力装置生产设计标准 |
|---|---|---|---|
| 活动名称 | 《船舶管系布置和安装工艺要求》(CB/Z 345—2008)识读 | 建议学时 | |
| 学生姓名 | | 班级学号 | |
| 活动描述 | 对标准《船舶管系布置和安装工艺要求》(CB/Z 345—2008)进行讲解，明确在船舶管系生产设计中需要遵循的规范与原则，从而进行管系的生产设计。 | | |
| 活动目的 | 1. 掌握管装生产设计的基本要求。<br>2. 掌握船舷通海阀和排出口安装要求。<br>3. 了解规范性引用文件。<br>4. 掌握管子吊架生产设计技术要求。<br>5. 能够根据标准《船舶管系布置和安装工艺要求》(CB/Z 345—2008)进行管系生产设计。<br>6. 能够准确查阅标准《船舶管系布置和安装工艺要求》(CB/Z 345—2008)。<br>7. 培养学生分析问题、解决问题的能力。<br>8. 培养学生的沟通能力和团队协作精神。 | | |

续表

| 活动重点 | |
|---|---|
| 管路布置要求 | |
| 活动材料 | 学生知识与能力准备 |
| ➤课件<br>➤微视频<br>➤《船舶管系布置和安装工艺要求》(CB/Z 345—2008) | ➤使用CAD软件的能力<br>➤正确识读、查找规范的能力 |

| 活动测试 | 简答题 |
|---|---|
| | 1. 管装生产设计的依据是什么？ |
| | 2. 燃油系统中选用的功能模块有哪些？ |
| | 3. 滑油系统中选用的功能模块有哪些？ |
| | 4. 机舱区域综合布置时，生产设计的先后顺序是什么？ |
| | 5. 船舷通海阀和排出口安装要求有哪些？ |

续表

| | 填空题 | |
|---|---|---|
| 活动测试 | 1. 管子公称通径不小于_____时，应按区域进行管路综合布置设计。对于管子通径小于_____的集束管路，应设计走向图。<br>2. 通过各层甲板面的管路_____布置，通过各层甲板下的管路_____布置。<br>3. 机舱底部的管路布置原则为：最底层为_____，法兰边与内底板间距应不小于 20 mm，燃油及蒸汽管不宜布置在底部。<br>4. 功能模块或单元，应做成独立的中间产品，可在车间内组装后，直接_____。<br>5. 淡水管、疏水管不应通过_____。油管、海水管不应通过_____。若不可避免时，应从油密隧道或在套管内通过。其他管子通过_____时，管壁应按规范要求加厚，且不应设置可拆接头。<br>6. 舱底水管应尽量避免通过_____及_____。若不可避免时，管壁应按规范要求加厚，且不应设置可拆接头。<br>7. 燃油舱柜的空气管、溢流管、测量管、注入管及液压管，应避免通过_____。 | |
| 任务评价 | 自我评价 | 1. 通过本任务学习，我学到的知识点和技能点有_____。<br>存在问题有_____。<br>2. 在本次工作和学习的过程中，我的表现可得到：<br>□优　□良　□中　□及格　□不及格 |
| | 小组互评 | |
| | 教师评价 | |

# 活动 4.3　机舱装专业设计指导书

## 活动引擎

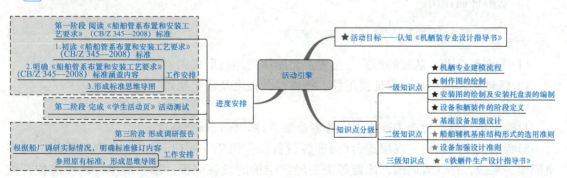

## 🧰 知识充电站

### 制作机舱装专业设计指导书

机舱装设计流程：舱装设计原则上严格遵循详细设计的内容，对自己的设计一定要明确详细设计提供的依据，学会阅读详细设计图纸和技术规格书。详细设计明细可参见机装科的图纸目录。

#### 一、建模流程

原则上，每个设计者构建本人负责区域内设备模型，在任务分配后，收集设备样本，并留底，如设备中途修改，以便对照。

**1. 设备建模及布置**

熟悉机舱布置图，各个独立舱室布置图，大型设备安装图及轮机相关系统，明确所负责设备，建 VOLUME→COPONENT→EQUIPMENT，根据相应布置图在船上定位。

**2. 铁舱件初步建模顺序**

主通道（包括梯子及平台箱柜，排烟管及支撑）→基座→吊梁→吊耳吊架（待管子初步建模后，对设备精确定位调整）→设备加强建模→辅助梯子走台建模（包括单元、格栅），平台拦油水扁铁，滤器油盘，操阀平台及直梯初步建模（注释：需要分段安装的舱装件应提前建模站位，方便各专业平衡）。

**3. 详细建模**

按照机舱装建模命名规则对照本区域都有哪些模型，可参见检查流程卡进行完整性检查。

#### 二、制作图的绘制

各专业协调平衡完成后，可进行制作图的绘制。制作图应包括以下内容：
(1)目录。
(2)制作典型图及技术要求。
(3)非标零件尺寸图。
(4)涂装代码表。
(5)铁舱件制作图。

#### 三、安装图的绘制及安装托盘表的编制

(1)考虑到振动，基座的形式与位置及与船体的连接形式尤为重要。
(2)活动箱柜的设计，保证使用性、操作性、强度及易于制作。
(3)梯子走台。
1)确保主通道，检查主通道上方各专业舱装件，保证通行高度。
2)特别关注的处所：底层走台（保证各设备操作维修，阀门开闭）、发电机周围、透平机周围、泵舱、排气管周围，滤器等需要经常维护的设备周围；轴系周围、高位液位开关周围。
(4)主机吊梁的安装阶段及公差等质量保证。

(5)排烟管的设计。
1)热膨胀及补偿。
2)排烟支撑的形式及安装位置数量,确保强度。
3)排烟管转弯角度尽可能保证阻力最小。
(6)柴发设备、基座、吊梁位置的一致性。
(7)舾装件设计尽可能用型材,节约材料。

### 四、设备和舾装件的阶段定义

#### 1. 生产设计的定义

生产设计是在确定船舶总的建造方针下,以详细设计为基础,根据船厂施工的具体条件,以中间产品为导向按工艺阶段和施工区域记入各种工艺技术指示和各种管理数据的工作图表,以及提供生产信息文件的一种设计过程。其核心是必须按阶段/区域/类型组织舾装生产。

#### 2. 读懂分段划分图和船体建造要领

图 4-3-1 所示为典型船 BH424 的机舱及艉部分段划分图,为机舾装设计区域。

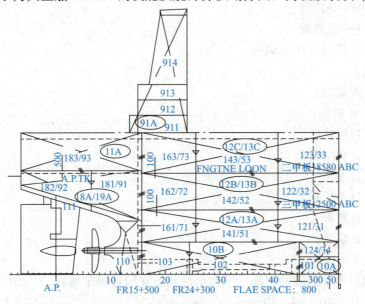

图 4-3-1 机舱及艉部分段划分图

### 五、设备建模

(1)VOLUME 名称:型号+船号。

要求:设备最低点为 $Z0$ 点,中心线为 $Y$ 轴或 $X$ 轴。

建模要素如下:

1)设备底脚尺寸。
2)管子接口尺寸。
3)设备操作维修空间。
4)设备正操作面。

5)单元的电控箱闪电标志。

要求：设备认可图关键尺寸不明者，一定要向设备厂家索取，明确尺寸。

(2) COMPONENT 名称。

底层：101——

下平台：201——

上平台：301——

　　　　401——

　　　　501——

(3) EQUIPMENT 名称。

底层 M1：M101——

下平台 M2：M201——

上平台 M3：M301——

(4)舾装件名称：M ××××　　B　FD　　301。

M——机装代号。

××××——module。

　分段——B+分段号。

　总组——P+总组号。

　区域——大区域+中区域号。

　　大区域：

　　　　A 船艉；

　　　　M 机舱；

　　　　L 居住区；

　　　　B 双层底；

　　　　H 货舱；

　　　　D 上甲板；

　　　　F 艏部；

　　　　P 泵舱；

　　　　Z 全区域。

　　中区域：由该区域的甲板、平台层次或舱室编号顺序编制。

　　　　10，20，30，40——

B——舾装类别代码。

　A 通风用舾装件；

　B 常规舾装件；

　C 分段预装焊接件；

FD——舾装件代号：不同的舾装件有不同的代号。

　3——工作阶段；

　2——分段；

　3——总组；

　4——区域；

　6——单元；

01——舾装件顺序号。
01，02，03——
舾装件代号见表4-3-1。

表 4-3-1　舾装件代号

| 代号 | 名称 | 代号 | 名称 |
|---|---|---|---|
| IL | 斜梯 | TK | 箱柜 |
| VL | 直梯 | BT | 锅炉支撑 |
| HR | 栏杆 | GW | 钢板网墙(grille wall) |
| HG | 扶手 | SC | 油水围栏 |
| GF | 格栅平台(有腿的) | VP | 风管 |
| GS | 格栅支撑(没腿的) | SF | 物料架 |
| OG | 格栅 | FS | 排烟支撑 |
| CK | 花钢板 | LB | 吊梁 |
| PF | 花钢板平台 | LS | 吊梁支撑 |
| FD | 基座 | LL | 设备吊装耳板 |
| WB | 焊接件 | VP | 风管(应急柴发帆布管) |
| TS | 排烟弹性支架 | LR | 梯子与栏杆连接件 |
| DG | 排烟防雨罩 | FIRE | 消防瓶座 |
| KC | 栏杆安全拉链 | PAD | 设备垫块 |
| CR | 焊接布钩子 | HH | 氧气乙炔管架 |
| WP | 车床木操作台 | WT | 电焊工作台 |
| HS | 基座反面加强 | FC | 油滤器接油盘 |

## 六、设备加强设计准则

设备的布置应使支撑点尽量对齐结构线，不能对齐的，应采用加强以防振动。

### 1. 必须加强的设备

(1)第Ⅰ类辅机：柴油或汽轮发电机组，柴油机或汽轮机驱动的辅机，中间轴承，舵机及其他需要找正对中的机组等。
(2)第Ⅱ类辅机：各类运动机械，包括具有公共底座的机械设备。
回转式辅机：各类风机、离心式泵、轴流式泵、油水分离机等。
往复式辅机：空压机、制冷压缩机、往复式泵等。
大型热交换器：冷凝器、冷却器。
大型压力容器：主空气瓶、压力水柜等。
动力机械加工设备：车床、铣床、刨床、钻床等。

(3)第Ⅲ类辅机：成套单元设备，各类非运动式设备等。
成套单元设备包括生活污水处理装置、油水分离器、造水机、空调器、焚烧炉等。

**2. 可酌情考虑的设备**

(1)小型热交换器：燃油雾化加热器、缸套水加热器、冷却器、储液器等。
(2)各类箱柜：油箱柜、水箱柜等。
(3)小型压力容器：辅空气瓶、汽笛空气瓶、杂用空气瓶等。
当设备质量大于100 kg时，可考虑加强；当设备质量小于100 kg时，可不考虑加强。

## 七、基座设备加强设计

**1. 船舶辅机的分类**

(1)第Ⅰ类辅机：柴油或汽轮发电机组，柴油机或汽轮机驱动的辅机，中间轴承，舵机及其他需要找正对中的机组等。
(2)第Ⅱ类辅机：各类运动机械，包括具有公共底座的机械设备。
1)回转式辅机：各类风机、离心式泵、轴流式泵、油水分离机等。
2)往复式辅机：空压机、制冷压缩机、往复式泵等。
3)大型热交换器：冷凝器、冷却器。
4)大型压力容器：主空气瓶、压力水柜等。
5)动力机械加工设备：车床、铣床、刨床、钻床等。
(3)第Ⅲ类辅机：成套单元设备，各类非运动式设备等。
1)成套单元设备：生活污水处理装置，如油水分离器、造水机、空调器、焚烧炉等。
2)小型热交换器：燃油雾化加热器、缸套水加热器、冷却器、储液器等。
3)各类箱柜：油箱柜、水箱柜等。
4)小型压力容器：辅空气瓶、汽笛空气瓶、杂用空气瓶、$CO_2$瓶等。
5)集中控制台：各类控制台，如机舱集控台、阀组集控台等。
(4)第Ⅳ类辅机：各类甲板机械，如起货机、锚机、绞缆机、舷梯绞车等。
(5)第Ⅴ类辅机：各类辅锅炉，如废气锅炉、废气热水器等。

**2. 船舶辅机基座的结构形式**

(1)面板—立板—T形肘板结构，如图4-3-2所示，适用于第Ⅰ类、第Ⅱ2)类辅机。

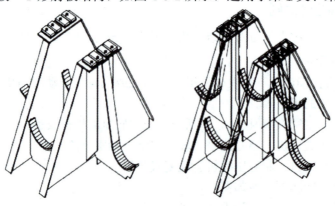

图4-3-2　面板—立板—T形肘板结构

（2）面板—立板—肘板结构，如图 4-3-3 所示，适用于第Ⅰ类、第Ⅱ2)类辅机。

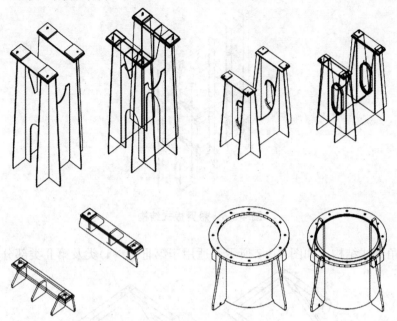

图 4-3-3　面板—立板—肘板结构

（3）角钢—肘板式结构，如图 4-3-4 所示，适用于第Ⅲ类及第Ⅱ类部分辅机。

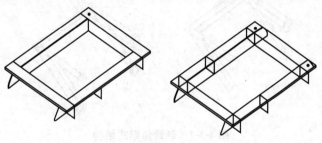

图 4-3-4　角钢—肘板式结构

（4）角钢框式结构，如图 4-3-5 所示，适用于第Ⅲ类辅机及部分小型第Ⅱ1)类辅机。

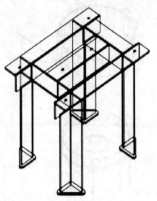

图 4-3-5　角钢框式结构

(5)悬臂板式结构,如图 4-3-6 所示,适用于第Ⅲ2)~4)类及第Ⅱ类部分辅机。

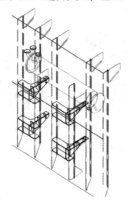

图 4-3-6 悬臂板式结构

(6)悬臂角钢式结构,如图 4-3-7 所示,适用于第Ⅲ2)~4)类及第Ⅱ类部分辅机。

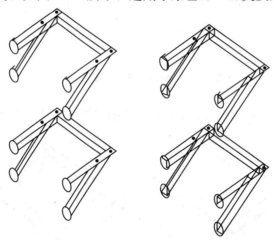

图 4-3-7 悬臂角钢式结构

(7)舱壁夹箍式结构,如图 4-3-8 所示,适用于立式压力容器及筒形备件。

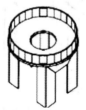

图 4-3-8 舱壁夹箍式结构

(8)如果无法在平台上设置拦油扁铁，燃油泵、燃油滤器、滑油泵、滑油滤器等的基座上应设置油盘，油盘应留出泄油口的位置，如图4-3-9所示。

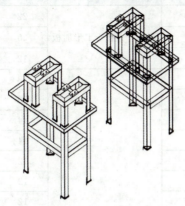

**图 4-3-9　基座上应设置油盘的结构**

### 八、船舶辅机基座结构形式的选用

(1)选用基座结构形式前应具备的资料：
1)辅机安装图。
2)机舱布置图及有关辅机的布置图。
3)综合布置图。
4)设备认可图及样本说明书等。
5)有关船体结构图。
(2)分清需设基座的辅机属于第几类。
(3)根据基座结构形式，结合辅机的安装位置，选择所需的基座结构形式。
(4)选择基座结构形式时，应考虑以下问题：
1)要了解辅机的用途、辅机的质量、工作时所产生的振动力大小、辅机所承受的外力大小等，使所选用的基座既能满足辅机的工作要求，又能节省钢材，便于施工基座要有足够的强度，还要具有不使辅机产生有害振动的结构形式和刚性，尤其是柴油发电机组、空气压缩机等振动大的辅机，要特别注意基座的结构刚性。
2)注意利用基座周围的船体结构，尽量使基座的构件与船体板材肋骨等相连接，以增强基座自身的刚性。
3)对于特殊底脚的设备基座，为便于预装时定位，基座应制成一体。
4)角钢或槽钢截面与船体壁板或甲板连接时，截面处应加焊垫板。

### 九、基座的材料规格选用及设绘方法

**1. 船舶辅机基座材料规格的选用**

基座材料规格要根据辅机的类别、基座的形式加以选用，现摘录35 000 t散货船部分辅机基座所用材料的规格，见表4-3-2，供设绘基座时参考。

选用材料时尽可能简化规格，以便于订货和设绘。

表 4-3-2　35 000 t 散货船部分辅机基座所用材料的规格

| 序号 | 设备名称 | 基座形式 | 面板 | 立板 | 肘板 | 角钢 |
|---|---|---|---|---|---|---|
| 1 | 中间轴承 | 面板－立板－T形肘板 | 22 | 18 | 18 | |
| 2 | 主发电机组 | | 20 | 16 | 16 | |
| 3 | 主空压机组 | | 12 | 10 | | |
| 4 | 立式辅锅炉 | 面板－立板－肘板 | 18 | 14 | 14 | |
| 5 | 废气锅炉 | | 20 | 16 | 16 | |
| 6 | 压载水泵 | | 14 | 10 | 10 | |
| 7 | 舱底水泵(往复式) | | 14 | 12 | 12 | |
| 8 | 主海水冷却泵 | | 12 | 10 | 10 | |
| 9 | 主机滑油泵(螺杆式) | | 12 | 10 | 10 | |
| 10 | 辅海水冷却泵 | | 12 | 10 | 10 | |
| 11 | 辅机淡水冷却泵 | | 12 | 10 | 10 | |
| 12 | 燃油输送泵(齿轮式) | | 10 | 10 | 10 | |
| 13 | 十字头滑油泵 | | 10 | 8 | 8 | |
| 14 | 燃油分离机(MOP207) | | 12 | 10 | 10 | |
| 15 | 主机滑油淡水冷却器 | | 12 | 10 | 10 | |
| 16 | 主空气瓶(卧式) | | 14 | 12 | 12 | |
| 17 | 热水柜 | | 14 | 12 | 12 | |
| 18 | 淡水、卫生水压力柜 | | 12 | 10 | 10 | |
| 19 | 车床 | | 12 | 10 | 10 | |
| 20 | 刨床 | | 12 | 10 | 10 | |
| 21 | 淡水淡化装置 | | 12 | 10 | 10 | |
| 22 | 焚烧炉 | | 10 | 8 | 8 | |
| 23 | 应急发电机组 | 角钢－肘板 | | | 10 | 200×125×14 |
| 24 | 艉绞缆机舵机液压系组 | | | | 12 | 200×125×14 |
| 25 | 滑油输送泵 | | | | 8 | 90×90×9 |
| 26 | 热水循环泵 | | | | 8 | 90×90×9 |
| 27 | 柜式空调器 | | | | 8 | 90×90×9 |
| 28 | 燃油泄放舱 | | | | 8 | 90×90×9 |
| 29 | 机舱监控台 | 角钢－肘板 | | | 8 | 75×75×8 |
| 30 | 污泥柜 | | | | 8 | 100×63×8 |
| 31 | 主机喷油器冷却泵 | | | | 10 | 140×90×10 |
| 32 | 压载控制台 | 角钢框式 | | | | 100×63×8 |
| 33 | 舱底水油水分离器 | | | | | 90×90×9 |
| 34 | 热水井 | | | | | 90×90×9 |
| 35 | 辅机燃油沉淀柜 | | | | | 160×100×10 |
| 36 | 辅锅炉鼓风机 | | | | | 100×63×10 |
| 37 | 辅锅炉柴油日用柜 | | | | | 125×125×12 |
| 38 | 钢炉强制循环泵 | | | | | 125×80×10 |

### 2. 船舶辅机基座设绘方法

(1)基座图的图纸幅面、比例、字体尺寸、标注等按照相关标准的规定。

(2)基座图样明细表的"名称"栏中,除写明规格外,还应尽可能写明下料尺寸,如下料尺寸是近似的,可在尺寸数字前加近似符号"～"。

(3)如果在图样中构件的精确尺寸不能确定,则应在图样的"技术要求"中写明"所有构件的精确尺寸均由放样决定"字样。

(4)基座图应注明焊缝符号和要求,也可在"技术要求"中注明,基座结构中多为角焊缝,角焊缝高度一般为焊缝构件厚度的1/2。

(5)为便于基座的制作和安装,基座高度一般不小于 100 mm。

(6)基座面板的周围尺寸一般应比设备底座大 10 mm。

(7)基座图需注明基座的定位尺寸,包括距肋位距、距船舯数值、平台或甲板层高数值。

(8)如果无法在平台上设置拦油扁铁,燃油泵、燃油滤器、滑油泵、滑油滤器等的基座上应设置油盘,油盘应留出泄油口的位置。

(9)大型辅机基座的立板两端应跨在船体的纵横结构上,基座肘板应尽可能坐落或延伸至肋位上,必要时在基座坐落的平台或甲板下的肋骨间增设加强筋板予以补强。

(10)辅机一般用螺栓固定在基座上,应尽可能在靠近螺栓的基座底部设置肘板或构件,但需留出拧紧螺母所必需的空间。

(11)基座肘板与平台或甲板连接处肘板上必须割出流水孔,流水孔半径一般为 30～40 mm。

(12)基座构件禁止和船体外板直接焊接。

(13)预制的基座在装船前应涂一度底漆和一度面漆,涂漆应在"技术要求"中注明。

## 学生活动页

### 《铁舾件生产设计指导书》识读

| 学习领域 | 船舶动力装置生产设计 | 任务名称 | 船舶动力装置生产设计标准 |
|---|---|---|---|
| 活动名称 | 《铁舾件生产设计指导书》识读 | 建议学时 | |
| 学生姓名 | | 班级学号 | |
| 活动描述 | 本活动主要学习查读《铁舾件生产设计指导书》,通过学习,明确在铁舾件生产设计过程中的材料、结构的设计原则等问题。 | | |
| 活动目的 | 1. 掌握《铁舾件生产设计指导书》的主要内容。<br>2. 掌握铁舾件建模流程。<br>3. 了解制作图、安装图的绘制方法。<br>4. 掌握铁舾件加强设计准则。<br>5. 能够根据设计指导书对船舶辅机基座进行建模。<br>6. 能够准确设绘基座。<br>7. 培养学生分析问题、解决问题的能力。<br>8. 培养学生的沟通能力和团队协作精神。 | | |
| 活动重点 | | | |
| 铁舾件生产设计过程中的结构的设计原则 | | | |

| 活动材料 | 学生知识与能力准备 |
|---|---|
| ➢ 课件<br>➢ 微视频<br>➢《铁舾件生产设计指导书》 | ➢ 使用CAD软件的能力<br>➢ 正确识读、查找规范的能力 |

| | |
|---|---|
| 活动测试 | 简答题<br><br>1. 简述基座建模步骤。<br><br><br><br><br>2. 简述辅机基座绘设原则。<br><br><br><br><br>3. 下列模型适用于哪类设备基座？ |

续表

| | | |
|---|---|---|
| 活动测试 | 4.辅机基座的结构形式有哪些？ | |
| | 填空题 | |
| | 1. LB 的代码含义_____。<br>FD 的代码含义_____。<br>VP 的代码含义_____。<br>2. 活动箱柜的设计，保证_____，_____，强度及易于制作。<br>3. 考虑舾装控制点，柴发设备、_____、_____的一致性。<br>4. 集中控制台有_____、_____、_____等。<br>5. _____与平台或甲板连接处肘板上必须割出流水孔，流水孔半径一般为 30～40 mm。 | |
| 任务评价 | 自我评价 | 1. 通过本任务学习，我学到的知识点和技能点有：_____。<br>存在问题有：_____。<br>2. 在本次工作和学习的过程中，我的表现可得到：<br>□优　□良　□中　□及格　□不及格 |
| | 小组互评 | |
| | 教师评价 | |

**学习笔记：**

_____
_____
_____
_____
_____

# 任务 5　生产设计准备

**思维导图**

**任务描述**

生产设计准备是在开展生产设计前,对所要建造的船舶,从全厂性、全船性、综合性的角度,对设计、生产和管理工作,进行技术和计划方面的前期沟通与协调。并且,根据船厂生产条件,对前两个设计阶段(初步设计、详细设计)提出一些要求,其中包括图纸工艺性和完整性、布置合理性及施工方便性等,以保证前两个阶段图纸能满足开展生产设计的需要。因此,做好生产设计的准备有着重要的意义。

通过本任务的学习,学生具体应达到以下要求。

一、知识要求

1. 了解编制船舶建造方针书的必要性。
2. 熟悉船舶建造方针书的组成和内容。
3. 了解编制船舶建造施工要领的必要性。
4. 熟悉船舶建造施工要领的组成和内容。
5. 了解船舶区域划分与区域编码。
6. 熟悉托盘划分的原则与要点。
7. 了解舾装阶段的划分和代号。
8. 熟悉托盘代码的组成、专业代号和工种代号。

二、能力要求

1. 能够掌握编制船舶建造方针书的基本方法。
2. 能够掌握编制船舶建造施工要领的基本方法。
3. 能够掌握船舶区域划分的基本方法。

4. 能够掌握船舶区域编码的基本方法。
5. 能够掌握托盘划分的基本方法。
6. 能够掌握托盘编码的基本方法。

三、素质要求
1. 具有规范操作、安全操作、环保意识。
2. 具有爱岗敬业、实事求是、团结协作的优秀品质。
3. 具有分析问题、解决实际问题的能力。
4. 具有创新意识，获取新知识、新技能的学习能力。

## 活动 5.1　船舶建造方针书编制

### 活动引擎

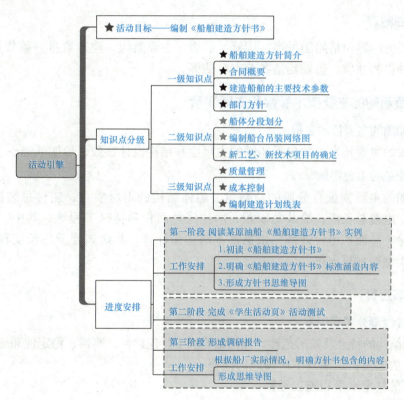

### 知识充电站

#### 一、船舶建造方针简介

建造方针是工程管理系统中建造程序计划的核心，而建造程序计划是整个工程管理的主线。可见编制好建造方针是十分重要的生产技术准备工作。它是在合同签订前后的初步设计和详细设计阶段中进行的。

视频：船舶建造方针概述

建造方针的编制，不同于通常的以船体建造为主的建造方案。它是以船体为基础、舾装为中心、现代化造船技术为主导，通过工艺、计划、成本、质量、施工等综合平衡的一份统筹整体方案，是一部取得最佳综合效益的总纲和工作宪法。因此在制定时，必须集中工厂各职能科室和车间的共同意见，同时给各部门指明共同的工作目标。方针一旦确定，在厂长的指令下各部门必须严格贯彻执行。

建造方针是新造船舶的综合性文件。它不可能由单一部门，如技术处、计划处或车间制定，而必须由掌握着工厂各类工作部门信息的造船工程管理部门制定，从系统工程的角度对工厂的设备、场地、工艺惯例、技术素质、新工艺的应用深度、广度和管理效能等进行综合性安排。它并不是单纯的建造构思，而应该从技术协议开始，在初步设计、详细设计过程中，全面地掌握设计信息（包括技术说明书和图纸），对产品大的建造方法、总计划线表到分段划分、舾装区域和单元的设置及施工细节要点，都要作出具体的安排。

建造方针一般可分为两部分，第一部分包括合同概要、建造船舶的主要技术参数和主要物量、基本方针及部门方针；第二部分包括附图、综合协调和科学组合。

## 二、合同概要

合同概要的内容包括船舶种类、国籍、船级、主要航线、建造数量、载货量、载重量、装载货物的种类和性质、船舶建造各节点日期等。

## 三、建造船舶的主要技术参数和主要物量

### 1. 建造船舶的主要技术参数

建造船舶的主要技术参数包括船舶的主尺度和结构设计参数、船舶航速、主机功率等。

### 2. 建造船舶的主要物量

建造船舶的主要物量有分段的总数量、船体结构的钢材质量、船台总装接缝总长度、管子总长度、电缆总长度、涂装总面积、居住区总面积和特殊工程等。其中，船体结构的钢材质量和涂装总面积由设计部门根据基本结构图计算，其余如管子总长度和电缆总长度等可根据同类型船估算求得。

## 四、基本方针

### 1. 船体分段划分考虑因素

(1)船体结构的特点及其工艺性，包括结构强度、连续性、刚性、稳定性和施工工艺性；
(2)船厂的起重、运输及生产场地的面积；
(3)船厂的技术水平和施工经验；
(4)应考虑钢板的规格，以充分利用材料；
(5)考虑分段制作工作量的均衡性，以保证生产节奏性，缩短建造周期；
(6)应考虑预舾装和单元组装的方便性及其质量和布局；
(7)为了减少船台工作量，在船台起重能力和施工条件许可的情况下，可以将某些分段合并后上船台。

由上可知，船体分段划分是一项复杂而又细致的工作。它涉及面广，考虑因素多，因此需要进行反复分析研究，才能得出符合船厂实际情况的最佳分段划分图。分段划分图实例如图 5-1-1 所示。

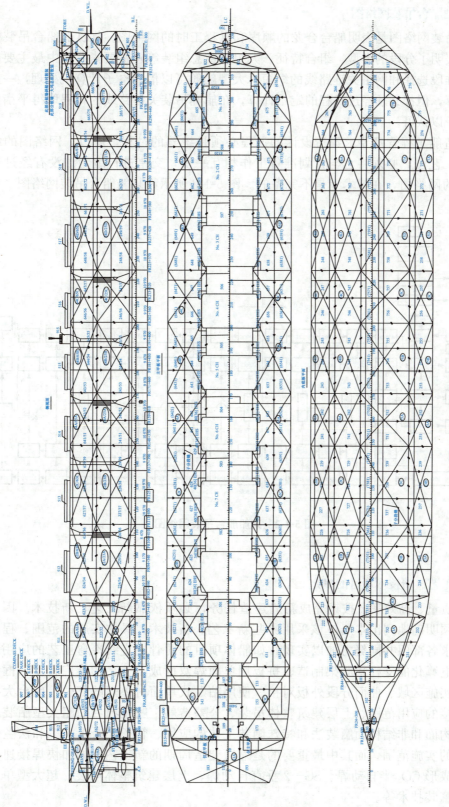

图 5-1-1 分段划分图

**2. 编制船台吊装网络图**

船台吊装网络图是表明船台合龙的顺序和日程工时的网络图。优良的船台吊装网络图还详细地表明了分段的类型、组合特征、大组装或总组装等建造要素。其中最主要的是船台吊装基准段选择和网络关键路线的缩短,大型船舶可以借助电子计算机处理,一般也可以人工计算,但都必须经过日程的定量计算,在艏艉吊装关键路线的日程取得平衡的前提下,才能予以认可。

现代造船工程管理要求建造设计的过程必须是统筹的过程,所以,网络图的编制不是单纯的工艺图,必须将它与计划准备工作相互平衡,交错进行编制。没有经过日程和场地平衡的网络图,在技术上是不完备的。图 5-1-2 所示为某船船台吊装网络图。

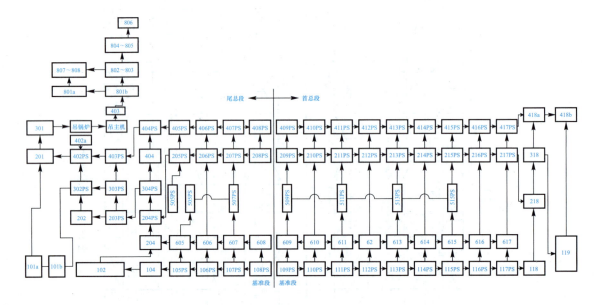

图 5-1-2 某船船台吊装网络图

**3. 新工艺、新技术项目的确定**

要高质量、高效率、按期完成新船建造任务,必须依靠新工艺、新技术。因此,建造方针必须明确地列出本船应该采用哪些新工艺、新技术,具体实施的范围、程序和部位,并要求各部门共同努力加以实现,如船体项目的肋骨逆直线冷弯工艺的应用、曲面分段采用电算化的支柱式胎架制造、拼板用单面焊双面成型工艺的推广程度、框架法组装工艺的实施区域、曲面分段外板对接、使用粘贴式单面衬垫焊的部位、船台大接缝垂直自动焊接的应用范围、上层建筑整体吊装、公差造船。舾装项目如超大型舾装单元的采用、结构面和非结构面舾装法和特殊舾装工艺的应用、管子无余量加工和法兰先焊后弯新工艺的实施范围。而其中最重要的是缩短建造周期的新工艺,如加快焊接速度的单面焊双面成形 $CO_2$ 半自动焊、SG-2 垂直自动焊、上层建筑整体吊装、超大型单元的采用和特殊舾装技术等。

#### 4. 下水前预舾装率

建造方针必须详细规定本船下水前的预舾装率。下水前预舾装率(含上层建筑整体吊装)是指船舶下水前舾装工程完成的比率,或是下水前舾装工程的完整性程度。其统计方法为船舶下水前舾装(不含涂装)工程完成量与整个船舶舾装(不含涂装)工程量的百分比,工程量以工时为统计单位。下水前的预舾装率一般由厂长或总工程师在编制建造方针前根据本厂的预舾装水平下达指令。现代化造船的预舾装方式有分段结构面和非结构面双向预舾装、盆型预舾装、总段预舾装。

总段装配和总段预舾装是压缩船台工程量和周期的有效方法,也是提高全船预舾装率的重要措施。因此,必须在建造方针中给出总段组装顺序图,并且提出总段预舾装率及预舾装要领。

#### 5. 质量管理

质量管理主要是建造船舶质量验收认可的建造精度标准;船、机、电和涂装专业中,特殊技术项目中的质量管理工作要求;新开发产品中容易产生的重大质量事故的预防和管理措施。

#### 6. 成本控制

要提高造船企业的经济效益,必须实行目标成本控制。单位成本大致可分为劳动力成本、材料成本、杂项支出三大类。

在建造方针中制订新造船舶在降低材料和工时的消耗上所应该采取的对策与具体措施,包括新工艺的应用、改善管理、降低杂项支出等。

#### 7. 与船主的关系和策略

尽量与船主搞好关系,尽量满足船主的要求。在对船主的不合理要求不能满足时,要利用质量标准与合同对船主进行解释,以获得船主的理解。对于影响到交船日期的不合理要求,要有理有据、坚决地抵制。总之要在不影响交船日期、不增加成本的前提下尽量满足船主的要求。

#### 8. 建造船舶工时的估算

通过长期统计与回归分析得出船舶主要物量与工时的关系。主要物量有分段、总段数量、空船质量、船体结构质量。船体结构质量可分为板材质量、型材质量、机装管子根数、船装管子根数、电缆总长度、涂装面积、内装(上层建筑)面积。将主要物量换算成工时,分配到相应的专业工作部门,将所有专业工作部门的工时累加得到建造船舶总工时。

#### 9. 建造船舶的主要建造计划线表

建造计划线表是造船总计划的缩影,主要反映开工、上船台、主机吊装、下水、通电、系泊试验、试航、进坞、交船等主要生产节点的安排。此表是经年内各种船舶产品建造负荷平衡过的指令线表,见表5-1-1。

表 5-1-1　建造计划线表

| 序号 | 工程名称 | 建造年份 | | | | | | | | | | | |
|---|---|---|---|---|---|---|---|---|---|---|---|---|---|
| | | 1999年 | | | 2000年 | | | | | | | | |
| | | 10 | 11 | 12 | 1 | 2 | 3 | 4 | 5 | 6 | 7 | 8 | 9 |
| 1 | 铸锻件制作 | — | — | — | | | | | | | | | |
| 2 | 船体号料、加工 | | | | — | — | | | | | | | |
| 3 | 船体分段装配 | | | | | — | — | | | | | | |
| 4 | 船台装配 | | | | | | | — | — | | | | |
| 5 | 试水 | | | | | | | | — | | | | |
| 6 | 轴系镗孔 | | | | | | | | — | | | | |
| 7 | 电缆拉放 | | | | | | | | — | | | | |
| 8 | 主机安装 | | | | | | | | — | | | | |
| 9 | 下水 | | | | | | | | | — | | | |
| 10 | 系泊试验 | | | | | | | | | — | | | |
| 11 | 试航 | | | | | | | | | | — | | |
| 12 | 收尾交船 | | | | | | | | | | — | | |

## 五、部门方针

为了保证基本方针的贯彻，要对各个主要职能部门和车间在建造过程中必须落实的各项关键性工作，提出具体工作的要求，并请各部门贯彻实施。因此，在编制基本方针之前必须对本船的建造技术文件和图纸作具体要求，以及对工厂各部门的实况有详细了解，并在汇总各部门要求的基础上提出可行意见。其中主要方面有设计工作要求，生产管理工作要求，材料设备供应要求，质量要点，船体、机装、电装、内装等车间在生产准备、开工到交货的工作要求。

**1. 设计工作要求**

在初步设计和详细设计过程中，为改善管理、提高建造经济效益的工作要点，达到建造方针所指定的目标，对设计的出图方式、结构形式和施工工艺，特别是生产设计的要求，必须明确地写入方针中，同时，提出原材料、设备、大型铸锻件在订货供应上的特殊要点。

**2. 生产管理工作要求**

加速舾装零件和半成品的流程合理化；重大新工艺和新技术在实施过程中进行跟踪管理的要求；重要专用工艺装备项目的制造和管理工作要求。

**3. 质量要点**

原材料质量的维护、保养措施及注意点；产品新工艺、新技术实施中的质量工作要求，如特殊涂装技术状态的保证等。

**4. 工作部门要求**

建造新船时，在技术上对设备能力进行评估，以及为了适应该船建造技术状态所应该进行的准备工作，如船体结构采用 3 m 宽板后，加工车间的起吊工具，运输设备的配置和改善；高效率焊接技术及应用时的辅助性工艺装备的准备和人员的培训；新工艺、新技术引进项目的试验认可工作要求；重大安全作业方案的提出。

## 六、附图

为了明确地表达建造方针制定者的意图，让各类工作人员完整无误地理解新船的建造总纲，绘制必要的图表是非常重要的，特别是将分段总组装的程序和总组舾装要求及船台安装的方法与程序，用轴测投影绘制清楚，就使方针所代表的建造方法，变得简单易懂，便于各部门贯彻和遵守。

附图图目包括：分段划分详细图和分段主尺度及质量明细表；船台、船坞和码头的配置图；总段装配场地的配置图；总段装配及大段装配要领图；建造要领图；总布置和中剖面简图。

## 七、综合协调和科学组合

建造方针从系统工程的原理出发，对新建造的船舶在管理程序上从整体和定量方面进行综合协调和科学组合，从而有可能使建造工作进行真正的前期计划管理，这是船舶建造系统中工艺技术管理体系合理模式的一个重要组成部分。在发给各职能科室和各层领导后，作为开展生产设计技术准备和各种计划编制的依据。

建造方针以幅面为 $0.006 \text{ m}^2$ 的文件形式编制，建造方针的文字要求内容简洁，条理清楚，便于有关领导和管理人员领会。

## 🧰 学生活动页

**船舶建造方针书编制**

| 学习领域 | 船舶动力装置生产设计 | 任务名称 | 生产设计准备 |
|---|---|---|---|
| 活动名称 | 船舶建造方针书编制 | 建议学时 | |
| 学生姓名 | | 班级学号 | |
| 组别 | | 任务成绩 | |
| 活动描述 | 本活动主要针对船舶建造方针书编制进行讲解，简单介绍船舶建造方针书编制要领。 ||||
| 活动目的 | 1. 了解船舶建造方针。<br>2. 掌握合同概要。<br>3. 了解建造船舶的主要技术参数和主要物量。<br>4. 掌握船舶建造方针书编制的基本方针和部门方针。<br>5. 了解编制船舶建造方针书的必要性。<br>6. 熟悉船舶建造方针书的组成和内容。<br>7. 培养学生分析问题、解决问题的能力。<br>8. 培养学生的沟通能力和团队协作精神。 ||||
| 活动重点 |||||
| 编制方针书 |||||
| 教学材料 | | 学生知识与能力准备 |||
| ➢ 课件<br>➢ 微视频 | | ➢ 使用 CAD、SPD、SB3DS 放样软件的能力<br>➢ 正确识读、查找规范的能力 |||

续表

| 小组人员分工 | 1. 资料搜集<br><br>2. 汇总分析<br><br>3. 调研报告撰写<br><br>4. 存在问题整理 |
|---|---|
| 调研报告 | 调研内容：<br><br>调研报告 ─┬─ 船舶建造 ─┬─ 建造方法<br>　　　　　　│　　　　　　├─ 建造流程<br>　　　　　　│　　　　　　└─ 现代船舶建造的演变历程<br>　　　　　　├─ 船舶建造业方针书 ─┬─ 船舶建造方式的变革<br>　　　　　　│　　　　　　　　　　├─ 船舶建造业方针书出现背景<br>　　　　　　│　　　　　　　　　　└─ 船舶建造业方针书出现的意义<br>　　　　　　└─ 船舶建造业方针书发展趋势 ─┬─ 应用趋势<br>　　　　　　　　　　　　　　　　　　　　├─ 要素变革<br>　　　　　　　　　　　　　　　　　　　　└─ 全球技术革新趋势<br><br>1. 计划<br><br><br>2. 实施<br><br><br>3. 收集与整理<br><br><br>4. 撰写（报告粘贴处） |

续表

| 调研报告 | |
|---|---|
| 存在问题 | |

续表

| | 简答题 |
|---|---|
| 活动测试 | 1. 建造方针一般可分为几部分？分别包含什么内容？<br><br>2. 什么是下水前预舾装率？如何统计？<br><br>3. 简述建造船舶与船主的关系和策略。<br><br>4. 简述生产管理工作要求主要包含的内容。<br><br>5. 船舶建造方针书附图的图目一般包含哪些内容？ |
| | 填空题 |
| | 1. 船台吊装网络图是表明_____和_____的网络图。<br>2. _____和_____是压缩船台工程量和周期的有效方法，也是提高全船预舾装率的重要措施。<br>3. 单位成本大致可分为_____、_____、_____三大类。<br>4. 建造计划线表是_____的缩影。<br>5. 通过_____与_____得出船舶主要物量与工时的关系。 |
| 任务评价 | 自我评价：1. 通过本任务学习，我学到的知识点和技能点有：_____。存在问题有：_____。<br>2. 在本次工作和学习的过程中，我的表现可得到：<br>□优 □良 □中 □及格 □不及格 |
| | 小组互评 |
| | 教师评价 |

## • 拓展知识

### 船舶建造方针书实例

46 000 t 级载油量江海直达原油/成品油船建造方针(3#、4#船)。

**1. 合同概要**

(1)买方：中国长江航运(集团)总公司南京长江油运公司。

(2)船型：本船为钢质，单甲板，双壳体型，单浆，柴油机驱动的 46 000 t 级载油量江海直达原油/成品油船。本船以原 35 000 t 油船为母型船修改而成。

(3)建造数量和工程编号。

1)建造数量：2。

2)工程编号：BH507－3、BH507－4。

(4)入级和挂旗。

1)入级：中国船级社：CCS。

入级符号：

★CSA5/50 IL　TANKER　F.P.≤60 ℃，ESP, ICE CLASS B.

★CSM MCC，IGS，COW

2)挂旗：中国。

(5)合同签订期、合同生效期和交船期。

1)合同签订期：2000 年 12 月 18 日。

2)合同生效期：2000 年 12 月 18 日。

3)交船期：3 号船　2002 年 12 月 31 日。

　　　　　　4 号船　2003 年 5 月 31 日。

(6)交船奖罚条件。

1)延期交船罚款条件：

①交船期之后优惠期为 30 天。

②交船期后的第 30 天午夜 12 点起，延期交船的船价在优惠期后的第 31 天至 90 天内按每天 4 万元削减，从第 90 天至 150 天，延期按每天 9 万元削减。除双方同意外，本合同价格的总减少额从合同价格的第五期付款中扣除，在任何情况下，总减少额不得超过合同价格的 5%。

2)载重量：本船载重量设计吃水 10.2 m、海水相对密度 1.025 时，载重量不少于 39 500 t。

3)油耗：在车间试验中使用 42 700 kJ/kg 的低燃值燃油时，主机在持续服务功率状态下，其燃油消耗量不超过 173 g/kW·h+5%。

①如果经过制造厂车间试验测定的主机实际燃油消耗量高于本合同和说明书条款规定的燃油消耗量，但超出部分的燃油消耗量等于或低于规定的燃油消耗量的 5% 时，本船合同价格不受影响和变动。

②如果经过制造厂车间试验测定的主机实际燃油耗量高于规定的燃油消耗量的 5% 以上，则超过上述 5% 之后，燃油消耗量每增加 1%，合同价格将减少 60 000 元(不足 1%，则按比例扣除)。

③如果经过制造厂车间试验测定的主机实际燃油消耗量高于规定的燃油消耗量的10%，买方则可以按上述规定最多扣除本船合同价格的300 000元后接受本船。

(7)付款条件。

首期(预付款)：合同生效。

第二期付款：钢料开工。

第三期付款：上船台。

第四期付款：下水。

第五期付款：交船。

(8)认可与处理。

1)由买方提供的82室设计并经CCS认可的技术设计图纸和资料，作为本船建造和验收的依据。买方承担本船的技术设计责任。图纸送审中国船级社。

2)施工技术的认可：驻厂船东代表，驻厂CCS代表。

3)增减工程量的处理：作为本船建造依据的技术规格书和图纸，在任何时候都可以通过双方书面同意后进行修改。只要买方同意调整合同价格、交船期和其他合同规格的条款，船厂应尽最大努力满足买方的合理要求。这类修改与变更，应通过可证明的电传或传真的往来生效，这类信件、电传或传真作为合同和规格书的一部分。

4)仲裁：本合同执行期间若产生争议，应由双方友好协商解决。若协商不能取得一致，则按法律规定在本合同签订地的仲裁机构仲裁。

**2. 主要技术参数和主要物量**

(1)船型参数。

1)船体：

总长：约193.0 m。

垂线间长：184.0 m。

型宽：32.2 m。

型深：17.2 m。

结构吃水：11.4 m。

设计吃水：10.2 m。

载重吨(吃水10.2 m)：约39 500 t。

(吃水11.4 m)：约46 000 t。

2)主机：SUIZER6 RTA－52 U型船用柴油主机。

合同最大持续功率(C. M. C. R)8 520 kW×126 r/min。

持续常用功率(C. S. R)7 242 kW×119 r/min。

3)航速：服务航速不低于14 kN。

4)油耗：不得超过173 g/kW·h+5%。

(2)结构参数与结构特点。

1)本船为柴油机驱动单浆，单层连续干舷甲板，带有球鼻艏、方艉及节能装置，西林舵。设有10道水/油密横舱壁，3道油密纵舱壁，将船体分为6对货油舱及污油水舱、专用压载水舱、工作淡水舱、机舱、泵舱、艏尖舱、艉尖舱等。货油舱及污油水舱均为左右舱。货油舱区为双壳双底。货油舱均在中间，两侧及双底内为专用压载水舱，作压载及保护用。在机舱前端两侧设置。

2)燃油深舱，其中间为泵舱。
3)肋骨间距：

从艉到 14#：600 mm。

14#到 218#：800 mm。

218#到艏：600 mm。

4)甲板高度(中心线处)：

上甲板到驾驶甲板的各层高度：2.87 m。

驾驶甲板到罗径甲板高度：2.65 m。

上甲板到艏楼甲板高度：2.9 m。

5)甲板梁拱：

上甲板和艏楼甲板：500 mm。

上甲板以上的甲板(露天部分)：50 mm。

罗经甲板：100 mm。

舭部半径：1 670 mm。

6)双层底高度：

机舱区域：2 050 mm。

货油舱区域：2 000 mm。

7)边舱宽度：≥2 000 mm。

(3)主要物量。

1)分段总数：约 146 个。

2)空船质量：约 11 200 t。

3)船体结构质量：约 9 500 t。其中，板材：8 200 t；型材：1 300 t。

4)管子数量：约 33 200 m。

5)电缆总长度：约 80 000 m。

6)涂装总面积：约 174 000 m²，涂料总用量：约 180 000 L。

7)焊条总量：150 t，焊丝总量：150 t。

### 3. 基本方针

(1)建造工艺流程图(见1号、2号船)。

建造节点计划：

| 3 号船 | 4 号船 |
| --- | --- |
| 开工 2001 年 7 月 25 日 | 开工 2001 年 7 月 25 日 |
| 上船台 2001 年 12 月 30 日 | 艉上船台 2002 年 3 月 20 日 |
| 交轴线 2002 年 5 月 31 日 | 艏上船台 2002 年 3 月 20 日 |
| 下水 2002 年 6 月 30 日 | 交轴线 2002 年 9 月 30 日 |
| 出坞 2002 年 12 月 30 日 | 大合龙 2002 年 12 月 30 日 |
| 试航 2003 年 2 月 28 日 | 下水 2003 年 2 月 28 日 |
| 交船 2003 年 3 月 30 日 | 试航 2003 年 4 月 30 日 |
| | 交船 2003 年 5 月 30 日 |

(2)建造法。

1)分段划分主要原则。以船体为基础，舾装为中心，涂装为重点的壳、舾、涂一体化建造方法，尽量使工序前移，并考虑工厂能力、船体结构特点及充分利用现有场地条件，全船共划分成146个分段。其中，货油舱区域的底部分段为左右两个非对称的带小边底的立体分段；舷侧分段为左右对称带边舱及部分横壁的立体分段；甲板分段为带上横壁墩的左右舷对称的半立体分段；纵壁分段为带中间甲板条、带上纵壁墩并带部分左右横舱壁的半立体分段。机舱区域在F39处分为前后两个立体分段，完整主机座在后段；发电机平台为一全宽门型分段；泵舱及机舱横壁分解后两侧带在舷侧分段上，中间部分与上甲板、平台组成立体、半立体分段；舷侧分段可分为带甲板、平台及舱壁组成P形、F形或L形立体分段。

2)分段划分方式和制造要求。

①货舱区双层底：双层底分为左右两个带小边底的非对称分段，正造。

②货舱区舷侧：采用侧装框架法制造，焊接完毕。

③货舱区纵横隔壁：采用侧装框架法制造，翻身后焊接完毕。

④机舱区舷侧：按主甲板、平台为层建造，为L形分段采用傍板侧装，平台甲板倒装组合法。

⑤艉部分段：101 b以艉轴壳为主体分段，以壁子为基准面侧造框架法。

⑥艏部区域：球鼻艏分段为侧造框架法，船艏分段为倒装框架法，锚台、锚唇、锚链筒分段安装。

⑦上层建筑：均按层式划分(为倒装框架法)。

⑧总段组立：甲板进行前后两段组立；货舱舷侧进行前后两段组立；纵壁前后两段组立。

3)分段划分图(略)，分段要素表(略)。

4)船台总装。

①总体安排：钢料同时开工，分段制作按分段吊装顺序进行。

②船台总装法选择：

a.3号船：在100 000 t船台采用塔式建造法。基准段：109 s分段，船艏朝西，龙骨坡度为1∶24。

b.4号船：采用两总段建造法水平船台建造，以F95+260划分为两大总段，艉总段基准段为180 s段，塔式建造法。艏总段基准段为190 s段。艉总段长度：77.46 m，艏总段长度：115.44 m，船艏向东，艉总段成型后艉轴、浆、舵安装完移船上浮箱。艉总段在3号船台建造，艏总段在室外1号船台建造。

总装特点：3号船在100 000 吨船台采用塔式建造法，采用滑道下水。4号船水平船台建造，分为艏、艉两总段合龙。浮箱大合龙，下水，418 a和418 b若因起升高度和质量原因在3号船台无法合龙时，可按坐船坞后吊装方案进行。

5)楼子吊装。

3号船：在100 000 t船台吊装(按1号船方案)。

4号船：大合龙后，坞内吊装(按2号船方案)。

6)船台吊装网络图(略)。

7)建造要领。

①分段建造预舾装要求及实施范围：

分段：预舾装要求。

机舱双层底：船体、管系、铁舾件安装(人孔、梯子、分舱标记、踏步、放水塞、锌板)。

艉部分段：船体、管系、铁舾件安装（人孔、梯子、分舱标记、踏步、放水塞、锌板）。
货舱双层底：船体、管系预装，铁舾装安装。
货舱舷侧：船体、管系预装，铁舾装安装。
艏部分段：船体、管系预装，铁舾装安装。
②舾装管理实施范围：机装、甲装、居装、电装。
③分段预舾装率：除因工艺技术原因外，铁舾装件（人孔、梯子、分舱标记、踏步、放水塞、锌块）为100%，管系为80%，电装为30%。
④高效焊接率：达80%以上。高效焊接实施范围如下：
a. 船台合龙板的对接缝：采用单面焊双面成形，$CO_2$半自动焊。
b. 船台合龙水平部位：采用$CO_2$半自动打底，埋弧自动焊。
c. 船台合龙垂直部位：采用SG－2垂直自动焊（垂直度为±5°）。
d. 凡能采用$CO_2$，半自动高效焊接部位一律采用$CO_2$，半自动高效焊接。
e. 所有分段外板对接缝均采用$CO_2$单面衬垫焊；内部构件焊接采用$CO_2$角焊。
f. 平台作业区拼板采用埋弧自动焊。
⑤涂装技术和管理。
a. 船研所要根据全船涂装总体要求，搞好涂装生产设计，编制有关涂装原则工艺，分段、舾装件涂装清册，除锈、涂装质量要求等工艺文件，搞好全船涂装面积的测算并据此提出涂装材料消耗清单。
b. 经济部门要对全船涂装成本作出评估，并下发有关单位，作为目标成本控制和经济指标考核的依据。
c. 加强钢板和型材预处理流水线的管理，对漏涂车间底漆部位和车间底漆破坏部位要认真及时修补，确保6个月内不生锈，以减少二次除锈工作量。
d. 分段在结束开孔和焊接交验之后进行二次除锈、喷涂工作。
e. 在分段预装、船装、下水后安装阶段，要认真组织跟踪补涂。
f. 改进和完善涂装设施和设备，特别要解决喷涂间的加温除湿，以缩短涂装周期。
g. 涂装后的分段转运过程中，必须认真保护漆膜，严防破坏，一旦损坏应立即修补。
h. 严格控制钢板预处理流水线除锈等级，除锈等级为Sa2.5级。
i. 冬期施工温度不能低于+5℃。
⑥特涂要求：特涂是要求严格的施工过程。整个程序包括喷砂处理前的表面条件，涂装时温度和通风控制、除锈、脚手架搭建和拆除、每道油漆的施工、检验等，都必须严格在油漆厂商服务工程师指导控制和监督下进行。
喷砂处理前钢结构表面条件如下：
a. 所有锐边均应打磨至最小半径为2 mm圆弧状；
b. 所有焊渣（包括尖角、断面处的焊渣）必须清除彻底；
c. 任何咬边、气眼等焊接缺陷必须在喷砂处理前修补；
d. 所有钢板上的剥离或起鳞必须打磨平整；
e. 舱的边界及相邻区域的烧焊工作必须在喷砂前完成；
f. 所有焊接眼板、吊环、马脚、肘板等应去除，并且打磨平整；
g. 如可能应打磨焊缝以除去尖角状剖面；

h. 应清除表面上的油漆、杂质等。

8) 主机吊装原则。

①3号船：机舱形成后，在焊接、火工、密性试验、轴系照光、镗孔、尾轴、桨安装及中间轴吊入完成后，进行主机分体吊装，分三块吊，在进船坞后吊装。

②4号船：艉总段完成艉轴管镗孔，艉轴、桨、舵安装完成，大合龙，坐坞底后进行主机吊装，分三块吊装。

(3) 新工艺、新技术的应用和技术攻关项目。

1) 船体生产设计中计算机放样率为100%。

2) 铁舾装件要按分段出图和托盘表，使之逐步成为分段的一个零件、部件。

3) 精度造船实现无余量建造分段，无余量合龙达到全船分段总数的70%。

4) 分段无余量制造平行体分段达100%(4号船二总段合龙缝处除外)，共计46个。

5) 甲板管系及步桥分为8个单元制造、吊装。

6) 技术攻关项目：

① 主机集中监测及驾控系统，DENIS－1接口；

② 全自动内部通信系统；

③ 预舾装及船装舾装件跟踪补涂工艺实施；

④ 货油舱特涂及喷砂前钢板处理；

⑤ 无余量分段制造(零部件数据库)；

⑥ 无余量分段施工控制；

⑦ 甲板输油管系及步桥的吊装单元设计、制作；

⑧ 滑道下水工艺；

⑨ 总段组立工艺；

⑩ 418a和418b分段船台合龙吊装(75t起重机)。

7) 实行中间产品成品化原则：分段上特涂区域的喷砂前处理由分段制作工序承担(特别是甲板分段，纵、横隔壁)。

8) 工艺装备的制作：使用1号、2号船工艺装备。

(4) 建造场地。

1) 船体建造。

① 零件：钢料分厂。

部件：钢结构分厂装焊加工场地，新建钢结构装焊加工场地。

平台拼板：船体高六跨(部分)90 m×24 m。

船舶修造厂平台施工区：Ⅰ区：50 m×22 m；Ⅱ区：50 m×26 m。

坞南平台施工区：25 m×19 m。

100 000 t船台平台施工区：55 m×12 m。

分段制造：总计胎位约75个。

露天0号胎架区(7个)：148 m×14 m。

坞南胎架区(6个，上层建筑)：150 m×19 m。

船舶修造厂胎架区(26个)：Ⅰ区：193 m×22 m；Ⅱ区：378 m×26 m。

100 000 t船台总段施工区(21个)(120 t以上分段制作、翻身区)87 m×12 m；总段施工263 m×12 m。

高二跨施工区(15个)：120 m×28 m。

②预舾装及分段堆放场地。

预舾装场地：

a. 高一跨北侧区；

b. 露天船台横移区南、北侧。

分段堆放场地：

a. 管加工西侧区；

b. 露天船台横移区中部；

c. 3号船台北侧区；

d. 船体浴池至一回路清洗间南侧区；

e. 100 000 t船台北侧。

1号船台为百吨吊露天船台(100 t塔式起重机1台、80 t塔式起重机2台)；2号船台为高2号跨(75 t单双梁桥式起重机2台)；3号船台为高2号跨露天船台(75 t门式起重机2台)。

2)舾装。铁舾装件制作：金属五金厂制作区；机械制造总公司制作区。

### 4. 成本控制

(1)目标成本制订。要层层分解，挖尽潜力，将指标落实到各单位各部门。

(2)降低工时消耗。

1)推行托盘管理，强调中间产品成品化，不留(或少留)尾巴，降低扫尾工时，消灭"三不管"活段，逐步减少每条船零工队人数，逐步减少工艺项目以外的增加工时。

2)分段制造要进一步扩大$CO_2$焊的范围，以提高效率和质量。

3)采用和推广新工艺、新工具，提高生产效率。

4)各工艺阶段均要注意保护漆膜，减少修补量，生产、质量部门要制订管理办法。

5)尽量多地设计单元模块。

6)钢加工、管加工、自制件的制造精度提高，减少返修量。

7)提高设计质量，减少修改，修改量控制在设计质量指标之内。

8)加强现场管理，坚持文明生产，应有日常的检查和月考核制度。

(3)降低原材料消耗。

1)分段划分时尽量考虑其刚度，少用临时加强材。

2)工装材料尽量使用旧料，少用新料，90%以上使用支柱胎架。

3)严格限额发料和余残料回收。

4)钢材利用率达到85%以上。

(4)设计成本控制。

1)设备选型、材料规格选定要合理，不允许有过剩功能，并有利于施工和减少工时消耗，逐步实现大批量板材的定尺定货。

2)扩大CAD范围，提高设计效率和质量，发挥现有计算机硬件、软件的作用，扩大套料范围，提高钢材利用率。

(5)采购成本控制。

1)建立采购的奖惩制度，价格、质量、纳期都要进行考核。

2)实行科学的库存管理，减少不必要的资金占用。

(6)树立目标成本的权威,各部门在各月的指标约束下,开展生产经营活动,计划部门门要认真考核。

(7)制造成本控制。

1)做好生产准备工作,确保生产连续性,以缩短建造周期。

2)缩短坞期、码头时间,减少专用费用消耗。

3)做好材料、中间产品的周转和保管,避免丢失、报废的损失。

## 5. 质量要点

本船质量应满足中国CCS规范要求,执行CSQS建造质量标准。

(1)建造质量要符合中国船级社和有关质量标准要求。

(2)新工艺及验收方法得到认可。

(3)精度管理所用的各类工具、量具、仪器鉴定合格。

(4)采用的新工艺要编制工艺规程,并会签认可。

(5)内场制作件要把好质量关,保证精度。

(6)把好外协、外购的材料、零部件、设备质量关。

(7)确定重点质量控制点,确保质量管理体系运转,加强"三检"工作。

(8)编写质量控制大纲。

(9)关键工序。关键件内容如下:

1)总段船台合龙缝处线型控制;

2)钢板预处理喷砂、除锈、涂底漆,特别是特涂喷砂前钢板处理;

3)分段喷涂、跟踪补涂;

4)分段制作区域喷砂前的处理;

5)基准段制作,艏、艉分段制作;

6)总段组立制造;

7)弯制管加工,货油舱加热盘管装焊;

8)主机吊装、轴系安装;

9)舵机、舵叶、舵杆的制作及安装;

10)船台大合龙定位;

11)150 t分段翻身、转运、吊装;

12)主机集中监测及驾控系统安装及调试;

13)发电机试验;

14)惰性气体保护装置及系统的安装;

15)倾斜试验;

16)无余量分段制作、合龙;

17)船舶下水;

18)货油舱喷砂、特涂;

19)甲板货油输油系统及步桥的单元组装;

20)分段预密性试验;

21)机舱管系单元及功能单元(主、辅机燃油供油单元)制作与安装;

22)节能装置装焊。

**6. 各部门方针**

(1) 船研所。

1) 设计目标成本按单船承包合同指标控制使用。

2) 做好对大连船厂图纸的转化工作,适合本厂工艺流程。

3) 标准化率要达到80%以上,要尽量采用标准图、通用图。

4) 开工前6个月供下料软盘,开工后2个月供管子制作、自制件制作用图,准确计算涂装面积。

5) 精度造船设计。

6) 生产设计考虑安全生产措施和设施,这也可通过提高铁舾装预装率来实现。

7) 定货清单(材料、设备)要及时。

8) 加强审核,减少错误,凡首批船修改通知单必须在后继船图面上改正。

9) 从施工的现场出发,考虑高质量、高效率、缩短周期,并确保安全地开展生产设计,扩大预舾装,将作业尽量前移以保证高空作业平地化、船上作业车间化,减少仰面作业、立体交叉,合理编制完整的托盘表,全面考虑托盘的工作量,向以托盘为单元组织生产过渡。

10) 送交船东、船检图与下发施工图可内外有别,送船东、船检图的技术要求条文可精练明了,具体施工工艺要求可在厂内施工图中表示,防止不必要的矛盾,对某些内部控制的工艺文件不应发船东、船检。

11) 扩大预舾装,增加功能单元A、B面两次预装,同时,加强吊装工作。

① 机舱底层单元,覆盖面应达80%;

② 主机、辅机设燃油供油单元;

③ 燃油分油机联同控制管路设功能单元;

④ 空压机平台应设减压管系单元;

⑤ 滑油分油机联同控制管路设功能单元;

⑥ 机舱平台分段、机舱主甲板可拆板、上层建筑各分段应A、B面两次预装;

⑦ 划分甲板管理单元及步桥单元。

(2) 经营处。

1) 目标成本编制、控制、考核;

2) 做好加减账处理。

(3) 物管处。采购成本按单船承包合同指标控制使用。物资纳期要按生产准备计划的纳期要求,按分段施工程序分批到厂,机电设备应按节点计划到厂,主机要提前,搞好库存管理。

(4) 生产集配处。集配采购物资按单船承包合同指标控制。按生产计划的要求外购、自制、配盘、送盘、服务,按纳期计划严格执行。保证托盘配齐率和托盘比率。

(5) 民品生产处。

1) 按单船承包合同指标控制使用,进行专项费用控制。

2) 按平行作业法,充分利用工厂所有的生产设施和人力资源编制小日程计划。

3) 按程序以中间产品为导向安排组织生产,尽量按计划进行。如出现特殊情况要有补救措施,要注意给涂装施工创造必要条件;逐步向以托盘为单元组织生产方向过渡。

4) 新技术、新工艺要坚决实行。

5)参与精度管理工作。

6)做好文明生产,督促安全、保卫、设备保护及防火工作,创造良好的工作环境。

7)搞好单位处室间协调工作,有重点、有层次、可控、有序安排施工。

(6)质管处。

1)及时做好与船东船检的沟通和协调工作,避免或减少因双方争议而产生的停工和返工;

2)检验,选准控制点,实施全方位的跟踪、监督、考核、奖惩;

3)参与精度管理工作;

4)做好原材料、机电设备的库检及证件保管统计,并且准确、及时汇总上报。

(7)财务处。按节点要求保证资金及时筹措到位,对有单船承包指标的处室、分厂进行承包指标控制。

(8)机动处。保证各设施、设备完好,尤其是注意涂装间的设施及供暖。

(9)安技处。加强生产现场的安全监督,杜绝违反操作规程的现象。及时检查、设置安全防护设施。

(10)计划管理处。按单船承包合同指标,进行工料核算控制。强化计划管理,加大考核力度,逐步过渡到以中间产品为导向的计划管理。按工厂大节点要求做好生产准备纳期计划的编制、跟踪、检查工作。根据工厂施工场地、设施能力、统筹安排编制生产作业计划,并跟踪、检查。提高计划人员的业务素质,深入现场,确保计划调整最小。保证各类工艺路线表及时下发。

(11)运输处。保证运输过程材料不丢失,吊装不弯曲,专用吊具设计。

(12)计算机管理处。保证厂内信息网开通与局部应用试行。

(13)各生产车间。

1)钢料:切割补偿量操作程序确定。确保预处理后的板材表面涂层不被破坏,有损坏处要及时补涂;保证下料精度,做好无余量下料加工。配套要准时完整,补料要及时。保证分段制造及船上施工的连续性。

2)船体:各作业区的劳力与安排要合理;分段制造要成品化,特涂区域焊道及钢板达到喷砂前要求条件。合龙后要及时焊接、报验,提高完整性;努力实现精度造船目标,提高无余量合龙分段的数量。分段要进行预密性试验;100 000 t 船台合龙工装准备;分段无余量制造控制;超重分段翻身、运输保证措施;两总段合龙缝全段余量控制。

3)管加工:早做生产准备,按预装程序,纳期计划组织生产。

4)甲装:抓好甲板管系单元预舾装,配合好交舱、试气工作。分段船台合龙前,特涂区域分段预装的焊接件、管卡达到特涂喷砂的要求。

5)居装:上层建筑提高分段内装预装率,完整楼子居装工程。

6)涂装:按单船承包合同指标控制,进行工料用量费用核算控制。跟踪补涂,提高分段涂装质量,加快施工进度和分段转运工作。

7)机装:抓好内场预装,船上设备系统安装工作和系泊、航海项目的试验工作。

8)电装:加强电缆敷设和安装质量,做好电气设备维护保养,完成系泊、航海试验项目。

各分厂要注意安全文明生产及成本费用控制。

# 活动 5.2 船舶建造施工要领编制

## 活动引擎

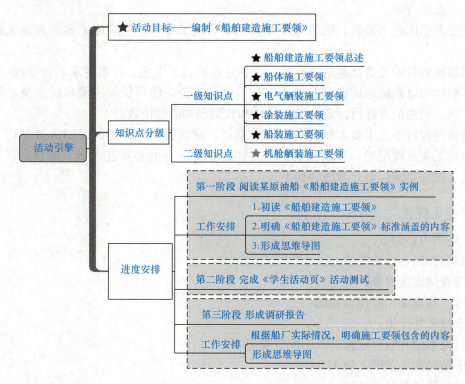

## 知识充电站

### 一、船舶建造施工要领总述

建造方针完成后,应编制各主要专业的施工要领。施工要领的编制,先是由船厂综合部门在系统内加以综合,互相协调,经过日程、物量、工时、周期、场地的定量分析,然后由生产设计部门各专业完成设计绘图和制定各类工艺技术文件,再下达车间施工。

建造方针主要侧重于从整个产品的角度来说明产品的建造方法、建造程序,以及各主要环节所采用的工艺原则及其相互之间的顺序关系。毫无疑问,这对生产准备及生产都具有非常重要的指导意义。但是对于具体的指导生产设计,仅有建造方针还是不够的,需要有更具体的指导性技术文件,也就是各种施工要领。施工要领是指导生产设计和生产管理的技术文件。

施工要领不同于一般的工艺规程,也不同于各种制造或安装技术条件,它主要侧重于说明基本的工艺步骤和技术要点,有时也说明基本的施工方法。例如,先装哪些,后装哪些,在什么状态下进行装配。又如对某一部位是采用哪种焊接方法,留不留余量,何时切割等。有时也提醒最终要检查或保证哪些尺寸等,甚至提及与下道工序的交接关系,例如,说明什么构件不装,以点焊或绑扎好,带入下一道工序等。

总之要求生产设计提供定好生产方法的图纸,使工人拿到图纸之后,能够非常清楚地知道，该做些什么和怎样做，而且做法上要求都是统一的。这就需要编制各种施工要领，作为设计的依据。

在编制施工要领时必须注意，应与建造方针的基本精神或有关规定保持一致。对于每一种产品要编写哪些施工要领，以及编写的深度和广度，主要取决于实施需要。一般来说，如果设计、施工均已形成习惯，或有标准通用工艺，则可以不写或少写某些内容，而基本的施工要点必须叙述清楚。

其内容主要有船体施工要领、机装施工要领、船装施工要领、电装施工要领和涂装施工要领等。

施工要领编制的目的是要在建造该船时，将各专业的施工工艺、技术要求和作业顺序、作业方法等详细地加以系统地综合，并纳入工程管理的轨道，使厂长的决策和建造决心能够付诸实施，以达到建造方针所指定的综合目标和收到预期的经济效益。

施工要领的内容对于技术要求较高的首制船来说，应该是相当详尽的，因为要领也是给管理人员和施工人员使用的，所以有些建造方针的主要内容也必须进入施工要领。以万吨级成品油船的施工要领为例，其内容如下。

### 二、船体施工要领

船体施工要领内容如下：
(1)分段划分和船台吊装要领；
(2)施工要领图图面符号；
(3)理论线、基准线和定位检验线；
(4)施工余量和补偿量；
(5)船台反变形值和船台定位马板的配置要点；
(6)纵骨嵌装结构的范围和施工方法；
(7)线型外板预拼整贴装范围；
(8)分段制造方法和胎架配置形式；
(9)总段装配和分段装配要领；
(10)特殊焊接的范围；
(11)货油舱区结构典型施工要领细节图；
(12)艏部结构典型施工要领细节图；
(13)外板、甲板、纵壁结构典型施工要领图等；
(14)艉部机舱区域结构典型施工要领图等；
(15)平直底部分段、舷侧分段组立要领。

### 三、机舱舾装施工要领

机舱舾装施工要领内容如下：
(1)舾装区域划分图；
(2)舾装单元划分图；
(3)托盘划分和集中配套日程安排；
(4)轮机舾装要领，主机、轴系、舵系、柴油发动机、辅锅炉及苏打水清洗工艺、货油泵透平主机及润滑系统投油要领；

(5)管舾装要领，舾装方式、单元组装及分段结构面和非结构面舾装、盆型舾装要求；
(6)托盘管理范围、格式和流程；
(7)中间轴、艉轴的固定要点等。

### 四、船装施工要领

船装施工要领内容如下：
(1)上层建筑总段预舾装的范围；
(2)船艏总段预舾装要求；
(3)中央甲板部输油单元划分要求；
(4)泵舱单元划分要求；
(5)货油舱内管系布置要求；
(6)管子特涂及管加工要求；
(7)合龙管和调整管的设置方法；
(8)上甲板输油管设计要点和施工标准；
(9)货油舱加热管的设计要求和施工作业要领；
(10)惰性气体系统和甲板液压管子的施工要求；
(11)托盘管理和托盘划分要求；
(12)甲板机械的施工要求等。

### 五、电气舾装施工要领

电气舾装施工要领内容如下：
(1)电气预舾装计划；
(2)电气预舾装工程表；
(3)居住区舱段的舾装顺序和预舾装注意点；
(4)机舱区域预舾装方针；
(5)船艏总段和前桅的预舾装计划表；
(6)托盘管理的范围等。

### 六、涂装施工要领

涂装施工要领包括以下两部分内容。

**1. 一般涂装施工要领**

(1)油水舱分布图；
(2)一般规定；
(3)表面处理要求；
(4)分段涂装要求；
(5)总段涂装要求；
(6)船台涂装要求；
(7)泵舱涂装要求；
(8)码头、坞内、交货前涂装等。

**2. 特殊涂装施工要领**

(1)特涂工程概要；

(2)特殊涂装对设计工作的要求;
(3)零件特殊涂装的范围;
(4)特殊涂膜保护要领;
(5)特涂施工注意事项;
(6)特涂前货油舱区完工状态要求;
(7)货油舱区特涂拆卸和保护舾装品要求;
(8)特涂质量检查和船主对特涂的质量要求等。

## 学生活动页

### 船舶建造施工要领编制

| 学习领域 | 船舶动力装置生产设计 | 任务名称 | 生产设计准备 |
|---|---|---|---|
| 活动名称 | 船舶建造施工要领编制 | 建议学时 | |
| 学生姓名 | | 班级学号 | |
| 组别 | | 任务成绩 | |
| 活动描述 | 本活动主要针对现代船舶建造施工要领编制进行讲解,并简单介绍船舶建造施工要领。 | | |
| 活动目的 | 1. 了解船体施工要领。<br>2. 掌握机舱、电气舾装施工要领。<br>3. 了解船装施工要领。<br>4. 掌握涂装施工要领。<br>5. 了解编制船舶建造施工要领的必要性。<br>6. 熟悉船舶建造施工要领的组成和内容。<br>7. 培养学生分析问题、解决问题的能力。<br>8. 培养学生的沟通能力和团队协作精神。 | | |
| 活动重点 | | | |
| 船舶建造施工要领编制原则 | | | |
| 教学材料 | | 学生知识与能力准备 | |
| ➤课件<br>➤微视频 | | ➤使用 CAD、SPD、SB3DS 放样软件的能力<br>➤正确识读、查找规范的能力 | |
| 小组人员分工 | 1. 资料搜集<br><br>2. 汇总分析<br><br>3. 调研报告撰写<br><br>4. 存在问题整理 | | |

续表

| 调研报告 | 调研内容： 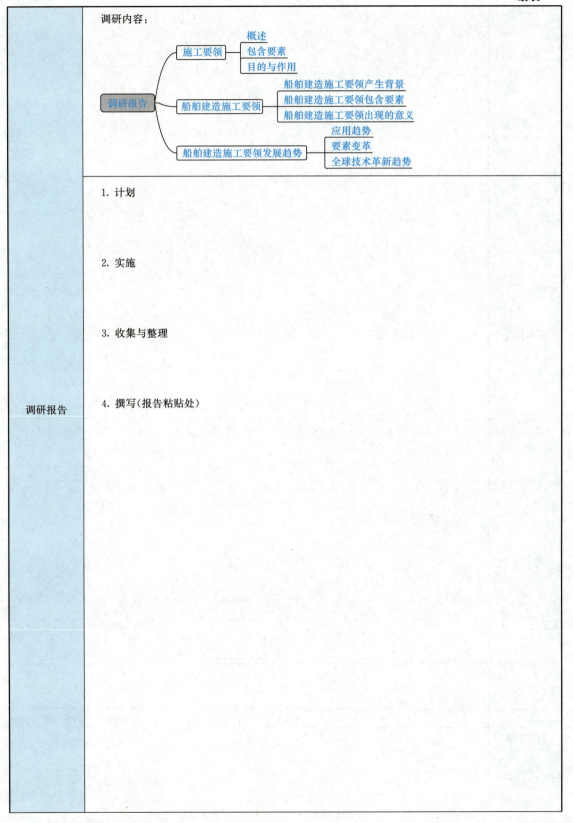 |
| --- | --- |
| | 1. 计划 |
| | 2. 实施 |
| | 3. 收集与整理 |
| | 4. 撰写（报告粘贴处） |

续表

| | |
|---|---|
| 调研报告 | |
| 存在问题 | |

续表

| | 简答题 | |
|---|---|---|
| 活动测试 | 1. 简述船舶建造施工要领主要包含的内容。<br><br>2. 简述施工要领编制的目的。<br><br>3. 电气舾装施工要领包括哪些内容？ | |
| | 填空题 | |
| | 1. 施工要领是_____和_____的技术文件。<br>2. 施工要领的内容对于技术要求较高的首制船来说，应该是_____。<br>3. 涂装施工要领包括_____施工要领和_____施工要领。<br>4. 机舱舾装施工要领包括_____划分图和_____划分图等内容。 | |
| 任务评价 | 自我评价 | 1. 通过本任务学习，我学到的知识点和技能点有：_____。<br>存在问题有：_____。<br>2. 在本次工作和学习的过程中，我的表现可得到：<br>□优　□良　□中　□及格　□不及格 |
| | 小组互评 | |
| | 教师评价 | |

105

## 拓展知识

**船舶建造施工要领实例**

介绍46 000 t级载重量江海直达原油/成品油船平直底部分段、舷侧分段组立要领。

(1)主题内容与适用范围。为适应平面分段流水线的生产特点，满足平行中体底部分段和舷侧分段的组立要求，特制定了平行中体底部分段和舷侧分段的组立要领。

本组立要领规定了平行中体底部分段、舷侧分段的建造方法，其中包括子分段的划分方式及其建造方法、子分段划线交验项目、子分段完工对内交验，在平面分段流水线上生产的子分段的装焊工艺流程及立体分段的总组。

本组立要领适用于108 ps～114 ps平行中体底部分段和208 ps～214 ps平直舷侧分段。

(2)引用标准。

1)VDLB45－91 船舶建造质量标准(涂装部分)；

2)VDLB55－91 船舶建造质量标准(船体部分)；

3)VDLB56－91 船舶建造质量标准(焊接部分)；

4)VDLB198－88 分段吊装设计作业规程。

(3)定义。子分段是指将立体分段分解成平面分段、半立体分段或小曲面立体分段的总称。

(4)平直底部分段、舷侧分段建造方法。

1)平直底部分段基本为无余量下料、无余量装配，最终以外底为基面实现总组。

2)平直舷侧分段基本为无余量下料、无余量装配，最终以舷侧外板为基面实现总组。

(5)平直底部分段、舷侧分段组立的一般要求。

1)以1枚或2枚平板参加组装的外板、斜底板、舭部R板、内壳板、边甲板等，均采用数控切割无余量下料的方式；当拼板数量为3枚或3枚以上时，仅在分段合龙缝外加放30 mm余量，在平面拼板装焊后切除。上述两种方式均需切出焊接坡口。

2)纵骨(T型材除外)、肋骨、纵桁、5.0 m平台均实尺下料，并根据《船体零部件余量及补偿量发放规程》加放补偿量，端部在下料时切割出坡口。T型材仅在一端留30 mm余量，两端坡口在平面分段装焊后切出。

3)为了保证船台合龙精度和满足结构对位的要求，应根据有关工艺文件在下料和平面拼板阶段划出基准线、检查线和对合线。

(6)平直底部分段、舷侧分段子分段的划分方式。

1)平直底部分段划分为舭部曲面半立体子分段、平直外底部半立体子分段、平直内底平面子分段、平直斜底板平面子分段、5.0 m平台平面子分段、下横壁墩半立体子分段，如图5-2-1所示。

2)平直舷侧分段划分为平直舷侧外板半立体子分段、平直舷侧内壳板平面子分段、边甲板平面子分段、上横壁墩板半立体子分段、边横壁条半立体子分段，如图5-2-2所示。

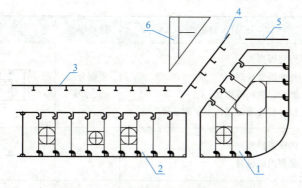

**图 5-2-1 平直底部分段子分段划分方法**

1—舭部曲面半立体子分段；2—平直外底部半立体子分段；3—平直内底平面子分段；
4—平直斜底平面子分段；5—5.0 m平台子分段；6—下横壁墩半立体子分段

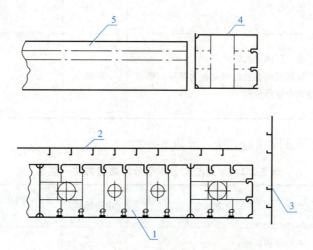

**图 5-2-2 平直舷侧分段子分段划分方法**

1—平直舷侧外板半立体子分段；2—平直舷侧内壳板平面子分段；3—边甲板平面子分段；
4—上横壁墩板半立体子分段；5—边横壁条半立体子分段

(7) 平直底部分段子分段、平直舷侧分段子分段的建造方法。

1) 平直底部分段子分段建造方法，见表 5-2-1。

**表 5-2-1 平直底部分段建造方法一览表**

| 序号 | 子分段名称 | 子分段建造法 | 建造场地 | 建造法图示 |
|---|---|---|---|---|
| 1 | 舭部曲面半立体子分段 | 舭部框架组立；<br>外板平直部分组成小平面分段；<br>以外底板为基面，在总组胎上进行舭部曲面立体分段组立。<br>总组（胎架12.5 m纵行始向舷外反变形值为4 mm） | 外场 | |

· 107 ·

续表

| 序号 | 子分段名称 | 子分段建造法 | 建造场地 | 建造法图示 |
|---|---|---|---|---|
| 2 | 平直外底部半立体子分段 | 外底板拼板;<br>外底纵骨装焊;<br>肋骨、纵桁等组立;<br>以外板为基面进行半立体分段组立 | 平面分段流水线 | |
| 3 | 平直内底平面子分段 | 内底板拼板;<br>装焊内底纵骨 | 内场 | |
| 4 | 平直斜底板平面子分段 | 斜底板拼板;<br>装焊纵骨 | 内场 | |
| 5 | 5.0 m平台平面子分段 | 张焊筋板 | 内场 | |
| 6 | 下横壁墩半立体子分段 | 前、后侧立板组立;<br>以横壁所在肋位侧立板为基面,组成壁墩小立体分段 | 外场 | |

2) 平直舷侧分段子分段建造方法,见表 5-2-2。

表 5-2-2 平直舷侧分段子分段建造方法一览表

| 序号 | 子分段名称 | 子分段建造法 | 建造场地 | 建造法图示 |
|---|---|---|---|---|
| 1 | 平直舷侧外板半立体子分段 | 舷侧外板拼板;<br>装焊纵骨;<br>舷侧肋骨、平台、框架组立;<br>以舷侧外板为基面组成半立体分段 | 平面分段流水线 | |
| 2 | 平直舷侧内壳板平面子分段 | 内壳板拼板;<br>装焊纵骨 | 内场 | |
| 3 | 边甲板平面子分段 | 边甲板拼板;<br>装焊纵骨 | 内场 | |
| 4 | 上横壁墩半立体子分段 | 前、后侧立板组立;<br>以横壁所在肋位处侧立板为基面,组立成小立体分段 | 外场 | |
| 5 | 边横壁条半立体子分段 | 平板拼板;<br>子分段组立 | 外场 | |

(8)子分段装焊工艺流程。以平直外底部半立体子分段为例,平面线上的装焊工艺流程为:外底板拼板→焊接→焊接修补→划线→余量切割→纵骨安装→纵骨焊接→角焊缝修补→纵桁安装→肋骨安装→水密堵板安装、非水密搭板装焊→外运吊环装焊→加强材装焊→分段外运。

(9)子分段划线交验项目。对于子分段的基准线、检查线、余量切割线及对角线等较重要的划线项目必须对内交验。

(10)子分段完工交验。为了确保子分段的建造质量,给分段总组创造条件,子分段完工后必须对内交验合格后方可进入下一道工序。

(11)平直底部分段、舷侧分段总组。

1)平直底部分段、平直舷侧分段总组场地的起重能力应保证总组后的底部分段、舷侧分段顺利下胎。

2)用于平直底部分段、平直舷侧分段总组胎架应有足够的强度和刚性,以保证总组分段的精度。

3)平直底部分段、舷侧分段总组顺序。

①平直底部分段胎上总组顺序为:舯部曲面半立体子分段→平直外底部半立体子分段→平直内底平面子分段→平直斜底板平面子分段→5.0 m平台平面子分段→下横壁墩半立体子分段,如图5-2-3所示,图中1~6为胎上总组顺序。

②平直舷侧分段胎上总组顺序为:平直舷侧外板半立体子分段→平直舷侧内壳板平面子分段→边甲板平面子分段→上横壁墩半立体子分段→边横壁条半立体子分段,如图5-2-4所示,图中1~5为胎上总组顺序。

③平直底部分段、舷侧分段总组胎上焊接。

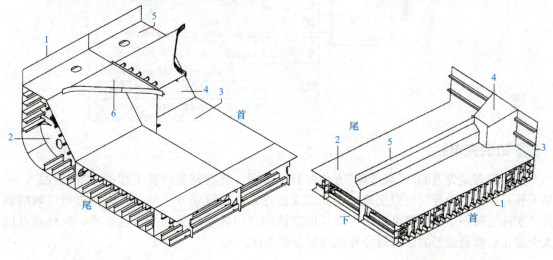

图 5-2-3  平直底部分段总组示意    图 5-2-4  平直舷侧分段总组示意

(12)平直底部分段、舷侧分段完工交验。

(13)平直底部分段、舷侧分段装焊下胎、合龙用吊环及加强。

(14)装焊搭载平铁。

1)所有平直底部分段、平直舷侧分段总组完成并对外交验后、船台合龙前,安装船台合龙搭载平铁。

2)搭载平铁的安装位置：平直底部分段，横向搭板安设在 p 段内底板上合龙缝两端实肋板处，共 2 枚；纵向搭板安设在 p、s 段内底上近基准线端合龙缝远离的 2 纵桁处及 5.0 m 平台近斜板处，共 3 枚；平直舷侧分段纵向安设在边甲板上近基准段端合龙处，共 2 枚；平直甲板分段横向搭板安设于相互远离的两端甲板横梁，共 4 枚。

搭载平铁的材质为船用 A 级钢，其规格为 16 mm×200 mm×600 mm。

## 活动 5.3　区域划分和托盘划分

### 活动引擎

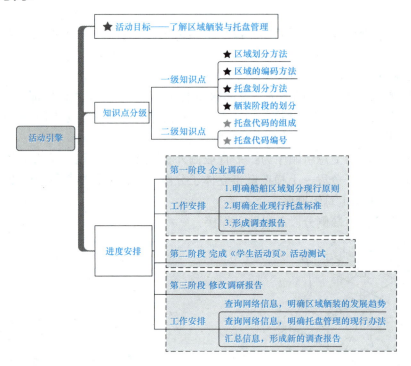

### 知识充电站

托盘管理是先进的"区域造船"方法的具体体现。托盘就是舾装工作的"中间产品"，一切工作都以托盘为导向组织实施。正如前文所述，在托盘划分之前，首先要进行区域的划分。实际上每一个船厂都可以根据本厂的实践制定出区域划分的指导性标准，这样就可以大大简化后续新建船的区域划分和托盘划分的工作。

一、区域划分

(一)区域划分的方法

船舶的区域划分是根据船体的基本结构形式、分段划分和总段组装的范围及综合考虑舾装件的密集程度、设计工作量、劳动力的分配、设计出图计划、程序等要素后制定出来的。区域划分要符合实际生产的需要，使工厂能获得科学组织生产的准确依据。

**1. 根据船体的基本结构形式进行大区域的划分**

区域的划分可以有很多方法，不同种类的船舶的划分方法也有很大的区别。但是，只要掌握了船舶货船的区域划分方法，就可以方便地应用到其他船舶上，以下将介绍一艘散货船的区域划分方法。

任何货船按其结构都可以分为机舱区域、艉部区域、艏部区域、上层建筑区域及货舱区域五大区域。这种区域的划分方法是最自然的，这是由于它们各自的作用不同，结构形式也有较大的区别，所包含的舾装的内容也不同，同时，又与船体分段大区域的划分相吻合，容易被各部门所接受。机舱区域包括机舱前壁和后壁之间的空间及机舱棚、烟囱所围成的部分。对于油船来说不同的仅是多了一个油泵舱，可以将它划入机舱区域或单独列为一个大区域。主甲板以上的居住空间全部划入上层建筑区域。其他三个大区域的划分就比较容易，分别以机舱壁和前部防撞舱壁为界划分即可，如图 5-3-1 所示。

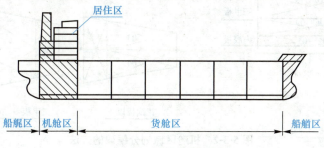

图 5-3-1  船舶大区域划分

**2. 小区域的划分方法**

大区域由于范围太大，还不能适应设计工作、生产管理的要求，还必须将其划分成更小的区域。划分小区域的原则如下：

(1)机舱区域。机舱区域的舾装件最密集，生产设计的工作量也最大，为了适应现代造船的节奏，必须分成较小的区域。由于机舱结构形式的特点是以甲板层次组成的，所以首先以每层甲板作为小区域的划分线，每层甲板一般都有机舱开口，因而可再以船体中心线和肋骨线前后、左右进行仔细划分。

(2)艏、艉部区域。这两个区域也是以层次划分为特点的，但是舾装件的数量相对要少得多，所以，一般一个层次就可以划分为一个区域。

(3)上层建筑区域。上层建筑区域设有各种各样的房间，铁舾装件也不少，但大量的是木作舾装件，所以，区域划分既按层次划分，也按房间进行划分，特别是木作舾装件应以房间划分。而管舾装件可按层次划分，当船舶较大时，每层次可按左右划分为两个区域。

(4)货舱区域。货舱区域的特点是双层底以下和主甲板以上的舾装件较多，而货舱内就只有少量的舾装件。而且管路相对比较简单，直管子多。所以，区域可以划得更大一些。一般主甲板以上作为一个层次，双层底以下作为一个层次，货舱内作为一个层次，100 000 t 级以下的船舶前后再一分为二，就可适应设计工作量的分配了。

**(二)区域的编码方法及划分举例**

小区域的编码可以根据各厂的具体情况、惯例来进行，可以用英文字母来编码，也可以用数字来编码，还可以混合使用英文字母和数字来进行编码。

### 1. 机舱区域

假设该船为 70 000 t 级的散货船,机舱内设有三层甲板,即由主甲板、二甲板(上平台)、三甲板(下平台)组成。其编码的方法如图 5-3-2 所示。

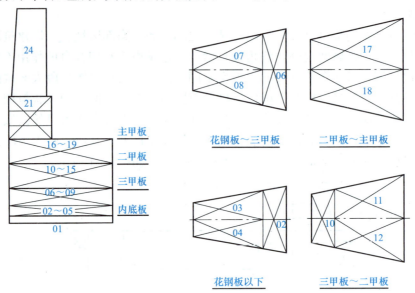

图 5-3-2 机舱区域划分编码的方法

机舱区域编码应注意以下几点:

(1)机舱双层底以下的区域号是固定不变的,为 01 区域。

(2)三甲板与双层底之间的区域号为 02~09 区域,由于机舱格栅以下的设备、舾装件的管子特别多,所以以格栅为界上下分开,格栅以下为 02~05 区域,格栅以上为 06~09 区域。再前后左右划分为 2 至 4 个小区域,图 5-3-2 中的例子是格栅以下,主机前部为 02 区域,左舷为 03 区域,右舷为 04 区域,05 区域作为备用。格栅以上与之相对应的是 06 区域、07 区域、08 区域、09 区域也作为备用。另外,要注意的是区域号应相对固定不变,如果分左右舷,则区域号最好是规定左舷用单数号,右舷用双数号,这样只要一说区域号就可以想到这个区域位于船上什么位置。

(3)一般来说,三甲板与二甲板之间布置的机械设备也较多,主发电机、燃油分油机、空压机、为主机服务的滑油和淡水冷却器、淡水泵及锅炉给水系统的大部分设备都布置在三甲板的上方,所以,区域的划分可以根据一般的布置方法(即发电机置于三甲板后部)将机舱后部的主发电机空间划分为独立区域,其他部位先左右、后前后划分为几个小区域。这个部分的区域号为 10~15 区域。柴油发电机平台区为 10 区域,左舷为 11 区域,右舷为 12 区域,13 区域、14 区域、15 区域作为备用。

(4)一般来说,二甲板与主甲板之间的机械设备较少,这是由于在二甲板设有集控室、机修间、各种油水舱柜等,所以独立设备占的比重较大,对管系来说安装工作量就少。因此,一般左右分为两个小区域,左舷为 17 区域,右舷为 18 区域。这个层次还有 16 区域、19 区域作为备用。

(5)机舱棚和烟囱各为独立区域,它们的区域号分别为 21 区域和 24 区域。

(6)机舱主机排气管系统和机械通风系统,由于各自的特点,即主机排气管管径大、根数少,分到各个区域反而会增加协调的工作量,同时对生产组织管理不利。而机械通风管的制造、安装工艺与一般的管系有较大的差别,一般船厂都设有独立的通风管系制造、安装车间或工段。另外,这两个管系在详细设计时都绘有专门的布置图,走向和位置都已相对固定。所以为它们设置专门的名义上的区域,主机排气管系的区域号为27区域,通风管系的区域号为28区域。

(7)从上面区域划分及区域号设置的情况,可以归纳为两点:一是机舱区区域号总计有29个,从01到29,这是固定不变的;二是每层甲板的区域号也是固定在某几个区域号上,但都设置有备用区域号,一旦需要,就可以使用这些区域号。除区域号不同外,其他区域的情况也是如此。

### 2. 货舱区域

货舱区域的编号应取在60~89范围之内。货舱区域的特点是范围广,从机舱前壁一直到艏部的防撞舱壁都属于货舱区域,可以先将该区域从上到下划分成三个层次,双层底以下、货舱内、主甲板以上,然后再细划分,如图5-3-3所示。

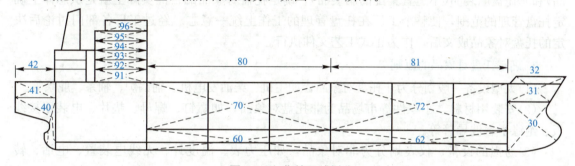

图 5-3-3 货舱区域划分

(1)双层底以下区域的编号为60~69区域。一般双层底以下除管系及附件外,其他舾装件也不多,所以,实际使用的区域号可以只用2~3个。即以中间货舱壁为界前后划分为60区域和62区域,当船舶的吨位较大时,或其他情况时也可以划分为两个以上的区域,有些油船没有双层底,但底部的输油管又大又多,此时可以将油舱的下半部作为一个层次,按上述原则划分区域。

(2)货舱内的区域号规定为70~79区域。前后划分的方法应与双层底一致,即后部为70区域,前部为72区域。其他为备用区域号。某厂在制造2 700箱冷风型集装箱船时,货舱之间的隔壁跨越二档肋距,内部安装了大量的舾装件(管子、电气设备、铁舾件等),此时就要为每一个舱壁设置一个区域号。

(3)主甲板上部区域仍按上面的原则进行划分,它们的区域号规定为80~89区域。

### 3. 艏部和艉部区域

艏部区域号规定为30~39区域,艉部区域号规定为40~49区域。划分的原则是按层次划分,其余均为备用号。

### 4. 上层建筑区域

上层建筑区域号规定为90~99区域。由于上层建筑层次比较分明,大型船舶一般上层建筑有五到七层,所以区域号只能依次从下到上顺序取号,问题是上层建筑区域底层主甲板上可能也会有一些舾装件,一般将这些舾装件划入本区域,并可设置一个独立的区域号——90区域。

**5. 油船的泵舱区域**

货船中油船也比较多,为此在区域号中留出了 50~59 作为泵舱的区域号。划分原则也是从下到上按层次划分,每层设一个区域号。

## 二、托盘划分

### (一)确定托盘对象品

**1. 确定托盘对象品的目的**

由于船舶上的舾装品品种繁多、数量巨大、来源渠道又各不相同,舾装件的材料、规格、质量、大小等都不同,所以要将所有舾装件纳入托盘管理是很困难的事情,为此要实行舾装品的托盘管理,首先要将舾装品划分为托盘舾装品(即要进入托盘进行集配的舾装品)和非托盘舾装品(不适宜集配的舾装品)。确定托盘对象品的目的实际上就是从总体上确定托盘管理的范围,使整个工厂在托盘管理的工作上统一意志。经过工厂各部门讨论后决定的托盘对象品成文后,作为正式工艺文件执行。

**2. 确定托盘对象品的原则**

(1)大型设备一般划分为非托盘对象品,如主机、柴油发电机、辅锅炉、轴系、舵系等。

(2)安装用材料、小零件等市场品为非托盘对象品,如螺钉、螺母、垫片、电装用接线板、绝缘子、波导管等。

(3)易损的设备、仪表划分为非对象品,如压力表、温度计、无线电装置、电话、转速、航海装置等。

除以上说明的非托盘对象品外,其余的舾装品均为托盘对象品。

**3. 托盘对象品划分举例**

目前,生产设计的专业划分是:机装——机舱内的舾装件生产设计;居装——上层建筑内舾装件的生产设计;甲装——除机装、居装外所有区域内的舾装件生产设计;电装——电气舾装件的生产设计。各专业的托盘对象品可以归纳如下:

(1)机装。机装包括所有的管系及其附件、所有的中小型机械设备、格栅、扶梯、栏杆、海底吸入阀箱及附件、箱柜、基座、通风管及其附件等。

(2)居装。居装包括所有的管系及其附件、冷藏设备、空调设备、通风系统、厨房设备、房舱铁零件、里子板、木作家具、甲板敷料、卫生器具及其他小型机械电气设备等。

(3)甲装。甲装包括所有各系统的管子及其附件、起锚系统、系泊绞车、其他各种绞车、舷梯装置、舱口盖装置、天幕、栏杆、扶梯、门窗、桅杆、天桥装置、其他各种铁零件等。

(4)电装。电装包括主配电板、变压器、分配电板、接线盒、开关、插座、集控屏、控制台、岸电箱、灯具、通信设备、导航设备、遥控报警系统、电缆等。

### (二)托盘的划分方法

**1. 划分原则**

根据托盘管理的含义,托盘划分的主要依据是船舶建造方针和施工要领,特别是船体的分段划分及总组形式在很大程度上决定着托盘的划分。同时,托盘的划分应遵循三不跨(不跨阶段、不跨区域、不跨部门)原则和按工作量大小来划分托盘。

(1)按舾装阶段划分托盘。即同一托盘内材料设备、舾装件必须在同一安装阶段进行安装,也就是说,不允许不同安装阶段的材料设备、舾装件置于同一个托盘内。

(2)按区域和安装位置划分托盘。即同一托盘内的舾装件必须在同一安装区域内或同一安装场地进行安装,不可能同一托盘内的舾装件分散在几个不同的地方进行安装作业。

(3)同一组施工人员完成同一托盘。也就是同一托盘内的舾装件内容必须与工厂现行的生产组织形式相一致,不能出现由两个小组或两个工段,甚至两个车间的施工人员来完成同一托盘的现象。

(4)按工作量的大小来划分托盘。每个托盘原则上以两个工人一周的工作量来确定。但是由于各个工厂的作业条件不同,工作效率也不同,同时,还受到其他一些条件的限制,所以实际上可操作性较差,各船厂可以根据自己的经验及条件灵活处理。

### 2. 划分要点

(1)每只分段都要有与之对应的托盘,除无舾装品外。

(2)采用总段建造法时,总段托盘与分段托盘应独立编制。

(3)有的同一只分段跨两个以上的区域时,应按区域编制相应的托盘。即同一只分段上可能有两只以上托盘,但应尽量避免这种情况的出现。特别是属于同一大区域时,各小区域的划分线尽可能与分段的划分线一致。

(4)采用单元组装时,每一只单元应划分为独立的托盘。托盘内应包括单元内所有的舾装品(管子及其附件、设备及基座、格栅及铁舾件等)。

### 3. 舾装阶段的划分和代号

舾装件的安装工作贯穿于船舶建造的全过程,为了实施托盘管理,必须将舾装件的安装工作按前后顺序划分为几个阶段,这就是舾装阶段。舾装阶段的划分和代码见表5-3-1。

表 5-3-1  舾装阶段的划分及代码

| 代码 | 舾装阶段名 | 代码 | 舾装阶段名 | 代码 | 舾装阶段名 |
| --- | --- | --- | --- | --- | --- |
| 1 | 单元组装 | 4 | 分段正转舾装 | 7 | 总组正转舾装 |
| 2 | 分段部装(小组装) | 5 | 盆舾装 | 8 | 露天舾装 |
| 3 | 分段反转舾装 | 6 | 总组反转舾装 | 9 | 船内散装 |

表 5-3-1 所列的舾装阶段的划分,原则上是以安装时间的先后顺序来划分的,所以,数字大小的顺序就代表了某个区域内舾装阶段的前后顺序。托盘划分时,不同阶段的舾装品必须分属于不同的托盘。

## 三、托盘代码

每一个现代化的造船厂都有一套编码系统,它的作用是使用计算机进行工厂的生产管理、成本管理等。所以,托盘管理的编码应成为工厂整个编码系统的一部分,使计算机能根据舾装编码进行舾装件的生产管理和成本管理等。因此,托盘管理的舾装编码应符合工厂编码系统的标准,为整个计算机系统所接受,这样的编码系统才有效。对托盘来说,其舾装编码,即托盘代码。每一只托盘都有一个托盘代码名称与之相对应。下面介绍一种较为实用的托盘代码的编码方法。

### (一)托盘代码的组成

托盘代码由7位数字(或字母)组成,每位数字(或字母)所表示的内容如图5-3-4所示。

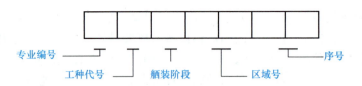

图 5-3-4 托盘代码的组成

## (二)专业编号

专业编号是总区分代码,根据工厂的组织体制和设计体制来划分专业,按前文所介绍的生产设计专业的划分方法,用英文字母来代表每一个专业,即专业的编号,详见表 5-3-2。

表 5-3-2 专业编号

| 专业 | 机装 | 甲装 | 居装 | 电装 | 船体 | 涂装 |
| --- | --- | --- | --- | --- | --- | --- |
| 编号 | E | D | A | F | H | P |

## (三)工种代号

工种代号为大区分代码,每一个专业由各工种组成,它们可能各不相同,也会出现不同专业同工种的情况。例如,机装包括管子、机械、铁舾装、薄板等专业;居装包括管子、铁舾装、冷藏、空调、木作舾装等专业;电装专业所含的工种就是电工。故工种代号的确定也应考虑到这样的情况,特别是通用性。通常用数字来编码,详见表 5-3-3。

表 5-3-3 工种代号

| 工种 | 管子工 | 钳工 | 电工 | 薄板工 | 铁舾工 | 木舾工 | 涂装工 |
| --- | --- | --- | --- | --- | --- | --- | --- |
| 代号 | 1 | 2 | 3 | 4 | 5 | 6 | 7 |

## 学生活动页

### 区域舾装与托盘管理

| 学习领域 | 船舶动力装置生产设计 | 任务名称 | 生产设计准备 |
| --- | --- | --- | --- |
| 活动名称 | 区域舾装与托盘管理 | 建议学时 | |
| 学生姓名 | | 班级学号 | |
| 组别 | | 任务成绩 | |
| 活动描述 | 本活动主要针对船舶区域划分和托盘划分进行讲解,并简单介绍船舶区域划分和托盘划分的方法。 | | |
| 活动目的 | 1. 掌握区域划分方法。<br>2. 掌握托盘划分方法。<br>3. 了解托盘代码。<br>4. 了解船舶区域划分与区域编码。<br>5. 了解舾装阶段的划分和代号。<br>6. 熟悉托盘代码的组成、专业代号和工种代号。<br>7. 培养学生分析问题、解决问题的能力。<br>8. 培养学生的沟通能力和团队协作精神。 | | |

续表

| 活动重点 |||
|---|---|---|
| 托盘管理原则 |||
| 教学材料 || 学生知识与能力准备 |
| ➤课件<br>➤微视频 || ➤使用 CAD、SPD、SB3DS 放样软件的能力<br>➤正确识读、查找规范的能力 |
| 小组人员分工 | 1. 资料搜集<br><br>2. 汇总分析<br><br>3. 调研报告撰写<br><br>4. 存在问题整理 ||
| 调研报告 | 调研内容：<br><br>调研报告 ── 船舶舾装 ── 分类 ── 总段舾装 / 分段舾装 / 上层建筑整理舾装 / 单元舾装 / 模块舾装<br>　　　　　└─ 区域舾装法 ── 目的与作用 / 区域划分原则 / 区域舾装特征 / 区域划分原则 / 区域舾装流程<br>　　　　　└─ 区域舾装法发展趋势 ── 应用趋势 / 要素变革 / 全球技术革新趋势<br><br>1. 计划<br><br>2. 实施<br><br>3. 收集与整理 ||

续表

| 调研报告 | 4. 撰写(报告粘贴处) |
|---|---|

续表

| | |
|---|---|
| 存在问题 | |
| 活动测试 | 简答题<br><br>1. 货船按结构可分为几大区域？分别是什么？<br><br>2. 机舱区域划分小区域的原则是什么？<br><br>3. 确定托盘对象品的原则是什么？<br><br>4. 托盘代码的作用是什么？<br><br>填空题<br><br>1. 托盘管理是先进的"_____"方法的具体体现。<br>2. 小区域的编码可以用_____来编码，可以用_____来编码，也可以用_____来编码。<br>3. 要实行舾装品的托盘管理，首先要把舾装品划分为_____和_____。<br>4. 托盘的划分应遵循三不跨原则，分别为不跨_____、不跨_____和不跨_____。<br>5. 工种代号为大区分代码，每一个专业由各种工种组成，它们可能_____，也会出现_____的情况。 |

续表

| 任务评价 | 自我评价 | 1. 通过本任务学习，我学到的知识点和技能点有：_____。<br>存在问题有：_____。<br>2. 在本次工作和学习的过程中，我的表现可得到：<br>□优　□良　□中　□及格　□不及格 |
|---|---|---|
| | 小组互评 | |
| | 教师评价 | |

**学习笔记：**

# 任务6　船舶燃油系统生产设计

## 思维导图

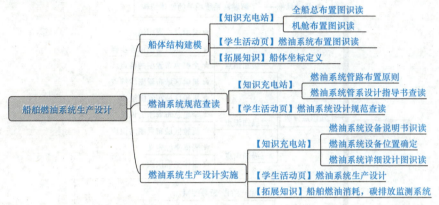

## 任务描述

随着科技的发展与计算机技术的广泛应用，新时期的船舶设计技术已经依托建模设计系统，中小型、特型船舶甚至应用了无纸化造船模式。因此，使用船舶管系计算机设计软件进行船舶生产设计的能力变得越来越不可替代。本任务以某船型燃油系统为例，使用计算机放样软件 SB3DS，进行船舶燃油系统生产设计，并生成船舶加工零件图。

通过本任务的学习，学生具体应达到以下要求。

### 一、知识要求

1. 了解燃油系统铁舾件设计原则。
2. 熟悉燃油系统管路布置原则。
3. 了解燃油系统设备布置原则。
4. 熟悉燃油系统设备基座建模主要内容。

### 二、能力要求

1. 能够识读全船总布置图。
2. 能够识读机舱布置图。
3. 能够识读燃油系统设备说明书。
4. 能够对燃油系统设备建模。
5. 知道燃油系统设备位置确定原则。
6. 能够识读燃油系统详细设计图。

### 三、素质要求

1. 具有规范操作、安全操作、环保意识。
2. 具有爱岗敬业、实事求是、团结协作的优秀品质。
3. 具有分析问题、解决实际问题的能力。
4. 具有创新意识，获取新知识、新技能的学习能力。

视频：船舶管系放样系统
工具条的使用

## 活动 6.1  船体结构建模

### 活动引擎

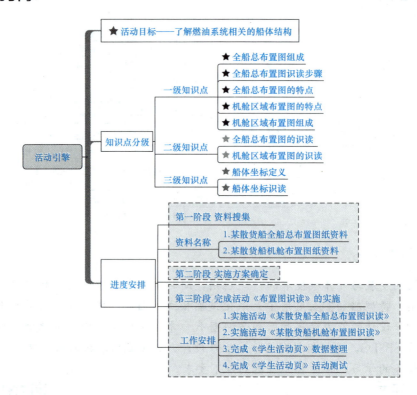

### 知识充电站

2019年3月22日,中船集团江南造船(集团)有限责任公司为交通运输部东海航海保障中心建造的大型航标船下水。该艘船舶作为全球首艘使用无纸化建造模式建造的船舶,其成功下水为数字化造船开启了新的里程。作为数字化造船的关键一环的船舶动力装置生产设计,其运行的前提是设计者能够对所属区域的设备进行识读,并简单构建船体结构模型。

#### 一、全船总布置图识读

全船总布置图集中地反映了船舶的技术性能、经济性能,是重要的全船性基本图样之一。从全船总布置图中可以了解船舶上层建筑的形式及舱室、设备、门窗、通道等的布置情况。在进行全船质量和重心位置计算、船舶设备设计和结构设计时,全船总布置图是进行设计和计算的依据。全船总布置图也是绘制其他图样的依据,如各类设备、系统布置图,门、窗、扶梯布置图,木作、绝缘布置图等。全船总布置图在施工时,可作为具体施工的指导性图样。它能协调各机械、设备的相互关系,当机械、设备之间发生矛盾时,以全船总布置图中的布置为准。另外,全船总布置图对船舶建造时的舾装工作具有重要的意义。

某散装货船总布置图如附图2所示，必须正确识读。

在进行船舶燃油系统生产设计之前，应先对引入的企业案例的全船总布置图进行识读，以明确燃油系统相关的设备布置的舱室位置，为下一步的管系放样生产做准备。

**1. 主要量度栏识读**

附图2所示某散装货船总布置图的主要量度栏主要用来说明船舶技术性能和经济性能，布置在图纸的右下方。其内容一般有船体主尺度、排水量、载货量或载客量、主机功率、主机转数、航速、船员定额、续航力及甲板间高度等。图框内明确规定了该艘舰船的船级为CSA(加拿大标准协会)，根据CCS(中国船级社)船舶入籍规范定义的Bulk Carrier为散装运输船。

**2. 燃油系统相关的全船总布置图内容识读**

全船总布置图包括侧面图、甲板平面图、平台平面图、舱底平面图，主要用来表示船体外形轮廓和上层建筑形式、舱室的划分和机械设备的布置等。

(1)侧面图。侧面图是从船舶右舷正视的视图，通常绘制在图纸的最上方，如附图2所示。侧面图是全船总布置图的主视图，它表达的基本内容如下：

1)表示了船舶侧面外貌。具体来说，表示了艏、艉轮廓，龙骨线和舷墙的形状，上层建筑的形式、船型、舵和推进器的类型及舷窗、烟囱、桅的设置等。

2)表达了主要舱室划分的概况。船体内部空间由内底板、甲板、平台分成若干层，每层空间又由舱壁或围壁划分成不同用途的舱室。根据内底板、甲板、平台、舱壁或围壁的数量与设置位置就可确定舱室划分的情况，以及这些舱室在船长和船深方向的具体位置。侧面图主要表达主船体内舱室划分概况。

3)表达了船舶设备布置的概况。通常，在侧面图中可以看到锚、系泊、救生、起货、舵等设备布置的概况。

4)表达了门、窗、扶梯等布置概况。

(2)甲板、平台平面图。甲板、平台平面图是从各层甲板、平台上部俯视或剖切后俯视而得到的视图。如附图2所示，依次按照甲板、平台位置，自上而下排列。甲板、平台平面图是全船总布置图的俯视图。对于最上层甲板、平台，按照其上方俯视视向；而其他甲板、平台的俯视图，则采取从上层甲板的下表面剖切后再俯视而得到，它表示的是该甲板、平台到上一层甲板、平台之间整个空间的布置情况。甲板和平台平面图表达的基本内容包括：

1)甲板或平台上，舱室划分，舱内设备、用具等布置的情况以及这些舱室和设备、用具等在船长和船宽方向的位置。从附图2可以看出机舱下平台、机舱上平台的舱室划分情况，能够明确各舱内设备、用具等布置的位置与设备大小。

2)甲板或平台上，舱室外船舶设备、机械的布置情况以及这些设备、机械在船长和船宽方向的位置，如附图2中顶舱图所示。

3)甲板或平台上，通道、门、窗、扶梯等的布置。

(3)舱底平面图。舱底平面图是剖去最下层甲板后而得到的俯视图，它绘制在图样的最下方，如附图2所示。舱底平面图表达的基本内容如下：

1)对双层底部分：表示了双层底上面的舱室、设备布置的情况及双层底空间内液舱布置的情况。

2)对单底部分：表示了船底构件上方舱室、设备布置的情况。

对于舱室和设备较多的船舶，如舰艇、大型客船等，为了比较清晰地表示船体内部的布置，常以中纵剖视图代替侧面图，甚至两图同时画出，并且还绘制一些横剖面图，以便清晰明了地表示船舶总体布置情况。中纵剖视图是以中线面剖切船体后向投影面投影所得的剖视图。横剖面图是在主要舱室部位用横向平面剖切船体，再将剖切平面附近的设备和船体构件向投影面投影而得的视图。为了使图面清晰而且表达方便，规定各种设备无论是否被剖切，在图中一律画其轮廓投影。

### 3. 识读全船总布置图的步骤

由于全船总布置图中，包含了侧面图、各层甲板平台图和舱底平面图，所反映的内容又涉及了船舶外貌与上层建筑的形式，各舱室的划分及各层甲板平台上、舱室内的机械设备、用具、扶梯、门窗等一系列的布置情况，因此，识读全船总布置图时切忌东读一部分西读一部分这种杂乱的识读方法，应该遵循有序渐进的步骤。

（1）识读全船总布置图时可以自上而下、自左而右的顺序识读每一张视图。首先从侧面图开始，读完后再读各层甲板、平台平面图，最后读舱底平面图。

（2）识读每一张视图时，首先了解本视图反映船舶的哪一部分结构及这部分结构的用途、组成情况。

（3）识读每一张视图的具体内容时，首先了解船舶外貌，其次了解本视图中船体舱室的划分，各舱室甲板、平台之间的通道布置情况。

（4）逐次识读每一舱室，每一层甲板、平台上的机械设备、舱内用具、照明、门窗等内部设施的布置情况。

全船总布置图的侧面图、甲板平面图、平台平面图、舱底平面图从不同方向反映了船舶总体布置情况，它们之间保持着对应的投影关系，参照对应的总布置图可以明确燃油系统相关的舱室、设备的对应船体坐标。

### 4. 全船总布置图的特点

（1）船舶由于本身使用上的特点，配备各种机械装置、设备等，而总布置图是全船总体布置的基本图样，内容繁多且涉及面广，图纸幅面又不能过大，因此，总布置图一般都采用小比例来绘制。

（2）为了图面清晰而内容详尽，总布置图中通常不标注具体尺寸。需要时，可按比例从图中量取。机械、设备、用具的精确尺寸由设备明细表或其他专用图样提供，设备、用具等在船长方向的定位尺寸由肋位号确定，船宽方向的定位尺寸以中线面为基准，用比例尺在图中直接量取，船深方向的定位尺寸由其所在的甲板、平台确定。

（3）全船总布置图中还对机械、设备、用具、门、窗、扶梯等采用了形象化的图形符号，以保证图面清晰。图形符号的尺寸没有具体规定，画图时，需要根据欲表达的设备、家具等的外形尺寸按比例绘制。标准中规定的基本图形符号还可以与其他图形符号组合使用。凡是国家标准中未提到的各种特殊设备等，可用与其实际形状相似的图形符号来表示。

## 二、机舱布置图识读

船舶动力装置生产设计是在详细设计的基础上，根据产品建造方针和规格书、详细设计相关图样、管路附件的标准和样本图、有关的设备资料及相关的公约、规范、规则和工艺文件等，绘制管路走向图和综合布置图；并绘制基座零件图、管子零件图、管子支架图、管子腹板图、管子开孔图、托盘管理表、管材汇总表、附件汇总表和密性试验清册等,为管子加工与安装及物资采购和生产计划安排提供主要技术依据。作为设备最多、管路类型最复杂的机舱,其动力装置生产设计是综合性极强的部分。作为动力装置生产设计依据的机舱布置图的识读直接影响了整个动力装置生产设计的质量。某船舶机舱布置图如图 6-1-1 所示。

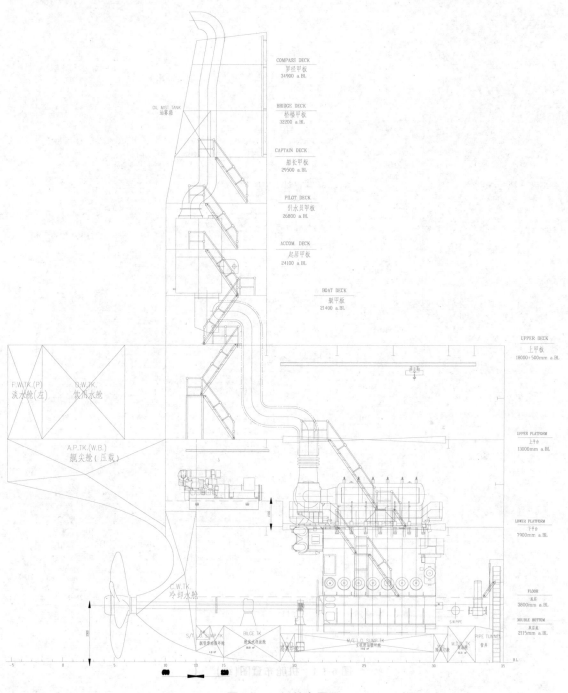

图 6-1-1 机舱布置图

下平台
LOWER PLATFORM

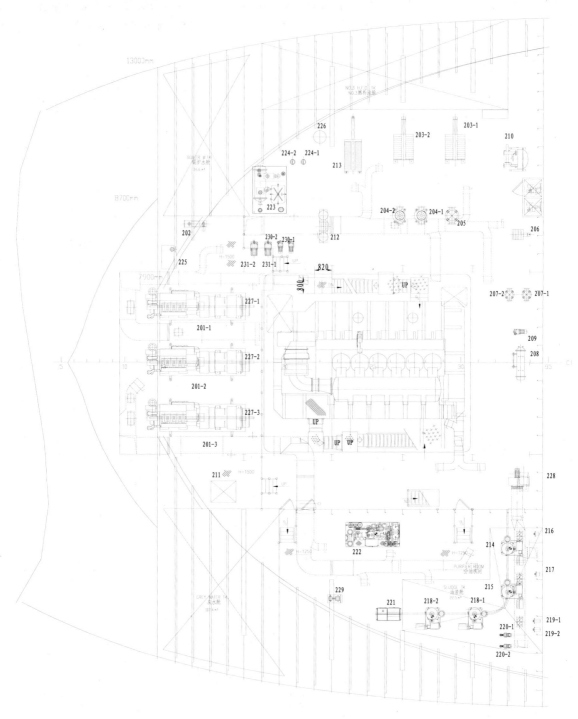

图 6-1-1　机舱布置图(续)

**1. 机舱区域布置的特点**

(1)机舱区域比较狭小，主机、辅机、管系、通风等其他设备和舾装件较多，综合布置难度大，特别是内底至花钢板之间的区域内，设备、管路相对集中，综合布置难度大，设绘时间较长。

(2)对设绘机舱综合布置工作的人员素质要求高，不但要有相当扎实的专业理论知识，而且必须具备一定的实践经验。

(3)机舱综合布置是各专业密切配合协调的产物，各专业的详细设计一定要满足综合布置的进度要求，尽可能与综合布置同步进行，以减少设计返工。

(4)机舱综合布置包括主甲板、内底及各层平台布置，应尽量将管路集中在上甲板及各层平台之下。内底以上、平台以上的管路则可分为单元组装和船内组装两种形式进行布置。所以，布置尽可能集中，以提高单元组装、分段总装率。

(5)对于机舱综合布置中绘制的船体结构、机电设备、管路、通风管路、电气设备、主干电缆及其他铁舾装件等，其中有的可以根据具体综合布置的实际情况作一些相应的调整和移位，而有的则不可调整和移位，如主机、轴系、发电机、锅炉、主配电板等大型的固定设备及这些设备的基座，还有主要的船体结构等。其余的如管路、通风管路、泵设备、油箱水电气设备、主干电缆、其他设备基座、梯子、花钢板、各种支架等都可以根据布置的实际情况进行相应调整。

**2. 机舱布置图的主要内容**

(1)船体结构轮廓。
(2)主机、轴系、发电机、锅炉等大型机械设备。
(3)各种辅机、油水箱柜、热交换器、各种压力容器等。
(4)主要电气设备。
(5)管系、管系附件、阀件的布置。
(6)通风设备及通风管路等。
(7)主干电基本走向。
(8)地板、格栅、梯子、栏杆等交通装置。
(9)主机、发电机的吊车、吊梁、各种设备等。
(10)各种机械设备、电气设备泵、油箱水柜等的基座。
(11)管路、通风管路的固定支架。
(12)分段预装、单元组装的范围及编号等。

根据综合布置的实际情况，上述内容中有的可以进行适当地调整和移位，如管路、通风管路、泵、油箱水柜、电气设备及一些铁舾件等，而主机、轴系、发电机、锅炉等大型固定设备及其基座一般不可调整和移位。

**3. 机舱布置图的识读**

机舱布置图属于详细设计范畴，作为船舶动力装置生产设计的重要依据，其识读的主要目的是确定机舱的结构，明确详细设计中对于机舱相关设备的位置设计，便于根据其位置特性进行机舱设备基座布置及相关管路系统生产设计，从燃油系统生产设计的角度进行分析。机舱布置图需要识读的内容如下：

(1)机舱 $X$ 方向位置(起始肋位坐标)。
(2)机舱 $Z$ 方向位置(甲板层高坐标)。
(3)机舱设备坐标。在确定机舱设备坐标时，应参照多个视向的对应关系确定其船体坐标。

根据详细设计图纸所示，燃油系统需要确定的设备包括主机、柴油发电机组、主辅机燃油单元、燃油分油机供给泵、燃油分油机加热器、燃油分油机单元、可移动柴油泵。在对机舱布置图识读的过程中，应该确定这些设备的船体坐标，同时，机舱是全船设备最多、布置最为复杂的区域，在布置过程中也应参照其布置原则，以及其他管路系统设备的布置情况对船舶燃油系统进行综合考虑。

## 学生活动页

**燃油系统布置图识读**

| 学习领域 | 船舶动力装置生产设计 | 任务名称 | 船舶燃油系统生产设计 |
|---|---|---|---|
| 活动名称 | 布置图识读 | 建议学时 | |
| 学生姓名 | | 班级学号 | |
| 组别 | | 任务成绩 | |
| 活动描述 | 本活动通过引入某散货船总布置图、机舱布置图的案例，对其进行识读，确定燃油系统相关舱室、设备的位置坐标，为接下来的放样生产做准备。 ||||
| 活动目的 | 1. 掌握全船总布置图的基本构成。<br>2. 掌握全船总布置图识读的基本步骤。<br>3. 了解机舱布置图的基本构成。<br>4. 掌握机舱布置图识读的基本步骤。<br>5. 能够根据全船总布置图、机舱布置图确定燃油系统相关设备定位。<br>6. 能够准确构建船体腹板模型。<br>7. 培养学生分析问题、解决问题的能力。<br>8. 培养学生的沟通能力和团队协作精神。 ||||
| 活动重点 |||||
| 全船总布置图识读、机舱布置图识读 |||||
| 活动材料 || 学生知识与能力准备 |||
| ➤课件<br>➤微视频<br>➤某散货船总布置图纸资料<br>➤某散货船机舱布置图纸资料 || ➤使用CAD绘图的能力<br>➤正确识读CAD图纸的能力<br>➤正确查找规范的能力 |||
| 小组人员分工 | 1. 资料搜集<br><br>2. 实施方案确定<br><br>3. 实施<br><br>4. 存在问题整理 ||||

| | 一、某散货船总布置图识读 |
|---|---|
| | 1. 计划 |
| | |
| | 2. 实施步骤 |
| | |
| | 3. 数据整理 |
| | |
| 活动实施 | 4. 实施过程记录<br>4.1 数据记录 |

续表

活动实施（续）

燃油系统舱室定位表　　　　　　　　　　　　　　单位：mm

| 序号 | 舱室名称 | 舱室编号 | 定位位置坐标 |
|---|---|---|---|
| 1 | 第一燃油舱（左舷） | NO.1 H.F.O.TK | FR72—FR111,<br>+1 680 000;<br>H3—H4 |
| 2 | | | |
| 3 | | | |
| 4 | | | |
| 5 | | | |
| 6 | | | |
| 7 | | | |
| 8 | | | |
| 9 | | | |
| 10 | | | |
| 11 | | | |
| 12 | | | |

根据"船舶柴油机使用与维护"和"船舶管路系统与调试"课程相关内容，可以知道在船上燃油系统相关的舱室有燃油舱、燃料油日用舱、燃料油澄清舱、柴油日用舱、柴油澄清舱，根据全船总布置图所示，完成燃油系统相关舱室定位表。

续表

| | |
|---|---|
| 活动实施 | 4.2 注意事项<br>4.2.1 识读过程中应首先进行主要量度栏识读，然后进行燃油系统相关的全船总布置图各视图内容识读。<br>4.2.2 在进行燃油系统相关的全船总布置图各视图内容识读过程中，一般遵循自上而下、自左而右的顺序识读每一张视图。<br>4.2.3 原则上要求读完各层甲板、平台平面图后，最后读舱底平面图。<br>4.2.4 识读过程首先确定燃油系统相关船舱，再确定相关设备位置的顺序；逐次识读每一舱室、每一层甲板、平台上的机械设备、舱内用具、照明、门窗等内部设施的布置情况。<br>4.2.5 全船总布置图的侧面图、甲板平面图、平台平面图、舱底平面图从不同方向反映了船舶总体布置情况，它们之间保持着对应的投影关系。<br>4.2.6 参照对应的总布置图可以明确燃油系统相关的舱室、设备的对应船体坐标。<br>4.2.7 在识读过程中为了确定相关舱室的船体坐标允许参照多个视向图综合识读，而不按照一般顺序识读。 |
| | 二、机舱布置图识读 |
| | 1. 计划<br><br>2. 实施步骤<br><br>3. 数据整理<br><br>4. 实施过程记录<br>4.1 数据记录<br>根据机舱布置图，首先需要确定该艘散货船机舱的所在位置，然后依次确定机舱燃油系统相关设备的船体坐标，并完成下表数据的填写。 |

续表

| 活动实施 | 机舱肋位尺寸 | 机舱船体坐标表 | | 单位：mm |
|---|---|---|---|---|
| | | 开始肋位 | FR _____ | |
| | | | Dx _____ | |
| | | 终止肋位 | FR _____ | |
| | | | Dx _____ | |
| | 机舱甲板层高尺寸 | 根据船舶机舱侧视图完成下列数据表 | | |
| | | 层高 | 船体坐标 | 设备名称 |
| | | 层高1 | 2 115 mm，B.L. | 1. 主机基座<br>2. |
| | | 层高2 | | 1.<br>2. |
| | | 层高3 | | 1.<br>2. |

| | | 机舱燃油系统设备坐标表 | 单位：mm |
|---|---|---|---|
| 序号 | 设备名称 | 定位位置坐标 | |
| 1 | 主机 | FR：_____ FR：_____，Dy：_____ Hz：_____ | |
| 2 | 主辅机燃油单元 | FR：_____ FR：_____，Dy：_____ Hz：_____ | |
| 3 | 柴油发电机组 | FR：_____ FR：_____，Dy：_____ Hz：_____ | |
| 4 | 燃油分油机供给泵 | FR：_____ FR：_____，Dy：_____ Hz：_____ | |
| 5 | 燃油分油机加热器 | FR：_____ FR：_____，Dy：_____ Hz：_____ | |
| 6 | 燃油分油机单元 | FR：_____ FR：_____，Dy：_____ Hz：_____ | |
| 7 | 可移动柴油泵 | FR：_____ FR：_____，Dy：_____ Hz：_____ | |

根据燃油系统相关内容的学习，可以知道在船上燃油系统相关的设备有主机、柴油发电机组、主辅机燃油单元、燃油分油机供给泵、燃油分油机加热器、燃油分油机单元、可移动柴油泵。根据机舱布置图所示，完成燃油系统相关设备及单元的定位表。识读获得的船体坐标数据，用以指导接下来的设备及基座的生产设计。

4.2 注意事项

4.2.1 应首先进行机舱位置确定，然后进行燃油系统相关的设备定位的机舱布置图各视图内容识读。

4.2.2 在进行燃油系统相关的设备定位的机舱布置图各视图内容识读过程中，一般遵循自上而下、自左而右的顺序识读每一张视图。

4.2.3 原则上要求在识读阶段只确定相关设备位置，不能对设备位置做出调整。

4.2.4 随着单元化造船模式的出现，机舱越来越多地出现各类单元模块，例如，在该艘散货船的燃油系统中出现了燃油分油单元等，这类单元的出现要求只识别单元的位置，不需要另行对单元内相关设备的位置坐标进行识读。

4.2.5 机舱布置图的侧面图、甲板平面图、平台平面图、舱底平面图从不同方向反映了船舶总体布置情况，它们之间保持着对应的投影关系。

4.2.6 参照对应的机舱布置图可以明确燃油系统相关的设备的对应船体坐标。

4.2.7 在识读过程中为了确定相关设备的船体坐标允许参照多个视向综合识读，而不按照一般顺序识读。

4.2.8 识读的所有设备应以设备中心线或者设备安装基座的位置为定位坐标。

续表

| 存在问题 | |
| --- | --- |
| 活动测试 | 简答题<br><br>1. 简述全船总布置图的构成。<br><br>2. 简述全船总布置图的识读步骤。<br><br>3. 简述机舱布置图的构成。<br><br>4. 简述机舱布置图的识读步骤。<br><br>5. 机舱布置图中与燃油系统相关的设备有哪些？<br><br>6. 全船总布置图中与燃油系统相关的舱室、设备有哪些？ |

续表

| 活动测试 | 7. 机舱布置图的零号肋位是如何定义的？<br><br>8. 民用船舶肋位定义为什么从负号肋位开始？<br><br>填空题<br><br>1. 全船总布置图中可以了解船舶上层建筑形式、_____、设备、门窗、通道等的布置情况。<br>2. 全船总布置图包括_____、甲板平面图、平台平面图、_____，主要用来表示船体外形轮廓和上层建筑形式、舱室的划分和机械设备的布置等。<br>3. _____在全船总布置图中是主视图。<br>4. 识读全船总布置图时可以_____，自左而右的顺序识读每一张视图。<br>5. 首先从侧面图开始，读完后再读各层_____，最后读_____。<br>6. 民用船舶肋位号从_____开始，到_____为止。<br>7. 船舶机舱布置图中，随着船舶生产方式的变革，出现了越来越多的_____。<br>8. 在船舶机舱布置图中，船舯原则上为_____。<br>9. 机舱布置图中燃油系统相关设备及单元有主机、可移动柴油泵、_____、_____、燃油分油机供给泵七组。 |
|---|---|
| 任务评价 | 自我评价：1. 通过本任务学习，我学到的知识点和技能点有：_____。存在问题有：_____。<br>2. 在本次工作和学习的过程中，我的表现可得到：<br>□优　□良　□中　□及格　□不及格 |
| | 小组互评 |
| | 教师评价 |

## • 拓展知识

### 船体坐标

#### 一、船体坐标定义

要确定一个物体在空间的位置，就必须确定它的坐标值。要确定其坐标值，就必须有坐标基准面。由于船体建造的特殊性，其内部的所有结构与设备，为了获得统一的位置定位方式，而出现了船体坐标系。由于各国的习惯不同，船舶坐标系统的建立也不同。

**1. 将原点取在基线中点的艏向坐标系统**

坐标系统将原点取在基线中点，$X$ 轴指艏向，$Y$ 轴指右舷，$Z$ 轴垂直向上，如图 6-1-2 所示。

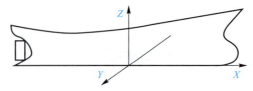

图 6-1-2　将原点取在基线中点的艏向坐标系统

该坐标系中舯前为正，舯后为负，左舷为负，右舷为正。

**2. 将原点取在基线中点的艉向坐标系统**

坐标系统将原点取在基线中点，$X$ 轴指艉向，$Y$ 轴指右舷，$Z$ 轴垂直向上，如图 6-1-3 所示。在这一坐标系统中，舯前为负，舯后为正；右舷为正，左舷为负；船体垂直向上，各点均为正值。日本造船和航海各领域常使用这一坐标系统。

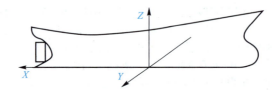

图 6-1-3　将原点取在基线中点的艉向坐标系统

**3. 将原点取在基线与舵杆中心线交点的艏向坐标系统**

将原点取在基线与舵杆中心线的交点上，$X$ 轴指艏向，$Y$ 轴指右舷，$Z$ 轴垂直向上，如图 6-1-4 所示。在这一坐标系统中，舵杆中心线之前为正，舵杆中心线之后为负；右舷为正，左舷为负；船体垂直向上，各点均为正值。英美造船和航海各领域常使用这一坐标系统。

图 6-1-4　将原点取在基线与舵杆中心线交点的艏向坐标系统

**4. 我国船体坐标系**

我国船体坐标系的原点仍取在基线与舵杆中心线的交点上，$X$ 轴指艏向，但是 $Y$ 轴指左舷，$Z$ 轴垂直向上。在这一坐标系统中，舵杆中心线之前为正，舵杆中心线之后为负；左舷为正，右舷为负。

(1) 纵向基准面。我国民用船舶肋位线的号码自船艉舵杆为"0"号起依次向船艏方向增大。船舶肋位线一般用"FR"表示（英文 FRame 缩写），肋位号后面的值就是纵向坐标值。

例如,"FR25+100"表示在 25 号肋位向船艏 100 mm 处(在 25 号与 26 号肋位之间)。又如"FR25-200"表示在 25 号肋位向船艉 200 mm 处(在 24 号与 25 号肋位之间)。在某肋位向船艏方向处,需在尺寸数前标"+",在某肋位向船艉方向处,须在尺寸数前标"-"。肋位号码也可在号码数左上方标"♯",例如 FR25 可以写成 ♯25。

(2)横向基准面。为了确定管路(子)在船上左舷或右舷的坐标,通常以船体的纵中剖面作为横向基准面。在详细设计图纸中标注管子距中尺寸时,无论管子在左舷还是在右舷,均可用"中×××"来表示。但是动力装置生产设计的零件图、安装图,管子两端安装位置中的横向坐标值一定要用"中+×××"或"中-×××"来表示,"+"表示在左舷,"-"表示在右舷。如左中 500,则表示该管子中心在船的左侧,距船中心线 500 mm。

(3)高度基准面。通常以船体的基线平面作为高度基准面。基线平面是确定管路在高度方向坐标的起始平面,用 H 表示各层平台符号见表 6-1-1。

表 6-1-1 各层平台符号

| 序号 | 船体结构名称 | 符号 | 序号 | 船体结构名称 | 符号 | 序号 | 船体结构名称 | 符号 |
|---|---|---|---|---|---|---|---|---|
| 1 | 船体基线 | H | 7 | 上甲板 | 上 | 13 | 救生艇甲板 | 丁 |
| 2 | 内底板 | 内 | 8 | 桥楼甲板 | 桥 | 14 | 驾驶甲板 | 加 |
| 3 | 花钢板 | 花 | 9 | 起居甲板 | 已 | 15 | 罗经甲板 | 罗 |
| 4 | 平台甲板 | 平 | 10 | 遮阳甲板 | 日 | 16 | 甲板上面 | + |
| 5 | 下平台甲板 | 下平 | 11 | 游步甲板 | 由 | 17 | 甲板下面 | - |
| 6 | 上平台甲板 | 上平 | 12 | 露天甲板 | 天 | 18 | 下甲板 | 下 |

在机舱内,由于基线平面看不见摸不着,可以平行于基线平面的内底板、花钢板或平台甲板作为高度基准面。由于内底板不同部位的钢板厚度不一致,规定一律以内底板的下边线为高度基准面。花钢板、平台甲板则以其上边线为高度基准面。大型船舶的甲板层次较多,有桥楼甲板、起居甲板、遮阳甲板、驾驶甲板、罗经甲板等,根据管系放样要求,可以直接将这些甲板平面作为高度基准面。为了简化标注,也为了使各层甲板或平台的标注有所区别,可以在高度值前面加注不同基准面的符号。如"花 H-200",则表示该管路在花钢板以下 200 mm 处;"内 H+300",则表示该管路在内底板以上 300 mm 处等。船舶各层甲板或平台符号见表 6-1-1。

## 二、船体坐标识读

根据图 6-1-5 所示,按照国内船体坐标系的定义,可以明确知道以下内容:
(1)该艘船舶的起始肋位号为-5 号肋位。
(2)从 FR-5 开始,到 FR13 为止,其肋距为 600 mm。
(3)机舱于 FR13 开始,到 FR36 为止,整个机舱的肋距统一为 820 mm。
(4)该船 FR0 为基线与舵轴中心线交点。
(5)该船的轴系中心线距基线 3 300 mm;其中主机位于船艏位置,其 Dy:0 mm;只需确定其肋位距离与距基线距离即可。
(6)不同机舱位置布置的设备均可按照其中心位置定位其船体坐标。

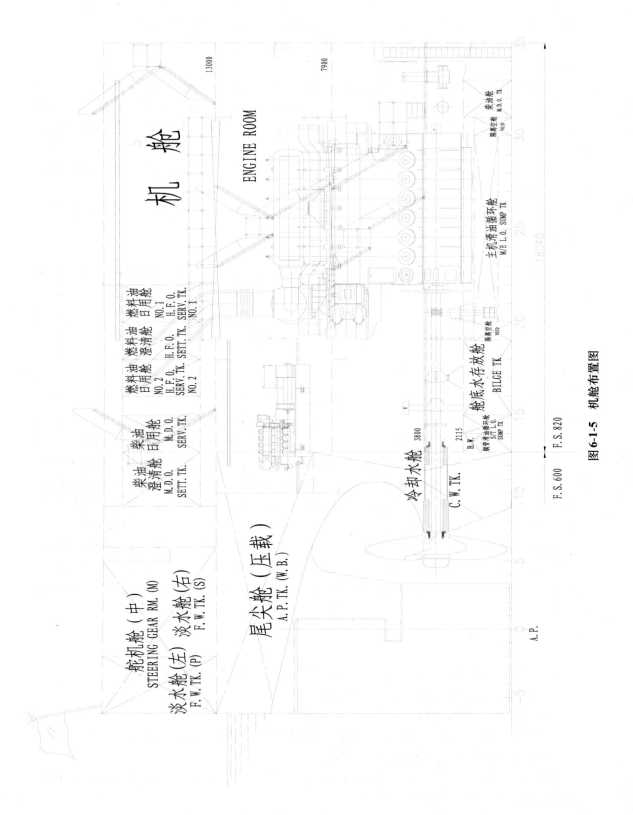

图 6-1-5 机舱布置图

## 活动 6.2　燃油系统设计规范查读

### 📋 活动引擎

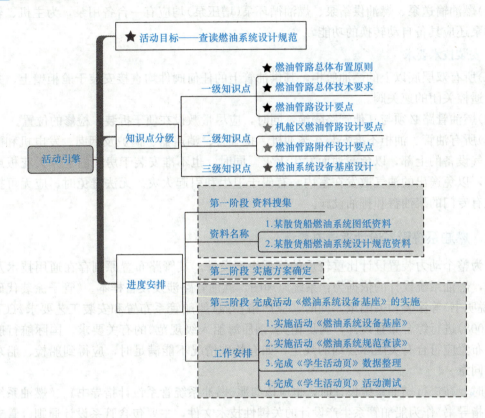

### 🧰 知识充电站

　　燃油系统相关动力装置的生产设计是在详细设计的基础上，根据产品建造方针和规格书、详细设计相关图样、管路附件的标准和样本图、有关的设备资料及相关的公约、规范、规则和工艺文件等，绘制管路走向图和综合布置图；并绘制管子零件图、管子支架图、管子腹板图、管子开孔图、托盘管理表、管材汇总表、附件汇总表和密性试验清册等，为管子加工与安装及物资采购和生产计划安排提供主要技术依据。

　　根据对船舶总布置图、机舱布置图的识读，已经明确整个船舶燃油系统的相应舱室、设备单元的位置坐标，为了能够进行燃油系统生产设计，要提前查读燃油系统管路布置相关的规范及设计指导书等，确保在接下来的燃油系统生产设计中，管路、支架、铁舾件等的设计在符合通用要求的前提下又能满足燃油系统本身的特殊性。作为主要设备都安装在机舱的一类系统，燃油系统的相关管路设置也应考虑机舱管路布置的特殊性，满足机舱管路布置要求。

## 一、燃油管路总体布置原则与安装技术要求

### 1. 布置原则

(1)燃油系统应保证在任何工况下都能正常地为柴油机或其他用油设备供应燃油,为此,它的布置原则应保证船舶在较长时间内横倾15°和纵倾15°的情况下,整个系统都能正常工作。

(2)燃油输送泵、燃油供给泵、燃油循环泵(增压泵)均应有一台备用泵,为主机、辅机服务的泵还应具备自动转换的功能。

### 2. 安装技术要求

(1)所有双层底以上的燃油舱柜,其供油管上的任何阀件均直接安装于舱柜壁上,并采用可以遥控关闭的速关阀。

(2)燃油管路必须与其他管路隔绝,同时,应尽量敷设在便于拆装、检修的位置。

(3)所有油管、油柜不准安装在柴油机、排气管、消声器、锅炉及烟囱、发电机和配电板等电气设备的上部,以免漏油而发生火灾。同时,也不准安装于房间的上方天花板或围壁板内,以免逸出的油气散发在室内,有碍于卫生和引起火灾。无法避免时,应无可拆接头或设有专门的聚油盘和排油设施。

## 二、燃油系统管系设计指导书查读

作为整个动力装置设计比重较重的管系生产设计,其管路布置原则存在通用技术及工艺要求,燃油系统设计的依据为:系统原理图、燃油管路涉及设备样本、《管子涂装代码》、《涂装说明书》等涂装相关图纸,同时,应严格参照《船舶管系布置和安装工艺要求》(CB/Z 345—2008)进行综合布置设计,满足相关《钢质海船入级规范》的有关要求。国际航行船舶的管系布置应符合有关国际公约的规定,如有特殊情况不能满足时,应得到船检、船东等部门的同意。

同时,在进行燃油系统设计时,也应该参照《燃油系统管系设计指导书》。《燃油系统管系设计指导书》作为船舶管系生产设计的关键性技术文件,主要包含管系设计通则、管支架设计通则、出图设计通则、58 000 t散货船设计要点。其中,管系设计通则、管支架设计通则、出图设计通则均参照活动4.2。58 000 t散货船设计要点包含管路设计要点、机舱区管路设计要点、货舱及甲板区管路设计要点、上层建筑区管路设计要点、管路附件设计要点五部分。其中,燃油系统相关规定如下。

### 1. 燃油管路设计要点

(1)燃油舱柜的空气管、测量管、溢流管、注入管及液压管一般不允许穿越居住舱室。如特殊情况不可避免时,则不得设置可拆接头,并必须做好保护措施。

(2)燃油舱内连接螺栓表面处理为烤蓝,舱内管支架的卡环、螺母表面处理为磷化。液位遥测系统中的不锈钢连接件使用不锈钢螺栓。

(3)在加热油舱壁上布的管路应考虑绝缘的厚度。

(4)管子穿过舱壁或甲板,应根据舱室耐火隔堵典型节点,如图6-2-1所示,布置通舱件管路。

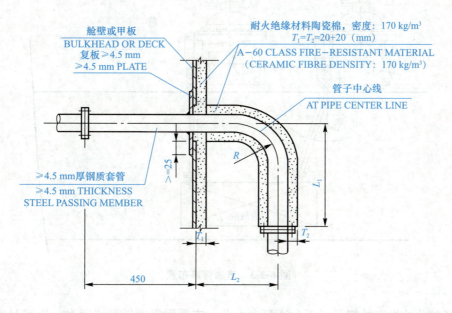

注：
1. $L_1+L_2+(\pi/2-2)R \geqslant 450$ mm，绝缘长度$\geqslant 450$ mm；
2. 管子穿过A-0级舱壁或甲板时，不包敷耐火绝缘材料；
3. $T_1=T_2$

图 6-2-1　管路穿舱壁节点图

(5)在油柜顶板上部及机控室顶板上部空间布管时，要考虑到是否便于检修，且不应将肋板上所有人孔都布置管路，应留有用于检修的通道，通向检修通道的舱壁上应留有安装直梯的空间，如图 6-2-2 所示。

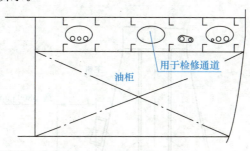

图 6-2-2　油舱顶管路布置

(6)发电机马达顶部不准敷设水管、油管及蒸汽管。如不可避免时，应不设可拆接头，或采用有效防止油、水漏入发电机马达的布置方法。消火栓的布置应尽量远离配电箱、马达及电气设备。

(7)油舱的空气头应设置在安全处所，并应考虑到是否留有安装围栏的位置。

### 2. 机舱区燃油管路设计要点

(1)燃油分油机、滑油分油机附近管尽量要集中布置安装，渣油泄放管尽量保持垂直，如图 6-2-3 所示。

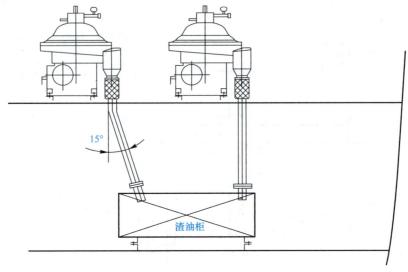

图 6-2-3　渣油管路布置

(2)穿过分油机室的管子，不允许开自由孔，应采用贯通件形式通过，以满足舱室防火及相关要求。

(3)穿过油头试验间的管子，不允许开自由孔，应采用贯通件形式通过，以满足舱室防火及相关要求。

(4)穿过机修间的管子，不允许开自由孔，应采用贯通件形式通过，以满足舱室防火及相关要求。

(5)分油机室、油头试验间的管子在布置时应考虑舱壁绝缘。

(6)花钢板下主机四周布置管路时，应留有足够的安装及检修通道，原则在 800 mm 以上，如图 6-2-4 所示。

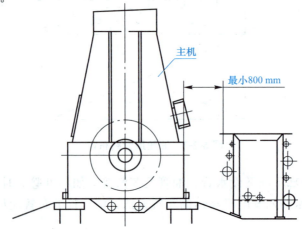

图 6-2-4　花钢板下管路距主机距离

(7)主机艉轴上方不应有横跨于艉轴上方布置的燃油管路。

(8)机舱的燃油滤器布置要利于维修。

(9)油水分离器排舷外管路应远离阴极防护区。

**3. 燃油管路附件设计要点**

(1)燃油管路中阀、旋塞及滤器的安装,应设置在便于操作的地方。手轮操纵的最佳位置参照图 6-2-5。

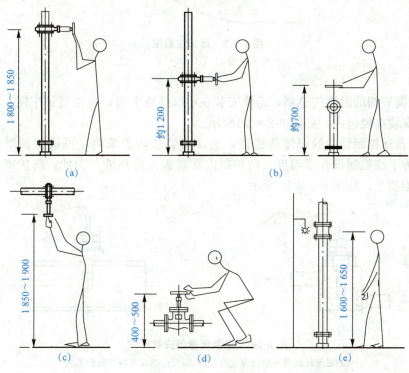

图 6-2-5 阀门高度(mm)

(a)向上操纵阀柄时;(b)向前操纵阀柄时;(c)向顶操纵阀柄时;(d)弯蹲式操纵阀柄时;(e)液位观察安装位置

(2)各种阀件、滤器等附件应尽量布置在明处,以便于操作和维修。

(3)当阀和阀并排布置时,手轮的间距在 30 mm 以上。

(4)花钢板下阀门如果布置在通道下方时,其手轮操作应距花钢板下 50~80 mm,且在其对应的花钢板上开孔并设置活络盖板。

(5)花钢板下的阀件如果布置在非通道处时,手轮的高度可高出花钢板上,如图 6-2-6 所示。主海水阀及应急海水吸入阀的手轮应延长到花钢板 460 mm 以上,如图 6-2-7 所示。

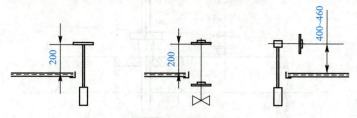

图 6-2-6 花钢板非通道处手轮(mm)

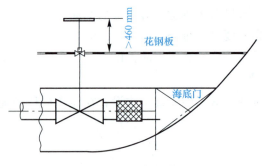

图 6-2-7　延长位置图

(6) 温度调节阀的温度传感器，若要安装在小口径管上时，应在管子中做一个温包，将温度传感器安装在温包内，如图 6-2-8(a)所示。

(7) 温度自动控制器中的温度传感器，通常安装在防护罩内，再将防护罩安装在管子上。同时，为了准确测量介质温度，防护罩内常常装入传热液。为此，防护罩在管子上的安装方向必须朝上，如图 6-2-8(b)所示。

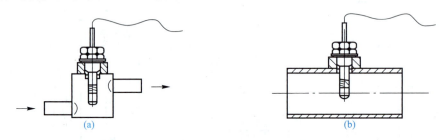

图 6-2-8　温度传感器安装形式
(a)温度传感器安装在温包内；(b)温度传感器安装在防护罩内

(8) 温度自动控制器应安装在通风良好、不易潮湿同时振动又小的场所。

(9) 测量点开孔的位置应按图纸要求施工，如无规定时，应选择在管道的直管段上开孔，因为在直管段内，被测介质的流束呈直线状态，最能代表被测量介质的参数。另外，在选择开孔位置时，若压力测孔和温度测孔在同一地点时，压力测孔应开在温度测孔的前面，如图 6-2-9 所示，以免因温度计使流体产生涡流而影响取压。

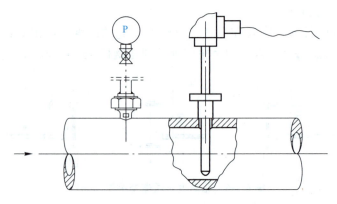

图 6-2-9　测量点开孔位置

(10) 温度调节阀的出口管上的温度计应距离温度调节阀的出口法兰 1.5 m 以上，如图 6-2-10 所示。

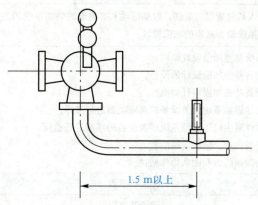

图 6-2-10　温度计与出口法兰的距离

(11) 阀件的布置要遵循系统介质流动的方向与阀体上的箭头方向一致的原则。

(12) 所有阀件的布置，不但要便于操作，还要留有就地拆解、检修、维护时所需的必要空间，如图 6-2-11 所示。

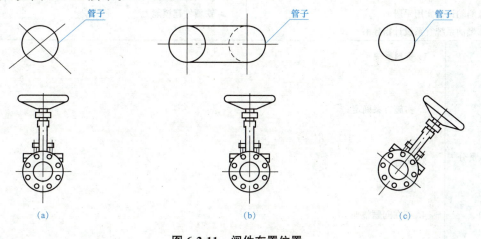

图 6-2-11　阀件布置位置

(13) 燃油滤器及阀的布置不但要考虑清洗滤器是否方便，还应注意到在打开滤器盖时，系统内的介质不得通过滤器大量溢出。

(14) 燃油管路布置完成后，在管子小票生成前，需要进行碰撞干涉检查，检查管子与设备、基座、船体、电缆、风道等模型是否相互干涉，从而避免碰撞的发生。

### 🧰 学生活动页

**燃油系统设计规范查读**

| 学习领域 | 船舶动力装置生产设计 | 任务名称 | 船舶燃油系统生产设计 |
|---|---|---|---|
| 活动名称 | 燃油系统设计规范查读 | 建议学时 | |
| 学生姓名 | | 班级学号 | |

续表

| 组别 | | 任务成绩 | |
|---|---|---|---|
| 活动描述 | 本活动通过引入某散货船的案例，根据活动6.2确定的燃油系统相关设备情况，参照铁舾件设计原则，来确定燃油系统设备基座的加强设计。 | | |
| 活动目的 | 1. 掌握燃油系统基座加强设计原则。<br>2. 明确需要进行基座加强设计的设备。<br>3. 了解不同设备基座加强设计类型。<br>4. 能够对主机等燃油系统相关设备的基座类型进行选择。<br>5. 能够使用软件对主机等燃油系统相关设备的基座进行建模。<br>6. 培养学生分析问题、解决问题的能力。<br>7. 培养学生的沟通能力和团队协作精神。 | | |
| 活动重点 | | | |
| 设备基座设计 | | | |
| 活动材料 | | 学生知识与能力准备 | |
| ➤课件<br>➤微视频<br>➤《船舶管系布置和安装工艺要求》(CB/Z 345—2008)<br>➤《船舶设计实用手册》<br>➤《燃油系统管系设计指导书》 | | ➤使用CAD绘图的能力<br>➤正确识读CAD图纸的能力<br>➤正确查找规范的能力<br>➤铁舾件建模能力 | |
| 小组人员分工 | 1. 资料搜集<br><br>2. 实施方案确定<br><br>3. 实施<br><br>4. 存在问题整理 | | |
| 活动实施 | 设备基座设计<br>1. 计划<br><br>2. 实施步骤 | | |

续表

| | |
|---|---|
| 活动实施 | 3. 实施过程记录<br>3.1 设备等级确定<br>根据《机舱装专业设计指导书》，首先需要确定该艘散货船燃油系统相关设备有哪些，按照指导书中规定的设备等级对该船设备进行等级确定，并完成以下表格的填写。<br><br>燃油系统设备等级确定<br><br>| 序号 | 设备名称 | 设备等级 |<br>|---|---|---|<br>| 1 | 主机 | |<br>| 2 | 主辅机燃油单元 | |<br>| 3 | 柴油发电机组 | |<br>| 4 | 燃油分油机供给泵 | |<br>| 5 | 燃油分油机加热器 | |<br>| 6 | 燃油分油机单元 | |<br>| 7 | 可移动柴油泵 | |<br><br>3.2 设备基座加强设计<br>根据《机舱装专业设计指导书》对于不同设备基座的加强要求，确定下列设备是否需要进行加强设计，并根据指导书要求，选择不同设备对应的加强设计并完成下列表格的填写。<br><br>燃油系统设备基座加强设计确定<br><br>| 序号 | 设备名称 | 是否加强 | 基座类型 |<br>|---|---|---|---|<br>| 1 | 主机 | | |<br>| 2 | 主辅机燃油单元 | | |<br>| 3 | 柴油发电机组 | | |<br>| 4 | 燃油分油机供给泵 | | |<br>| 5 | 燃油分油机加热器 | | |<br>| 6 | 燃油分油机单元 | | |<br>| 7 | 可移动柴油泵 | | | |
| 存在问题 | |

续表

| | 简答题 | |
|---|---|---|
| 活动测试 | 1. 燃油系统基座加强设计的原因是什么？<br><br>2. 燃油系统基座类型有哪些？<br><br>3. 主机选择的基座类型是什么？<br><br>4. 燃油泵选择的基座类型是什么？ | |
| | 填空题 | |
| | 1. 发电机马达顶部不准敷设水管、_____及蒸汽管。如不可避免时，应不设可拆接头，或采用有效防止油、水漏入发电机马达的布置方法。消火栓的布置应尽量远离配电箱、马达及电气设备。<br>2. 油舱的空气头应设置在_____，并应考虑到是否留有安装围栏的位置。<br>3. _____、滑油分油机附近管尽量要集中布置安装，渣油泄放管尽量保持垂直。<br>4. 在加热油舱壁上布置的管路应考虑_____。<br>5. 管子穿过舱壁或甲板，应根据舱室耐火隔堵典型节点图，布置_____。 | |
| 任务评价 | 自我评价 | 1. 通过本任务学习，我学到的知识点和技能点有：_____。<br>存在问题有：_____。<br>2. 在本次工作和学习的过程中，我的表现可得到：<br>□优　□良　□中　□及格　□不及格 |
| | 小组互评 | |
| | 教师评价 | |

## 活动 6.3　燃油系统生产设计

### 活动引擎

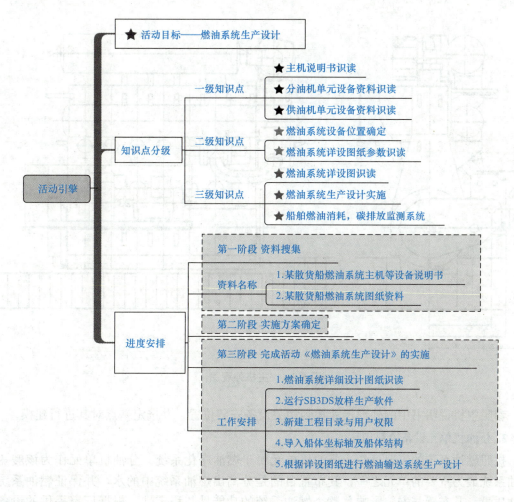

### 知识充电站

根据之前的学习，已经明确燃油系统相关的船舱位置、设备位置、设备基座类型，该活动主要针对设备的模型建立展开学习。进行燃油系统生产设计的前提是已经完成船舶的初步设计和详细设计，并且已经开始船体的生产设计，船体结构模型已初步构建完成。船舶管路系统的生产设计原则上应于船体结构模型上进行设计，同时，由于完整的显示船体结构模型无法进行位置准确的管路系统生产设计，在进行设备及基座建模前，应保留机舱甲板等燃油系统相关甲板结构，而将遮挡视线的其余船体结构模型设置为隐藏模式。

## 一、燃油系统设备说明书识读

### 1. 主机说明书识读

根据机舱详细设计图纸,主机的安装位置基本已确定,在现阶段再次查读《主机说明书》最为主要的目的是根据设备厂商提供的设备模型,确认设备外部轮廓尺寸及相关管路接口的位置,为进一步开展燃油系统管路放样提供条件。如图 6-3-1 所示为主机外观图。

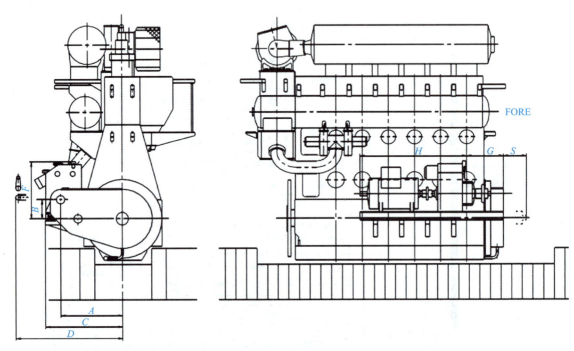

图 6-3-1 主机外观图

参照主机说明书中的外形尺寸找到相关设备安装位置,并选定基点对其进行建模。

### 2. 分油机单元设备资料识读

按照燃油系统的工况可知,分油机单元属于燃油净化系统。分油机单元作为该艘船舶燃油系统最为重要的单元之一,其布置目的是分离出燃油系统中的水,并保证燃油系统的供油质量,其布置与安装影响着整个燃油系统的功能性与稳定性。根据厂家提供的设备资料,应该明确分油机单元工作原理、设计图纸、管路连接端口情况等内容,以保证设计的燃油系统生产成果能够正常运行。

(1)分油机单元工作原理。图 6-3-2 中对分油机单元的工作原理进行了具体解释,并明确规定了分油机单元设备的连接位置,以及其连接的管路的尺寸与材质,应根据图中所示的管径进行管系放样设计。以分油机杂质排出口为例,其连接的管路公称通径为 50 mm,其排出的杂质根据说明书所示为代码 221、222,根据图册中的代码注释排出物为杂质与水,其排放的目的地为沉淀舱。该控制单元内所有相关的管路对应连接的管路公称通径的大小,均在该图纸中,在进行综合布置图绘制前应予以考虑。

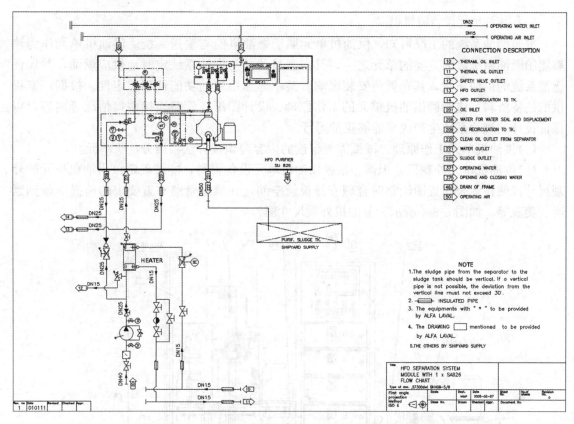

图 6-3-2 分油机单元工作原理图

(2)分油机外观尺寸识读。根据分油机单元设备资料,能够确定该分油机的外观尺寸以便在综合布置图绘制时合理安排设绘空间,在满足管路布置要求的前提下做到紧凑、美观等。

在该图纸中,已经明确规定了分油机单元内设备管路的设置情况与安装位置,在进行放样生产的过程中,应严格按照其说明书中所绘制的尺寸进行建模。

(3)分油机单元模型的构建。在开始进行模型引入前,应先将船体结构模型引入该工程的管系放样项目中,然后将燃油系统的设备基座构建到对应船体坐标位置,再参照设备厂商提供的分油机单元实体模型、三维模型进行构建,如图 6-3-3 所示。

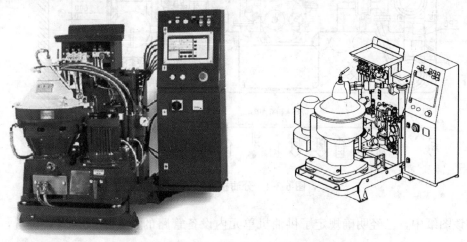

图 6-3-3 分油机单元实体模型、三维模型进行构建

### 3. 供油机单元设备资料识读

按照燃油系统的工况可知，供油机单元属于燃油供给与输送系统。供油机单元作为该艘船舶燃油系统最为重要的单元之一，其布置目的是为燃油系统定时地供应燃油，并保证燃油系统的供油质量，其布置与安装影响着整个燃油系统的功能性和稳定性。根据厂家提供的设备资料，应明确供油机单元的工作原理、设计图纸、管路连接端口情况等内容，以保证设计的燃油系统生产成果能够正常运行。

(1)供油机单元工作原理。图纸需要识读的内容与识读方法参照分油机单元。

(2)供油机单元外观尺寸识读。根据供油机单元设备资料，能够确定该供油机单元的外观尺寸以便在综合布置图绘制时合理安排设绘空间，在满足管路布置要求的前提下做到紧凑、美观等。如图 6-3-4 所示为分油机外观尺寸图。

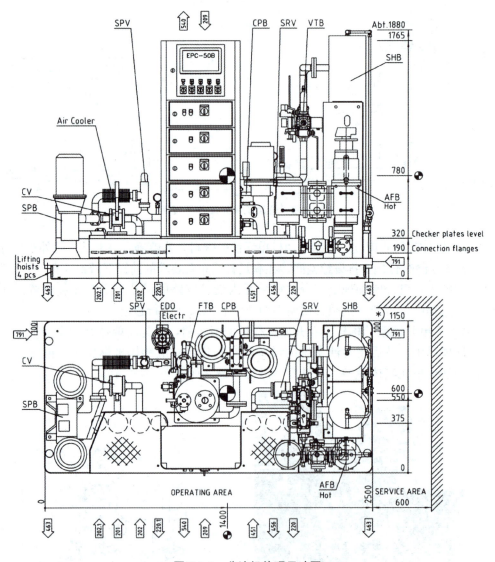

图 6-3-4 分油机外观尺寸图

在该图纸中，已经明确规定了供油机单元内设备管路的设置情况与安装位置，在进行放样生产的过程中，应严格按照其说明书中所绘制的尺寸进行建模。在供油机单元的技术资料里也包含该供油机单元的设备模型，如图 6-3-5 所示。

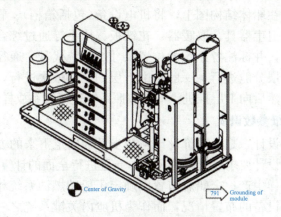

图 6-3-5　供油机单元的设备

## 二、燃油系统设备位置确定

根据附图 2 全船总布置图、机舱布置图实施成果，遵循燃油系统设备布置的规则，参照燃油系统设备资料对其进行设备定位建模，在布置过程中应将船体结构设置为隐藏。

在进行设备布置时，应充分考虑设备安装与维护的方便性、管路安装的可操作性、设备安装端口位置的合理性，并要求按尽量缩短设备间的管路长度原则以最短距离进行设计。机舱是设备涵盖最为复杂、品类最为全面的区域，其燃油系统布置得紧凑才能为其他系统节约空间，降低综合布置难度，提高生产设计质量与效率。

在进行设备布置的过程中，应按照先主机、后单元、最后设备的顺序依次进行布置，使用设备调入船体结构时，应保证其船体坐标的准确性。以主机为例，主机模拟安装位置的船体坐标应保证主机轴系中心线与船舯重合；安装位置在考虑基座高度的前提下应参照机舱布置图中主机位置数据进行布置。图 6-3-6 所示为经过隐藏船体结构的机舱主要设备布置建模。

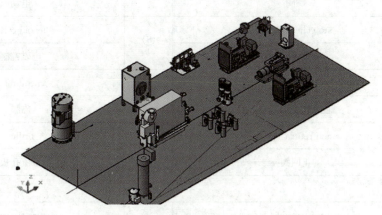

图 6-3-6　机舱主要设备布置建模

### 三、燃油系统详细设计图纸识读

管系综合布置图是在船体结构图上，将机电设备（包括箱柜）、管系、排烟管、主干电缆、通风装置、家具、卫生器具、取暖器、花铁板、扶手等通过综合平衡，分区域按比例综合布置在一张图纸上，并标注各系统的位置尺寸、系统代号、通径（或外形）尺寸。管系放样可按系统或区域分层分舱进行，一般是由下层到上层依次进行，即先从机舱双层底到花铁板这个区域开始，然后向上层推进。下面按照系统进行管系放样设计。

**1. 燃油系统详设图纸参数识读**

详细设计又称技术设计，是对报价设计与初步设计确定下来的方案进行相关的设计计算，如管路系统的详细设计要求对管路的尺寸、布置进行全面的计算，并绘制管路原理图，以指导接下来的管路放样生产；全船总布置图确定了船舶燃油系统相关油舱的位置，机舱布置图确定了机舱主要设备的布置情况，而作为机舱内关键系统之一的燃油系统在进行绘制管系综合布置图前需要确定每根管路的管径、壁厚、材质等具体数据，这些数据均来自燃油系统详细设计图纸，见附图3、附图4燃油管系原理图。其主要内容如下：

（1）管路及附件图形符号表。这类表的出现是为了解释说明详细设计图纸中不同图形符号对应的含义，管路及附件图形符号表中不仅涉及截止阀这类通用附件的图形代码，还包含了传感器、指示器等附件的图形代码，见表6-3-1。

表6-3-1 管路及附件图形符号表

| 符号 | 名称 | 符号 | 名称 |
|---|---|---|---|
|  | stop valve / 截止阀 |  | hose valve / 软管阀 |
|  | stop valve, angle type / 直角截止阀 |  | remote control / 遥控 |
|  | butterfly valve / 蝶阀 | M | electric motor / 电动 |
|  | stop check valve / 截止止回阀 | S | solenoid control / 电磁控制 |
|  | stop check valve, angle type / 直角截止止回阀 |  | membrane / 隔膜 |
|  | non return valve / 止回阀 |  | orifice / 节流孔板 |
| sensor 传感器 | | | |
| PS | pressure switch / 压力开关 | PT | pressure transmitter / 压力变送器 |

续表

| 符号 | 名称 | 符号 | 名称 |
|---|---|---|---|
| (TS) | temperature switch<br>温度开关 | (TT) | temperature transmitter<br>温度变送器 |
| (LS) | level switch<br>液位开关 | (LT) | level transmitter<br>液位变送器 |
| (FS) | flow switch<br>流量开关 | (PDS) | pressure diff. switch<br>压差开关 |
| indicator 指示器 | | | |
| (PI) | pressure indicator<br>压力指示器 | (LI) | level indicator<br>液位指示器 |
| (TI) | temperature indicator<br>温度指示器 | (VI) | viscosity indicator<br>黏度指示器 |

在详细设计图纸中，并不会出现完整、准确的设备（如截止阀、盲板法兰等附件及连接件）结构，而多采用指代符号代替，这一方法不仅降低了绘图的难度，还能保证图面的清晰与准确，但是，对于主机、柴油发电机等燃油管路较为复杂的设备，详设图纸中必须构建设备轮廓，以便进一步标注设备的燃油进出口，如图 6-3-7 所示。

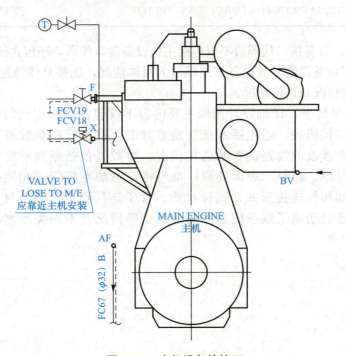

图 6-3-7 主机设备的接口

虽然图 6-3-7 中对主机的外轮廓只进行了简单绘制,但是准确绘制了设备上的燃油进油口、回油口等安装接口,其不仅是燃油系统相关接口结构,而且主机设备的所有对外连接口都在图中显示出来,这种绘制方式,能够保证设计者在参照设备资料的基础上合理布置不同系统管路与主机设备的对接准确性、合理性。

(2)设备接口代码表。观察图 6-3-7 可以看到,在主机设备的接口处,出现了 F、X、BV 等字母,这些字母代表的含义参照燃油系统详细设计图纸中的设备接口代码表(表 6-3-2)进行解读。

表 6-3-2 设备接口代码表

| SYM.<br>代号 | DESCRIPTION<br>说明 | |
|---|---|---|
| | MAIN ENGINE | 主机 |
| F | FUEL OIL OUTLET | 燃油回油口 |
| X | FUEL OIL INLET | 燃油进口 |
| AE | FUEL OIL TO F.O. DRAIN TANK | 燃油泄放 |
| AF | CLEAN FUEL OIL TO OVERFLOW TANK | 燃油回油至溢流舱 |
| AV | DRAIN TO SCAV. AIR BOX DRAIN TK. | 主机扫气箱泄放 |
| BV | STEAM INLET FOR DRAIN SCAV. AIR BOX | 扫气箱蒸汽进口 |

在图 6-3-7 中,设备接口代码表不仅包括主机设备接口代码,还包含辅机设备、主机燃油供油单元。参照设备说明书及设备三维模型的具体情况,能够具体地把握燃油系统生产设计中管子的布置情况与连接情况。

(3)系统管路参数表。详细设计图纸主要内容不仅包括以上提到的管路及附件图形符号表、设备接口代码表,还包括系统管路参数表。系统管路参数表主要说明的是该详细设计图纸中所涉及的管路的参数选用情况,参数既包括燃油系统管子本身的参数数据,如管径、壁厚、材料、表面处理;也包括与燃油系统管子相连接的阀件、连接件的参数数据,如阀件连接形式、阀件材质、管子连接形式、垫片材质;并且,在系统管路参数表中已经明确了该系统管路的液压试验情况及不同类型燃油管系的管路等级参数,见表 6-3-3。

表 6-3-3 系统管路参数表 管路系统说明 SPECIFCATION OF PIPING SYSTEM

| 用处 SERVICE | 液体(设定) FLUID(DESIGN) | | 管子 PIPE | | | | 阀 VALVE | | | 管子连接 PIPE CONN. | | 管子附件 PIPE FITT | 垫片 GASKET | 螺栓和螺母 BOLT&NUT | 液压试验 HYD. TEST/MPa | | 备注 REMARK |
|---|---|---|---|---|---|---|---|---|---|---|---|---|---|---|---|---|---|
| | 压力 PRESS /MPa | 温度 TEMP /℃ | 口径 NOMDIA /mm | 皮厚 THK /mm | 材料 MATL | 处理 TREAT MENT | 材料 MATERIAL | | 连接 形式 CONN TYPE | 形式 TYPE | 标准 FLG ST'D | | | | 车间 SHOP | 船上 SHIP | |
| | | | | | | | 本体 BODY | 阀盘 DISC | | | | | | | | | |
| 燃油日用管 F.O. SERVICE PIPE | 1.6 | | 80 | 5.5 | 无缝钢管 SMLSS ST | 酸洗 ACID PICK-LED 串油 CLEAN WITH F.O. | 铸钢 CAST STEEL | 不锈钢 STAN-LESS STEEL | 法兰 FLA-NGE | 法兰 FLA-NGE | ISO | | 非石棉 C4430 | | 2.4 | 2.4 | Ⅱ级 CLASS Ⅱ |
| | | | 65 | 5.0 | | | | | | | | | | | | | |
| | | | 50 | 4.0 | | | | | | | | | | | | | |
| | | | 40 | 4.0 | | | | | | | | | | | | | |
| | | | 32 | 3.5 | | | | | | | | | | | | | |
| | | | 25 | 3.5 | | | | | | | | | | | | | |
| | | | 20 | 3.5 | | | | | | | | | | | | | Ⅲ级 CLASS Ⅲ |
| | | | 15 | 3.5 | | | | | | | | | | | | | |
| | | | 10 | 3.0 | | | | | | | | | | | | | |
| 锅炉燃油日用管 BOILER F.O. SERVICE PIPE | 1.6 | | 40 | 4.0 | | | | | | | | | | | 2.4 | 2.4 | Ⅱ级 CLASS Ⅱ |
| | | | 25 | 3.5 | | | | | | | | | | | | | |
| | | | 20 | 3.5 | | | | | | | | | | | | | |
| | | | 10 | 3.0 | | | | | | | | | | | | | |
| | | | 25 | 3.5 | | | | | | | | | | | | | |

原则上,在详细设计中已经确定的参数数据最好不要更改,一旦在后续的生产设计中做出调整,则必须进行对详细设计送审图纸的二次送审。

(4)特殊结构设计与技术要求。在详细设计图纸中,一般需要对特殊设计的结构进行说明,在该安装详细图纸中,明确规定了不同管径的燃油管路其选用的吸入口安装的具体位置要求,$DN$ 为 80 mm 的燃油管子,其连接的吸口位置应选择距离基准面(油舱下甲板)20 mm 的位置安装,这类说明为接下来的燃油管系生产设计提供了具体位置数据,如图 6-3-8 所示。

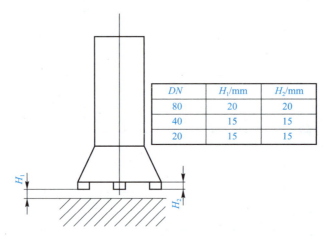

图 6-3-8 吸入口安装详图

燃油系统详细设计图纸中还会规定针对该系统的技术要求,例如,该案例中对于燃油系统的技术要求有:重燃油管均设置蒸汽伴行管,并包扎热绝缘,发电机燃油进出口阀应能够从不会因发电机失火而无法靠近的位置操作;管子制作安装参照相关标准。同时,在技术标准说明中也会规定燃料油管、柴油管、蒸汽伴行管绘制线条形式和颜色,以便对接下来的详细设计图纸的识读。

### 2. 燃油系统详设图识读

在进行燃油系统详设图识读前,首先应明确详细设计图纸上的燃油系统所属工况,如图 6-3-9 所示,燃油系统工况为燃油供给工况。在该工况下,燃油供给系统将经过净化后符合要求的燃油存放在日用油柜中,再由燃油供给泵或靠油自身的重力,经过滤器过滤后,提供给主柴油机、辅柴油机和辅锅炉等使用所需的管路与设备。本案例采用齿轮泵和螺杆泵作为供油泵。由燃油日用柜及柴油日用柜流出的燃油经燃油回油集油筒→粗滤器→(流量计)→燃油供给泵→雾化加热器→黏度计装置→细滤器→(自清滤器)→主机。

根据主机说明书的规定,该案例船舶主机使用的燃油类型为劣质燃油,为保证良好的流动性和燃烧性,对雾化提出了一些技术要求,即必须对燃油加热,提高油温,保持必要的黏度。黏度计装置的作用是根据燃油黏度来控制通到雾化加热器中的蒸汽量。当燃油黏度变大时,黏度计装置发出信号,使蒸汽调节阀开大,增加通至雾化加热器中的蒸汽量,提高燃油温度使黏度降低。使用轻柴油时则不必经过雾化加热器及黏度计装置,而是通过旁通管路直接进入主机。在回油集油筒上设有透气管,它可以保证回油经过时不断地排除燃油中的气体。自燃油或柴油日用柜流出的燃油(柴油)还可供柴油发电机组燃用;辅锅炉用的燃油,利用锅炉燃油泵经过滤器从锅炉日用油柜吸入后经电磁阀等燃烧装置供入辅锅炉燃油。

该案例中的船舶主机等设备选用的高黏度的燃油,为保证良好的雾化,其燃油的预热温度设置较高。燃油加热温度提高后,在燃油供油系统中将产生汽化或空泡,影响使用性能。为防止出现沸腾汽化,该详细设计图纸要去燃油供给系统采用加压式燃油供油系统,即在原有的燃油系统中从燃油日用柜至燃油供给循环油路之间增加一台低压输送泵,组成低压回路,维持压力在 0.5 MPa 左右,回路通过一个缓冲装置连到燃油日用柜,缓冲装置的作用是使进入主机的多余燃油回油及补偿燃油温度。高压循环泵输送燃油到柴油机喷油泵,途经雾化加热器、黏度计及细滤器等。柴油机喷油泵进口处的燃油压力应为 0.8 MPa 左右,相当于燃油循环泵的输出压力(1 MPa)。这样的压力,足以确保在燃油系统中即使油温加热到 150 ℃也不会产生汽化和空泡。

燃油系统的详细设计图纸一般包括输送、净化、供给等工况,还包括燃油管系原理图、燃油管系镜框图等。以燃油输送工况为例,在识读燃油供给系统详设图过程中应包含的识读信息有设备连接情况、机舱连接情况、管路基本走向、连接管路基本参数四类信息。在确定这些数据过程中也应参照燃油管系原理图内容进行识读。

首先,识读燃油输送管系镜框图(附图 5)。根据先货舱后机舱的顺序依次确定船舶管系放样生产的相关参数与数据。燃油输送管系镜框图中燃油舱部分,从 FR35 开始为货舱布置位置,在货舱中与燃油输送系统相关的舱室有:NO.2-2(左舷/右舷)、NO.2-1(左舷/右舷)、NO.1-3(左舷/右舷)、NO.1-2(左舷/右舷)、NO.1-1(左舷/右舷)。该系统中燃油进出使用同一管路,根据燃油系统管路穿过舱壁的设计要求,在 FR35 位置设计挡水圈结构,以达到密封要求;作为货舱燃油主管路的管子,其公称通径 200 mm,负责分别将燃油排送至燃油相关舱室;图 6-3-9 显示,每一个燃油舱都设计安装了 TAH、TAL、LAH、LAL 仪器,以保证燃油舱这类相对危险性高的舱室能够安全运行。

再次,按照设计要求完成燃油输送管系镜框图其余部分的全面识读。具体识读步骤与相关数据记录准确填写进该任务的学生活动页。根据初步的燃油输送管系镜框图识读,接下来按照同样的方法与要求进行船舶燃油管系原理图、燃油系统输送图的识读,并完成相应学生活动页的内容填写。

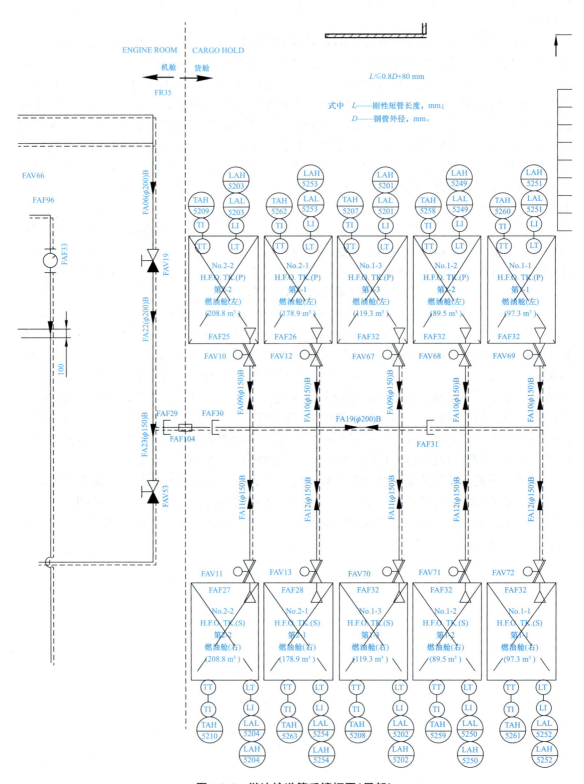

图 6-3-9 燃油输送管系镜框图(局部)

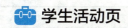 **学生活动页**

## 燃油系统生产设计

| 学习领域 | 船舶动力装置生产设计 | 任务名称 | 船舶燃油系统生产设计 |
|---|---|---|---|
| 活动名称 | 燃油系统生产设计 | 建议学时 | |
| 学生姓名 | | 班级学号 | |
| 组别 | | 任务成绩 | |
| 活动描述 | 本活动通过引入某散货船的案例,根据活动 6.1 确定的燃油系统相关设备情况,活动 6.2 确定的燃油系统设备基座的加强设计情况,参照燃油系统详细设计图,最终进行燃油系统生产设计。 ||||
| 活动目的 | 1. 掌握燃油系统设备说明书识读原则。<br>2. 掌握燃油系统详细设计图纸内容。<br>3. 了解燃油系统详细设计图纸识图方法。<br>4. 能够对主机等燃油系统相关设备的位置进行确定。<br>5. 能够对燃油系统详细设计图纸进行准确识读与参数确认。<br>6. 能够进行燃油系统管系生产设计。<br>7. 培养学生分析问题、解决问题的能力。<br>8. 培养学生的沟通能力和团队协作精神。 ||||
| 活动重点 ||||
| 燃油系统管系生产设计 ||||
| 活动材料 || 学生知识与能力准备 |||
| ➤课件<br>➤微视频<br>➤《钢质海船入级规范》<br>➤《船舶设计实用手册》<br>➤《燃油系统管系详细设计图册》 || ➤使用 CAD 绘图的能力<br>➤正确识读 CAD 图纸的能力<br>➤正确查找规范的能力<br>➤管子建模能力 |||
| 小组人员分工 | 1. 资料搜集<br><br>2. 实施方案确定<br><br>3. 实施<br><br>4. 存在问题整理 ||||

续表

| 活动实施 | 燃油系统生产设计(以 57800 DWT 散货船的燃油输送系统为例) |||||
|---|---|---|---|---|---|
| | 1. 计划 |||||
| | 2. 实施背景<br>根据活动 6.1 全船总布置图、机舱布置图实施成果,遵循燃油系统设备布置的规则,参照燃油系统设备资料对其进行设备定位建模,在布置过程中应将船体结构设置为隐藏。形成机舱设备布置模型图如图 6-3-7 所示。 |||||
| | 3. 实施过程记录<br>3.1 燃油系统详细设计图纸识读<br>3.1.1 油舱连接管路参数确定<br>根据《燃油系统详细设计图册》,以燃油管路输送系统这一工况为例,进行生产设计。首先,需要确定该艘散货船燃油系统相关油舱管路连接情况,并完成以下表格的填写。 |||||
| | 燃油系统油舱连接管路参数确定(货舱) |||||
| | 序号 | 管路名称 | 管路参数 | 连接油舱 | 连接附件 |
| | 1 | FA10(支管路) | DN150 | NO.1-1(左舷) | FAV69 |
| | 2 | FA12(支管路) | DN150 | NO.1-1(右舷) | FAV72 |
| | 3 | | | | |
| | 4 | | | | |
| | 5 | | | | |
| | 6 | | | | |
| | 7 | | | | |
| | 8 | | | | |
| | 9 | | | | |
| | 10 | | | | |
| | 11 | FA19(主管路) | | | FAF30、FAF31、FAF104 |
| | 3.1.2 连接管路参数确定(FR35 至燃油输送泵)<br>然后,完成燃油输送管路系统机舱部分油舱及管路参数确定,机舱管路参数与走向确定按照从管子 FA19 开始的顺序,顺时针依次推进,并完成下列表格相关数据记录。 |||||
| | 燃油系统油舱连接管路参数确定(机舱) |||||
| | 序号 | 管路名称 | 管路参数 | 连接附件 | 附件名称 |
| | 1 | FA20(主管路) | DN200 | FAF29、FAF104 | 法兰、挡水圈 |

续表

| | 2 | FA23 | DN150 | FAV53 | 截止止回阀 |
|---|---|---|---|---|---|
| | 3 | FA07 | DN150 | FAV53 | |
| | 4 | FA38 | | FA40 | |
| | 5 | FA37 | | FAV17、FAF34、PV | |
| | 6 | | | | |
| | 7 | | | | |
| | 8 | | | | |
| | 9 | | | | |
| | 10 | | | | |
| | 11 | | | | |
| | 12 | | | | |
| | 13 | | | | |
| | 14 | | | | |
| | 15 | | | | |
| | 16 | | | | |
| | 17 | | | | |
| | 18 | | | | |
| | 19 | | | | |
| 活动实施 | 20 | | | | |
| | 21 | | | | |
| | 22 | FA47 | | | |

在完成该部分详细设计图纸识读的过程中，应明确不同功能的管路在燃油输送系统中的连接方式、附件选用情况、舱室两节情况、通舱情况，并在上表中准确记录，以便接下来的生产设计能够准确遵循详细设计图纸参数，尽量保证生产设计的总体质量。但是，在详细设计阶段，由于缺乏设备、船体结构、机舱铁舾件结构的立体模型，在管路系统放样生产过程中，也会发现详细设计的不合理之处，原则上允许改变设计图纸，但必须随之更改相应系统详细设计图纸内容并集中二次送审。

3.1.3 连接管路参数确定(燃油输送泵至各油舱)

从燃油输送泵而来的油主要经过分离、净化进而驳运至各类油舱中(附图 5 燃油输送管系原理图)，根据图纸，完成下列表格的填写。

连接管路参数确定(燃油输送泵至各油舱)

| 序号 | 管路名称 | 连接附件及名称 | 管路参数 | 连接舱室 |
|---|---|---|---|---|
| 1 | FA47 | | | 否 |
| 2 | FA55 | FAF29、FAV26 | | 燃油澄清舱 M. D. O. SETTL. TK |
| 3 | | | | |
| 4 | | | | |
| 5 | | | | |
| 6 | | | | |
| 7 | | | | |
| 8 | | | | |
| 9 | | | | |

续表

| | | | | | |
|---|---|---|---|---|---|
| 活动实施 | 10 | | | | |
| | 11 | | | | |
| | 12 | | | | |
| | 13 | | | | |
| | 14 | | | | |
| | 15 | FA14 | | | 柴油储存舱 M.D.O.TK. |

3.1.4 甲板部分连接管路参数确定

从燃油输送泵而来的油主要经过分离、净化进而驳运至各类油舱中(附图5)，燃油的注入与排出的工作过程均通过上述图纸所示的上甲板对岸接头设备完成，在该管路系统中采用的阀件为双向阀件，以保证其功能完全。详设图纸所示，分为左右弦两组系统，左舷设备又分为两套设备，已保证在使用过程中的安全稳定性。根据图纸，完成下列表格的填写。

甲板部分连接管路参数

| 序号 | 设备名称 | 附件 | 管路 |
|---|---|---|---|
| 1 | 燃料油注入与排出(左)<br>H.F.O. FILLING&OUTLET(P) | FAF02、FAF04、<br>FA FAV5、FAF60 | |
| 2 | | | |
| 3 | | | |
| 4 | | | |
| 5 | | | |
| 6 | | | |
| 7 | | | |
| 8 | | | |
| 9 | | | |
| 10 | | | |

3.2 运行 SB3DS 放样生产软件

步骤1

步骤2

步骤3

步骤4

3.3 新建工程目录与用户权限

步骤1

步骤2

步骤3

续表

| | |
|---|---|
| 活动实施 | 3.4 导入船体坐标轴及船体结构<br>　步骤1<br><br>　步骤2<br><br>　步骤3<br><br>　步骤4<br><br>　步骤5<br><br>3.5 根据详细设计图纸识读结果进行燃油输送系统生产设计 |
| 成果展示 | （生产设计图纸粘贴处） |

| | 续表 |
|---|---|
| 存在问题 | |
| 活动测试 | 简答题<br><br>1. 简述详细设计（技术设计）的概念。<br><br>2. 管路及附件图形符号表的出现目的是什么？<br><br>3. 分油单元的作用是什么？<br><br>4. 简述详细设计图纸的组成。<br><br>5. 如下图所示，查找燃油系统详细设计图纸，图中所示 F、X、BV、AF 分别代表什么意思？ 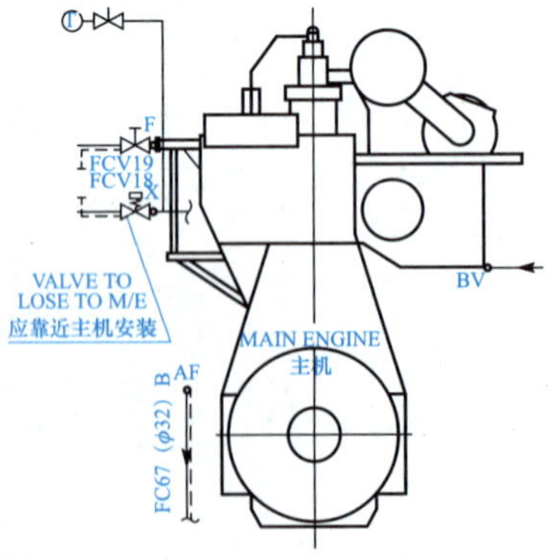 |

续表

| | | |
|---|---|---|
| 活动测试 | \multicolumn{2}{l|}{6. 该案例中的燃油管路设计特点是什么？} |
| | 填空题 1. 燃油系统的详细设计图纸一般包括_____、_____、_____等工况。 2. 由燃油日用柜及柴油日用柜流出的燃油经燃油回油集油筒→_____→（流量计）→_____→雾化加热器→_____→细滤器→（自清滤器）→主机。 3. 在进行设备布置时，应充分考虑设备安装与维护的_____，管路安装的_____，设备安装端口位置的_____。 4. 详细设计图纸主要内容包括管路及附件图形符号表、_____，也包括系统管路参数表、_____。 5. 管系放样可按系统或区域分层分舱进行，一般是由_____到_____依次进行，即先从_____到_____这个区域开始，然后向上层推进。 | |
| 任务评价 | 自我评价 | 1. 通过本任务学习，我学到的知识点和技能点有：_____。 存在问题有：_____。 2. 在本次工作和学习的过程中，我的表现可得到： □优　□良　□中　□及格　□不及格 |
| | 小组互评 | |
| | 教师评价 | |

• **拓展知识**

**船舶燃油消耗，碳排放监测系统**

《中国制造2025》将海洋工程装备和高技术船舶作为十大重点发展领域之一。更明确了船舶领域下一步发展的重点：实现产品绿色化、智能化及产品结构高端化。生产高技术、高附加值船舶，抓住技术复杂船型需求持续活跃的有利时机，快速提升LNG船、大型LPG船等产品的设计建造水平，打造高端品牌；突破豪华游轮设计建造技术；积极开展北极新航道船舶、新能源船舶等的研制。生产超级节能环保船舶，通过突破船体线型设计技术、结构优化技术、减阻降耗技术、高效推进技术、排放控制技术、能源回收利用技术、清洁能源及可再生能源利用技术等，研制具有领先水平的节能环保船，大幅降低船舶的能耗和排放水平。远洋航运是目前燃料消耗很大的一个行业，共计每年燃烧约2.5亿吨，向空气中排放约10亿吨二氧化碳。造成这种情况的主要原因是船体和水之间的高度阻力，这会不断减慢船的速度。有数据表明，拖动占能源消耗的比例可能高达90%。

## 一、测算船舶碳排放的原有方案

目前,国际海事组织(IMO)和欧盟委员会(EC)决定研究出一种准确测算船舶二氧化碳排放量的方法,对此航运业表示欢迎。负责为 IMO 进行的温室气体研究多基于自顶向下的数据而展开,该数据以一年为参照时间,采集不同船型船舶的燃油消耗估算值为主要数据来源。尽管这样的数据明显有失准确,但从当前来看,这些数据仍是最值得参考的,并被行业内人士广泛应用于各类有关船舶碳排放之于环保问题解决所做贡献的争论中。

目前进行的第三波研究将采用每艘船舶航次中的船上真实数据。这样,数据的可靠性将增强,但这需要找到一种测量和整理这些数据的万全之策。另外,为达到连续监控船舶碳排放的目的,该数据采集方案还要考虑纳入多套特定时间数据。此番研究的目的是在市场机制导向下使得排放过度的运力多为气候基金做贡献。

船舶燃料箱监测流程类似大部分船舶为掌控和评估航次效率而进行的每日燃油读取作业。与使用燃油交付单的方式相似,上述方法已经成为船舶航次中评估燃油消耗的部分规定程序。但是,该数据仍有待新的框架来确保数据真正被整理并使用。

另一种方案原理在于使用流量计来评估直接流入船舶引擎的燃油量。这种方式要求每艘船舶装载流量计,这必然增加船东成本,且船东还要费时费力地去校准仪器。另外,流量计的维修保养及更换成本很可能都要船东和运营商买单。尽管这种方案相较通过燃油交付单和燃料箱报告来判断船舶燃油消耗量要更准确,但并非所有的流量计都准确无误,也并非都适合安装在海运环境之中。另外,体积流量计并没有考虑到燃油温度和密度等变量,因此,流量计读取的数据有待进一步修正,只有这样,才能计算出燃油实际消耗和由此带来的二氧化碳排放量。

同样,直接测算船舶二氧化碳排放量也需要技术投入、数据的校准和验证及专业的信息技术支持来确保数据的准确采集、存储和传输。鉴于相关技术相对落后,二氧化碳排放量监测系统的出现为船东提供了新的选择。

## 二、KROHNE Marine 全新船舶燃油消耗和碳排放监测系统

KROHNE Marine 在 2017 年推出了新版 EcoMATE:用于燃油消耗监测的软件系统现在加入了监测和报告船舶的碳排放功能。该系统能帮助船员、运营方和船东用独立的集成软件工具来对所有船型的相关数据进行监测,该工具可自动计算和报告排放与能效数据。随着中国的船舶行业的快速发展,同时,对绿色环保、能效、智能的重视日益增加,这套系统已正式进入中国,为中国船舶行业的绿色发展保驾护航。

EcoMATE 符合欧盟关于监测、报告和验证二氧化碳排放的海上运输法规 2015/757(EU MRV),以及全球国际海事组织的船舶燃油消耗数据收集系统(IMO DCS),两者皆旨在减少航运产生的温室气体排放。

EcoMATE 包括燃油消耗监测模块、燃油加注验证模块、EU MRV 和 IMO DCS 模块及 EcoMATE 云端四个模块。

(1)燃油消耗监测模块用于连续测量和监测船上消耗的所有类型的燃油。系统从安装在发动机的供油和回油管线中的(科里奥利质量)流量计上读取数据,该数据显示并保存在控制室内,系统可以用该数据来监测燃油的当前用量和总使用量,如可以用来验证能效。

(2)燃油加注验证模块提供通过燃油加注管线所接收到的燃油量的监测、验证和记录功

能：EcoMATE可显示管线流量计的读数及加注过程的趋势图，如质量流量或（补偿的）体积流量、密度和温度。在记录和存储所有相关数据的同时，也可以打印所接收各类燃油的总量并附带密度验证的报告，还可以将数据发送到岸上的工作站。

（3）EcoMATE的EU MRV和IMO DCS模块可帮助船员、船东和运营方生成符合这些法规的排放报告。它还包含一系列特性，可以简化每航次或每艘船的日常运营和报告要求。

（4）EcoMATE云端是一个集中式网络报告工具，适用于运行EcoMATE系统的船只：来自其三个模块的数据自动传输到云端，系统会生成仪表板，用户可通过任何网页浏览器访问该仪表板对数据进行查看、下载或分析。例如，可以显示与每条船的燃油温度、速度和/或千瓦推力相关的燃油消耗或排放趋势。船舶可以在为期数月的同一航次中进行拆分比较，也可以容易地分析每条船的单个耗油设备的测量数据。

为了适应不同类型的船型，KROHNE Marine为EcoMATE提供更广泛的供货范围，包括工作站计算机、流量计、阀门、支持设备和服务等，具体取决于安装方式。

**学习笔记：**

# 任务 7　船舶压载水系统生产设计

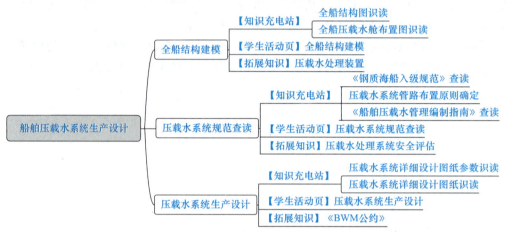

船舶由于燃料、淡水、补给等不断消耗，会出现整体上浮、吃水减小、中心位置偏高等情况，造成船舶稳定性差，船舶横摇频繁，使船员和乘员产生眩晕；同时受风面积增大，船舶倾覆的危险性就会加大；吃水浅，则螺旋桨和舵叶浸没深度减小，就会降低其工作效率。因此，为了保证船舶在行驶中的安全，在航行时会根据船舶装载状态进行压载水的装载和排放。本任务以全船总布置图和压载水系统详细设计原理图为参照，介绍和讲解压载水系统的布置目的、原则和位置等情况，进而进行压载系统生产设计。

通过本任务的学习，学生具体应达到以下要求。

## 一、知识要求

1. 了解压载水系统设计原则。
2. 熟悉压载水系统的布置原则。
3. 熟悉压载水系统建模主要内容。

## 二、能力要求

1. 能够掌握压载水系统识读方法。
2. 能够掌握压载水系统的布置原则。
3. 能够掌握压载水处理的方法及原则。
4. 能够掌握压载水系统设备建模方法。
5. 能够掌握压载水系统设备位置确定原则。
6. 能够掌握压载水系统详细设计图识读原则及方法。

三、素质要求
1. 具有爱岗敬业、实事求是、团结协作的优秀品质。
2. 具有规范操作、安全操作、环保意识。
3. 具有创新意识，获取新知识、新技能的学习能力。
4. 具有分析问题、解决实际问题的能力。

## 活动 7.1 全船结构建模

### 活动引擎

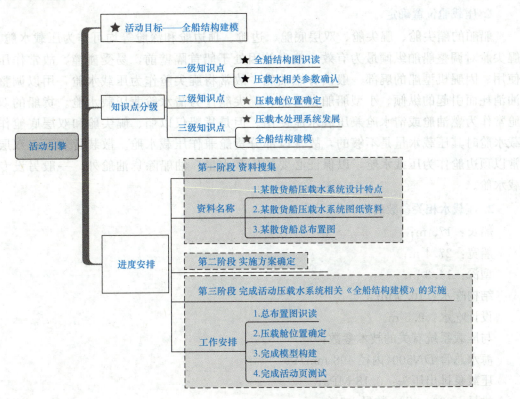

### 知识充电站

船舶在营运过程中，需要根据具体情况调整吃水、稳定性、横倾和纵倾。这一任务通过改变各压载水舱中的压载水量来完成。压载水管系就是向压载水舱注入或排出压载水，以达到：保持恰当的排水量吃水深度和船体纵横向平衡；维持一定的稳定性高度；减少船体过大的弯曲力矩，免受过大的剪切力；减轻船体因压载不当而引起的船体振动。压载系统的设计，应保证船舶在正常或倾斜状态下，均能及时有效地排出、注入或调拨各压载舱内的压载水；运输船舶的压载水量相当大，相当于船舶载质量的 40%～80%，因此要有足够的压载水舱。

全船总布置图集中地反映了船舶的技术、经济性能，是重要的全船性基本图样之一。

从全船总布置图中可以了解船舶上层建筑的形式及舱室、设备、门窗、通道等的布置情况。在进行全船质量和重心位置计算、船舶设备设计和结构设计时，全船总布置图是进行设计和计算的依据，也是绘制其他图样的依据，如各类设备、系统布置图，门、窗、扶梯布置图，木作、绝缘布置图等。全船总布置图在施工时，可作为具体施工的一张指导性图样。它能协调各机械、设备的相互关系，当它们之间发生矛盾时，以全船总布置图中的布置为准。另外，全船总布置图对船舶建造时的舾装工作具有重要的意义。因此必须正确识读船体总布置图。

在进行船舶压载水系统生产设计之前，首先应对全船总布置图进行识读，以明确船舶压载水舱、压载泵的布置位置，相关的设备布置的舱室位置，为下一步的压载水管系放样生产做准备。

具体识读顺序与方法见"活动 6.1 全船总布置图识读"。

**1. 压载舱位置确定**

船舶的艏尖舱、艉尖舱、双层底舱、边舱、顶边舱和深舱等均可作为压载水舱。艏、艉尖舱对调整船舶纵倾最为有效。艏尖舱因处于船首隔壁前，易受碰撞，故常作压载舱使用。因艉机型船的艉部一般设有燃油舱，故常将艉尖舱作为压载水舱，用以调整因燃油消耗而引起的纵倾。小型船舶常将艏、艉尖舱作为清水舱兼压载水舱。货船的双层底舱常作为燃油舱或清水舱兼压载水舱使用。但是货船仅以艏、艉尖舱和双层底舱作为压载水舱时其压载水量是不够的，故常以部分货舱兼作压载水舱。散装货船不仅双层底还常以顶边舱作为压载水舱，以保证必要的压载水量。油船除货油舱外，一般另设专用压载水舱。

**2. 压载水相关参数确认**

船长：175 m；

船宽：27.4 m；

型深：14.3 m；

结构吃水：10.9 m；

设计吃水：9.5 m。

与压载系统有关的技术参数：

海水总管 $DN500$（内径 498 mm）；

压载泵排出压头：0.18 MPa；

排量：330 m/h；数量：2 台；

压载管总管：$DN250$（内径 260 mm）；

压载总管到压载舱的支管：$DN200$（内径 207 mm），部分压载舱：$DN150$ mm（内径 150 mm）。

## 学生活动页

全船结构建模

| 学习领域 | 船舶动力装置生产设计 | 任务名称 | 压载水系统生产设计 |
|---|---|---|---|
| 活动名称 | 全船结构建模 | 建议学时 | |

续表

| 学生姓名 | | 班级学号 | |
|---|---|---|---|
| 组别 | | 任务成绩 | |
| 活动描述 | 本活动通过引入某散货船总布置图、机舱布置图的案例,对其进行识读,确定压载水系统相关舱室、设备的位置坐标,为接下来的放样生产做准备。 | | |
| 活动目的 | 1. 掌握压载水系统的作用和任务。<br>2. 了解压载水舱位置确定的要求。<br>3. 通过识读全船总布置图,学会确定压载水舱位置坐标。<br>4. 明确压载泵的布置位置和相关设备布置的舱室位置。<br>5. 了解压载水相关参数的确认。<br>6. 了解压载水系统在实际中的应用。<br>7. 培养学生识图、认图的能力。<br>8. 培养学生实事求是、团结协作的品质。 | | |
| 活动重点 | | | |
| 压载舱位置识读 | | | |

| 活动材料 | 学生知识与能力准备 |
|---|---|
| ➤课件<br>➤微视频<br>➤某散货船总布置图纸资料 | ➤使用 CAD 绘图的能力<br>➤正确识读 CAD 图纸的能力<br>➤正确查找规范的能力 |

| 小组人员分工 | 1. 资料搜集<br><br>2. 实施方案确定<br><br>3. 实施<br><br>4. 存在问题整理 |
|---|---|

续表

| | 压载舱位置确定 | | | |
|---|---|---|---|---|
| 活动实施 | 1. 计划<br><br><br>2. 实施步骤<br><br><br>3. 数据整理<br><br><br>4. 实施过程记录<br>4.1 数据记录 | | | |
| | 压载舱室定位表　　　　　　　　　　　　单位：mm | | | |
| | 序号 | 舱室类型 | 舱室名称 | 舱室编号 | 定位位置坐标 |
| | 1 | 底边舱 | 第一底边压载水舱（左舷） | NO.1　B.W.B.TK.(P) | |
| | 2 | | | | |
| | 3 | | | | |
| | 4 | | | | |
| | 5 | | | | |
| | 6 | | | | |
| | 7 | | | | |
| | 8 | | | | |
| | 9 | | | | |
| | 10 | | | | |
| | 11 | 顶边舱 | 第一顶边压载水舱（右舷） | NO.1　T.S.W.B.TK.(S) | |
| | 12 | | | | |
| | 13 | | | | |
| | 14 | | | | |
| | 15 | | | | |
| | 16 | | | | |
| | 17 | | | | |
| | 18 | | | | |

续表

| | |
|---|---|
| 活动实施 | 4.2 根据"船舶管路系统与调试"课程的压载水系统相关内容，可以知道在船上压载水系统相关的舱室不仅有底边舱、顶边舱，还包括艏尖舱、艉尖舱，通过识读附图2全船总布置图，完成艉尖压载水舱位置确定。 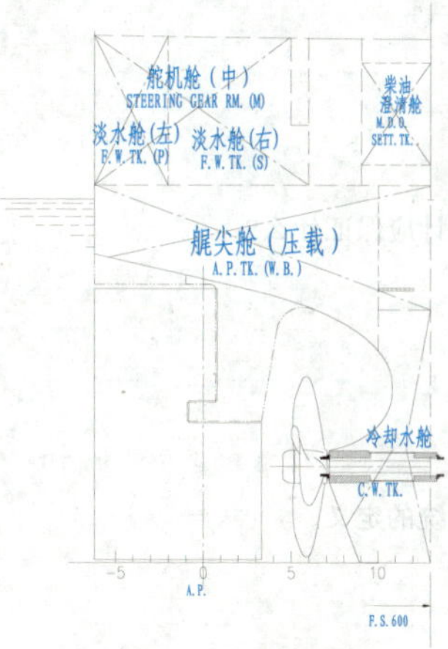<br><br>**艉尖压载水舱位置图1**<br><br>根据总布置图中所示数据对船舶压载水系统的艏尖舱进行机舱位置定位。 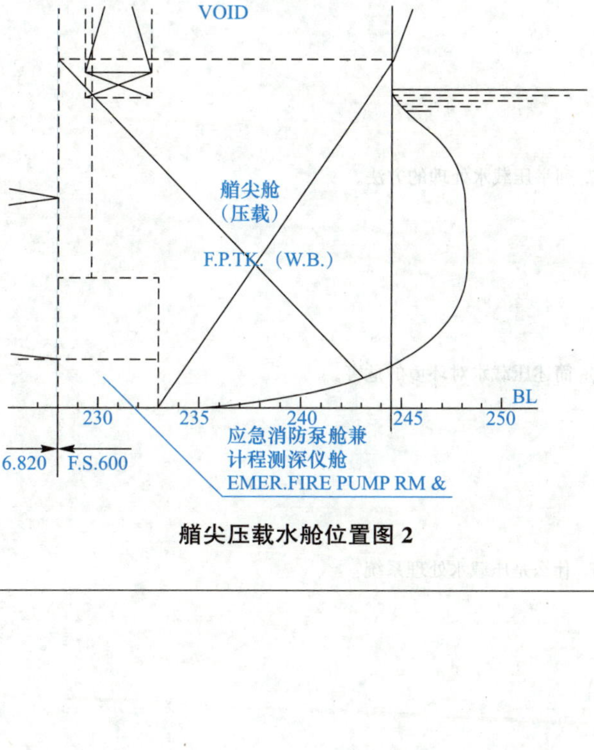<br><br>**艏尖压载水舱位置图2** |
| 存在问题 | |

续表

| | 简答题 |
|---|---|
| 活动测试 | 1. 列举可作为压载水舱的舱室。<br><br>2. 压载水系统设计应保证什么？<br><br>3. 简述压载水系统的定义。<br><br>4. 简述船舶压载水系统的组成。<br><br>5. 列举压载水处理的方法。<br><br>6. 简述压载水对环境的危害。<br><br>7. 什么是压载水处理系统？<br><br>8. 简述船舶压载水系统的管路布置的三种形式。 |

| | 续表 |
|---|---|
| 活动测试 | **填空题**<br>1. 压载舱中对调整船舶纵倾最为有效的舱室是_____和_____。<br>2. 压载系统的设计,应保证船舶在正常或倾斜状态下,均能及时有效地_____、_____或_____各压载舱内的压载水。<br>3. 在进行全船质量和重心位置计算、船舶设备设计和结构设计时,_____是进行设计和计算的依据。<br>4. 调整吃水、稳性、横倾和纵倾,是通过改变各_____中的_____来完成的。 |
| 任务评价 | **自我评价**<br>1. 通过本任务学习,我学到的知识点和技能点有:_____。<br>存在问题有:_____。<br>2. 在本次工作和学习的过程中,我的表现可得到:<br>□优 □良 □中 □及格 □不及格 |
| | **小组互评** |
| | **教师评价** |

## ● 拓展知识

### 压载水处理系统

对船舶进行压载最初的目的是保证船舶的安全性和稳定性,随着造船技术的发展,海水作为最方便的载体成为船舶最常使用的压载物。根据船舶营运的需要,对全船压载舱注入或排出压载水,可以调整船舶的吃水、船体纵横向的平稳及安全的稳定性高度;减少船体变形,避免引起过大的弯曲力矩和剪切力,降低船体振动;改善空舱适航性。

随着世界经济贸易的全球化发展,航运业对全球经济发展的巨大推动作用已被广泛认同。每年新增船舶数量及装载量的逐步提升,使得全球约八成的货物由船舶进行转运。但是航运业的快速发展,也使船舶压载水的"生物污染"问题日渐显现,且有全球蔓延的趋势。大量研究证实,船舶压载水是外来水生生物入侵的一个重要途径和载体。据 IMO 估计,每年世界船队约带着 100 亿吨压载水周游世界,有上万种有不同潜在危害的海洋微生物、植物及动物每天在全球"旅行"。这些异地水生物进入另一海洋环境后,其中部分生物种类对新的海洋环境的生态造成严重影响和破坏,甚至引发当地物种灭绝,给港口国家带来巨大的经济损失,进而也影响了当地的生态环境。

### 一、压载水处理系统特点

#### 1. 证书要求

压载水处理系统应持有必要的证书。

根据《国际船舶压载水和沉积物控制与管理公约》第 D-3 条规定,为符合本公约而使用的所有压载水处理系统必须由主管机关认可,使用活性物质的压载水处理系统还应由 IMO

根据其制定的程序认可。如对于采用机械法和/或物理方法的系统(没有使用活性物质),应持有经主管机关签发的型式认可证书;对于使用活性物质技术(化学处理法)的压载水处理系统,除需持有主管机关签发的型式认可证书外,还应通过IMO的基本认可和最终认可。

### 2. 处理技术

各个压载水处理系统都有其基本特性,这些特性可能会对特定类型、航线或压载水流量的船舶有一定影响,也对处理系统的适用性有一定影响。基本处理方法和技术可分为机械法(过滤或分离)、物理消毒法(紫外线照射、气穴现象、脱氧等)和化学处理法(抗微生物剂和药剂)。每种技术都有其自身特点,从而会影响对某条特定船舶的适用性。大多数处理系统都是采取上述技术的组合,以克服某一技术的缺点。

机械法要求将全部压载水流经滤器、旋分器或其他分离器。对于大流量压载水的情况,设备的尺寸可能会带来问题。如果设备是在压载水排放时使用,大量滤出物必须保留在船上,会增加储存负担。物理消毒法采用紫外线处理,通常是在压载水打进和排放时进行,其有效性受到水的浊度的影响,水的浊度会影响光线的穿透能力。脱氧处理可能需要几天的时间才能保证对水生物的杀伤率,另外,压载舱一定要有密闭的通风系统且应被完全惰化。化学处理法则应保证加药量合适,通常能在几个小时内达到对水中生物的杀伤率,但压载水排放时可能还残留过量的药物,因此,通常需要对水中药物进行中和处理,以确保对排放环境无害。另外,如果压载舱中药物浓度过高,还有可能腐蚀压载舱壁。

### 3. 处理系统尺寸

通常,处理系统的处理能力应等于或略大于压载泵最大流量,而处理系统的处理能力直接决定了处理系统的尺寸大小。不同处理系统的形状和尺寸差别很大,某些处理系统需要从船舶压载管路安装支线管路,这种管路的安装影响甚至会超过处理系统本身的安装。对于新造船,可在设计阶段综合考虑处理系统的布置空间,对于现有船,由于空间有限,系统的安装将是一个挑战。另外,还应考虑给安装的处理系统留有合适的维护通道,包括梯子、平台、照明、起重机轨道、吊眼及清洁内部部件与储存和处置消耗品的处所,处所(该处所也可以在机舱外)需要的消防系统和通风系统等。

### 4. 处理系统能力

通常选用压载水处理系统时,要保证能处理最大压载水流量的情况,但从减少压载水处理系统购买、操作和维护成本的角度出发,对于某些压载依赖度不高的船舶,可相对选用较小处理能力的系统。安装某些压载水处理系统,会导致压载水流量和压力下降。如某些自动冲洗滤器或旋分器,在去除滤物时可能会损失10%左右的压头;使用紫外线杀菌技术的处理系统,压载水流将全部通过处理系统,背压会增加,从而影响到泵的流量,因此,会导致压载操作时间延长,同时消耗掉更多功率。在选用处理系统时,应对系统使用时可能产生的压降进行必要的考虑。

选用压载水处理系统时,应考虑系统的功率消耗,特别是对现有船,额外功率要求是系统选用的一大制约因素。某些处理系统功率很大,如紫外线系统。某些现有船将不能承受过大的额外功率消耗,大功率设备也会增加不少操作花费。因此,选用系统时,应预先对船舶电站功率余量进行估算,确认现有发电设备能满足附加的功率要求。

## 二、压载水处理技术最新发展

IMO正式通过《国际船舶压载水和沉积物控制与管理公约》(以下简称《压载水管理公

约》)已有一段时间。公约通过后,压载水处理装置便成为船舶必不可少的设备,压载水处理装置的研发就如火如荼般地展开了。如今已有不少压载水处理系统可供船厂和设计单位选择,但受到船舶特点、处理技术、处理能力等限制,几乎没有哪种处理系统能适用于所有类型的船舶。随着《压载水管理公约》的正式生效,每一艘船都必须面对压载水处理的问题。

### 1. 压载水处理装置相关规则

经过处理的压载水必须满足《压载水管理公约》附则的《船舶压载水和沉积物控制与管理规则》(以下简称《规则》)D−2条规定的压载水性能标准。一般将处理装置本身及对压载水的处理过程,统称为压载水处理系统。《压载水管理公约》规定,压载水处理系统必须经过《规则》D−3(压载水处理系统的许可要求)的许可,并规定该装置如不会产生或无须使用活性物质,则由船旗国主管机关签发型式许可;如会产生或者需用到活性物质则需获得IMO许可。此处所指的活性物质,是对压载水中所含的有害水生物和病原体具有一般或特定作用的物质。具体来说是指化学试剂、菌类和装置中生成的化学物质等。对压载水处理系统来说,其处理能力是否满足排放标准由主管机关进行许可,而处理方法则由IMO来进行许可。这些许可的程序过程均登载在《压载水管理公约》中。《压载水管理公约》中的G1到G14由IMO所制定,其中G8为《压载水管理系统认可指南》,G9为《使用活性物质的压载水管理系统批准程序指南》。IMO对于满足G9的压载水处理系统签发许可。G8中所规定的压载水处理系统许可的获得流程大致为图纸审核、岸上试验、船上试验和环境试验四步,这些试验结果都是申请许可所必需的。各试验大致内容有,岸上试验主要是对200 m³的试验水进行处理,5日后分析其是否满足D−2的标准,试验水采用海水、淡水和混合水中的2种反复进行5次试验。船上试验主要是在1艘以上的船舶上,需要取得许可的压载水装置须在船上完成最少6个月的常规定量压载水运转周期,以此连续3次后,将满足D−2标准的生物学分析结果送交至主管机关。环境试验是以压载水处理装置会用到的电气设备和电子设备为对象,进行一般的船舶环境试验。

如果压载水处理系统在处理过程中需要用到或者会产生活性物质,则基于G9指南的规定须向IMO提交审查申请(不需使用或不会产生活性物质则仅遵循G8指南即可)。G9指南中所规定的许可共有基本许可和最终许可两部分。基本许可是基于实验室层面,最终许可是要求满足船上层面。现今所提交审查的压载水处理系统基本都是需要使用或者会产生活性物质杀灭病原体的类型。为此,几乎所有的装置都将适用于G9所规定的许可流程。

### 2. 经IMO认可的处理方法

压载水处理装置可杀灭水中的各种生物和病原体,并有多种处理方法可选择,其中有7种方式得到IMO的许可(表7-1-1)。

表7-1-1 压载水处理方法

| 序号 | 方法 | 特点 |
|---|---|---|
| 1 | 过滤处理法 | 用过滤器将栖息在海水中的微生物等过滤掉是最传统的处理方法。如果过滤器的网目较小,浮游生物等微生物也可去除,但也会造成滤网堵塞,需要时常进行清洗工作。另外,如果采用的过滤器网目过小,会影响到水流速度,因此,网目的大小是有限制的。目前过滤处理法多用于对刚汲取的海水进行大型海洋生物去除的前期处理工作 |

续表

| 序号 | 方法 | 特点 |
|---|---|---|
| 2 | 空泡和流体压力 | 此方法与过滤处理法一样是在管路内设置过滤装置，但是有所不同的是，其安装的是板状过滤装置，板与板之间有微小缝隙，通过缝隙的海洋生物会被切断或者受到压力而粉碎。该方法与过滤处理法相比，不会引起阻塞现象，不过因为是在管路内设置影响流速的设备，故需要加大将海水送往压载水舱的压力 |
| 3 | 机械处理法 | 该方法是对刚汲取的压载水进行预处理，将凝结剂或磁粉投入水中，使微生物凝结成约 1 mm 直径大小的颗粒，再用磁铁或过滤器过滤处理。该方法可以看作是从过滤处理法中演化而来的一种方法，由于需要经过机械处理过程，所以需要一定的设备空间。另外，在凝结过程中，除微生物外，细菌也会凝结成颗粒，所以无须注入杀灭病原体的化学试剂 |
| 4 | 紫外线（UV）处理法 | 生物或细菌受到紫外线的直接照射会被破坏 DNA 导致死亡。利用这一点，诞生了用紫外线消灭压载水中的微生物和病原体的处理方法 |
| 5 | 氯化法 | 氯化物与紫外线同样具有杀菌效果，利用这一点来杀灭压载水中的微生物和病原体。可被利用的氯化物有二氧化氯、次氯酸钠、次氯酸钙等。不过在使用氯化物对压载水进行杀菌处理时，其残留物会有二次污染的问题，在排放时需将水中的含氯量降低到安全的范围内。生成各氯化物的主要方法有投放化学试剂或者电解压载水生成氯化物 |
| 6 | 臭氧处理法 | 这种方法是利用臭氧的强氧化特性杀灭压载水中的微生物和病原体。如果在船舶上搭载了臭氧生成装置，就无须向压载水中投放化学试剂，可持续对压载水进行处理。不过臭氧不光对人体有危害，对包括压载水舱在内的整条压载水系统链都有腐蚀危害的可能性，所以必须有相应的防护措施 |
| 7 | 加热法 | 基本所有的生物在高温下都会灭绝，因此加热法可以说是十分有效的去除压载水中微生物和病原体的方法。如果有只使用加热法的压载水处理装置，由于无须用到活性物质，那么就不需要获得 G9 指南的许可。但是，一般压载水的量要占船舶满载排水量的 1/4 之多，在大型船上运用的时候，要在短时间内加热大量压载水并维持一定的时间，是十分困难的 |

归纳以上 7 种处理方法，大致可分为物理处理法、机械处理法、化学处理法、加热法。而《压载水管理公约》要求对病原体进行处理，除加热法外，都要利用到活性物质，因此无法回避 G9 指南的审查。关于加热法，如果在过程中需要投入活性物质，则也需要经过 G9 指南的审查。

### 三、国内外压载水处理系统研发介绍

目前，整个国际海事界共有 13 家研发机构的产品获得了 IMO 初步批准，其中 8 家压载水处理系统通过了 IMO 的最终审批，它们分别是日本日立"Clear Ballast"系统、韩国 Techcross 公司的"Electro—Clean"系统、挪威 OceanSaver 公司的"OceanSaver"系统、德国 Hamann Evomk Degussa 公司的"SEDNA"系统、瑞典 Alfa Laval 公司的"Pure Ballast"系统、芬兰 GreellShip 公司的"Sedinox"系统、韩国 NK－O3 公司的"Blue Ballast"系统、德国 RWO 海水处理技术公司的"Clean Ballast"系统。

在日本，已有 7 家制造商进行了压载水处理系统的研发，其中，4 家获得了 IMO 初步批准，1 家获得了最终批准。据日本日立工程建设股份有限公司的吉原沼田（Yoshihama

Numata)介绍，获得 IMO 最终批准的日立"Clear Ballast"压载水净化系统采用了凝结和磁分离技术，使得净化效果达到最佳状态，具有清洁度高、能够有效抑制病原体、在环境保护和船舶安全方面性能可靠、耗电量低等优点。

韩国已经将《压载水管理公约》与各国区域性海域性能标准要求进行了比较。比较结果表明，该公约的 D-2 标准大多低于各国区域性海域性能标准。同时，韩国研究发现，已经通过 IMO 审批的 8 个压载水处理系统中，至少有 7 个压载水处理系统满足加利福尼亚排放标准的要求。为此，来自韩国 Techcross 公司的南大许(Nam Dae Heo)建议船东或船舶经营者详细检查相关数据，以切实保证系统在实际运行时能够满足排放标准的要求。目前，韩国已经从技术角度对压载水处理系统的可行性进行了评价。评价结果表明，采用紫外线照射技术，需增大发动机容量或增加发动机数量；采用过滤技术，需提高泵机的输出压力；采用化学方法，需考虑储罐或管道系统的安放位置及构造。

由瑞典 Alfa Laval 公司研发的 Pure Ballast 系统基于先进氧化技术(AOT)，在其工艺过程中不使用任何化学剂，称之为 Wallenius AOT。该技术可使系统在光激发时产生自由基，生命周期仅为几毫秒的自由基无须使用化学剂即可分解微生物的细胞薄膜，而且不会产生有害的残留物。

目前很少有压载水处理技术能投入大型船只如原油船、LNG 船及化学品船等，而由挪威 OceanSaver 公司研发的压载水处理系统经权威部门检测，结果显示，该系统可在这类船舶上安装使用。随着国际海洋环境保护委员会的批准，挪威政府有关部门和船级社也在 2019 年年底给予 OceanSaver 类型批准。OceanSaver 系统将投入市场。

英国海诺威公司开发出紫外线压载水处理系统。该系统由一个高强度中压紫外线消毒单元、一个自动逆流过滤器组成。其中，过滤器用于消除大型生物，紫外线单元用于杀灭压载水中的微生物，可以满足《压载水管理公约》中"每立方米水中 50 微米或以上的活微生物在 10 个以下"的关键指标要求。该系统可由一个主控 PLC 单元控制，也可并入船舶机械自动化网络，体积小、操作维护简便。

德国 Hamann Evomk Degussa 公司研发的外部安全效率去活系统对压载水的处理分几个阶段进行。首先，水力旋流器利用离心力的作用对固体进行过滤，因而可以通过分离较大杂物而达到防止沉淀的作用，而这些较大杂物或沉淀物往往给浮游生物提供了生存空间。分离较大杂物之后就可防止这些活体浮游生物进入船舱。其次，第二层过滤器可以过滤掉颗粒直径在 50 微米以上的物质。在完成上述物理步骤之后，压载水须再经过浓度为 150 PPM 的无氯氧化剂的处理。该氧化剂完全可以进行生物降解。

美国 NEI 公司开发的 VOS 压载水处理系统，采用文氏管脱氧技术，当压载水进入船舱时，该系统能够通过文氏脱氧管在 10 s 之内去除水中 95% 的氧气，在压载船舱中造成一个低氧状态；同时，发生混合空化现象，pH 值降低至 6.0，进而杀灭微生物。

韩国现代重工研发出的船用压载水处理系统"EcoBallast"已经通过可靠性、耐腐蚀性、抗震性等一系列试验。该系统由过滤器和紫外线发生器两部分组成，由安装在驾控台上的控制器操纵。这种系统不采用化学处理方式，不会产生化学物质，也不会对压载水舱、船员和环境产生不利影响。

海环会第 59 次会议上，由日立 Plant Technologies 有限公司与三菱重工合作研发的日立压载水净化系统——Clear Ballast 获得了国际航海组织最后型式的批复。该系统采用活性物质(G9)，是日本首套获批复的压载水系统。

韩国21世纪造船公司已开发出船舶压载水等离子净化处理技术,并研制出压载水检验设备。

在压载水处理系统研发方面,我国目前相对滞后。国内尚无一家获得IMO的初步批准。国内的七二五所、中远集团与清华大学、大连海事大学等研发单位已初具规模。其中七二五所在产业基础、研发和申请认可批准的进展等方面具有优势。

大连海事大学研发的羟基自由基处理船舶压载水系统,每小时能生产200吨羟基溶液,可在排放压载水的过程中杀灭海洋生物,杀灭时间少于5 s,杀灭率超过99%,运行成本0.03元/吨,不产生二次污染,其总体指标达到国际领先水平,已获美国、日本、英国的发明专利。

七二五所隶属中国船舶重工集团,是我国从事舰船材料研制及应用研究的综合性军工科研院所。自2007年起开始研制电解法压载水处理装置,其核心技术"电解海水产生次氯酸钠技术"是一种高效、环保的海水处理技术,最初应用于军用舰船生活污水处理系统,是国际上研制压载水处理的主流技术。在陆地上应用成熟并广泛用于滨海电厂、核电站等海水利用系统防海生物污损,已经达到国际先进水平。我国核电站现已全部采用这个所的技术,国内火电厂也有60%以上采用此技术。目前,这一装置技术已达到申请IMO认可的程度。

另外,青岛双瑞防腐防污有限公司2006年开始研发的"BAL—CLORTM"压载水处理系统,目前还只是通过第三方检验确认符合IMOD—2标准。据该公司的负责人介绍,该系统通过有效过滤、海水电解及中和优化等设计,达到高效、经济、大容量处理压载水的目的,其海水处理能力为200~700 $m^3/h$,且对海洋环境无副作用。

由上海融德公司自主研发的RD—ODME装置能适用于油船压载水油污排放监控。该装置能根据国际海事组织油船排油污规范要求,监测油船每航次累计排放的油污总量及其油污瞬间排放速率。当油污总量或瞬间排放速率超过国际海事组织油船排油污规范的指标或RD—ODME装置自身产生故障时,该装置都会在瞬间自动关闭排放控制阀,使油船停止排放压载水。该装置已获得了国家专利,并获得欧盟EC产品认可证书及中国船级社、英国劳氏船级社颁发的型式认可证书。自研发成功到目前为止,该装置已累计装船数百台套。

青岛海德威船舶科技有限公司于2007年开始自主研发船舶压载水处理系统。它是中国第一家向国际航海组织递交压载水处理系统试验申请,也是第一家通过IMO认可的挪威国立水研究所毒性特质认可试验的公司。

## 活动 7.2 压载水系统规范查读

### 活动引擎

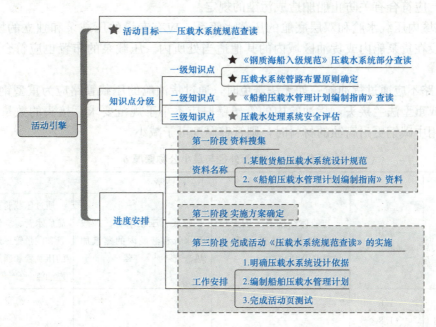

### 知识充电站

压载水系统相关动力装置的生产设计是在详细设计的基础上，根据产品建造方针和规格书、详细设计相关图样、管路附件的标准和样本图、有关的设备资料及相关的公约、规范、规则和工艺文件等，绘制管路走向图和综合布置图；并绘制管子零件图、管子支架图、管子腹板图、管子开孔图、托盘管理表、管材汇总表、附件汇总表和密性试验清册等，为管子加工与安装及物资采购和生产计划安排提供主要技术依据。根据对船舶总布置图的识读，已经明确整个船舶压载水系统的相应舱室的位置坐标，为了能够进行压载水系统生产设计，要提前查读压载水系统管路布置相关的规范及设计指导书等，确保在接下来的压载水系统生产设计中，管路、支架等的设计在符合通用要求的前提下又能满足压载水系统本身的特殊性。

### 一、《钢质海船入级规范》压载水系统部分查读

（1）压载水管系的布置和压载舱吸口的数量，应使船舶在正常营运条件下的正浮或倾斜位置均能排除和注入各压载舱的压载水。

（2）当压载的舱长度超过 35 m 时，一般应在前、后端均设置吸口。

（3）压载水管系的布置，应避免舷外的水或压载舱内的水进入货舱、机器处所或其他舱室。

(4)压载水管不应通过饮水舱、锅炉水舱或滑油舱。如不可避免，则在饮水舱、锅炉水舱或滑油舱内的压载管壁厚应符合表 7-2-1 的要求，并应采用焊接接头。

(5)压载水管系不应与干货舱及机炉舱的舱底管系和油舱管系接通，但泵与阀箱之间的连接管和泵的排出舷外总管与下述(6)的情况除外。

(6)干货舱或油舱(包括深舱)可能用作压载舱时，压载水管系应装设盲板或其他隔离装置。饮用淡水舱兼作压载舱时，为避免两个系统相互沟通，也应符合这一要求。含油压载水的排放，应符合有关防止船舶造成污染的规定。

(7)区域内压载水舱和双层底舱的压载水管系，应有专设的压载泵和独立的压载管路。压载泵应设在货泵舱内或货油区域内的其他适当处所内。压载泵的布置也应符合对货油泵的规定。

(8)管路不应通过货油舱。如无法避免时，通过货油舱的压载管路应为重型钢管，且应采用焊接或重型法兰接头，货油舱内的管子壁厚应不小于规范要求。接头的数量应保持最少。如采用中碳钢更耐腐蚀的材料时，则管壁厚度可予减小。

表 7-2-1 钢管外径与最小公称壁厚 $\delta$　　　　　　　mm

| 外径 $D$ | 最小公称壁厚 $\delta$ | | | |
|---|---|---|---|---|
| | 一般用管 ③④⑥⑧⑨ | 与船体结构有关的舱柜的空气管、溢流管和测量管 ①②③④⑥⑦⑧ | 舱底、压载水管、一般海水管和液舱内的蒸汽加热盘管 ①③④⑤⑥⑦⑧ | 通过压载舱和燃油舱的舱底水管、空气管、溢流管和测量管。通过燃油舱的压载管和通过压载舱的燃油管 ①②③④⑤⑥⑦⑧ |
| 10.2～12 | 1.6 | | | |
| 13.5～19.3 | 1.8 | | | |
| 20 | 2.0 | | | |
| 21.3～25 | 2.0 | | 3.2 | |
| 26.9～33.7 | 2.0 | | 3.2 | |
| 38～44.5 | 2.0 | 4.5 | 3.6 | 6.3 |
| 48.3 | 2.3 | 4.5 | 3.6 | 6.3 |
| 51～63.5 | 2.3 | 4.5 | 4.0 | 6.3 |
| 70 | 2.6 | 4.5 | 4.0 | 6.3 |
| 76.1～82.5 | 2.6 | 4.5 | 4.5 | 6.3 |
| 88.9～108 | 2.9 | 4.5 | 4.5 | 7.1 |
| 114.3～127 | 3.2 | 4.5 | 4.5 | 8.0 |
| 133～139.7 | 3.6 | 4.5 | 4.5 | 8.0 |
| 152.4～168.3 | 4.0 | 4.5 | 4.5 | 8.8 |
| 177.8 | 4.5 | 5.0 | 5.0 | 8.8 |
| 193.7 | 4.5 | 5.4 | 5.4 | 8.8 |
| 219.1 | 4.5 | 5.9 | 5.9 | 8.8 |
| 244.5～273 | 5.0 | 6.3 | 6.3 | 8.8 |

续表

| 外径 D | 最小公称壁厚 δ | | | |
|---|---|---|---|---|
| | 一般用管③④⑤⑧⑨ | 与船体结构有关的舱柜的空气管、溢流管和测量管①②③④⑥⑦⑧ | 舱底、压载水管、一般海水管和液舱内的蒸汽加热盘管①③④⑤⑥⑦⑧ | 通过压载舱和燃油舱的舱底水管、空气管、溢流管和测量管。通过燃油舱的压载管和通过压载舱的燃油管①②③④⑤⑥⑦⑧ |
| 298.5～368 | 5.6 | 6.3 | 6.3 | 8.8 |
| 406.4～457 | 6.3 | 6.3 | 6.3 | 8.8 |

① 如采用涂层、衬层等措施对管子及其接头进行有效的防蚀保护，其最小壁厚可以适当减薄，但减薄最多不超过 1 mm。
② 除液货舱闪点小于 60 ℃ 的液货舱测量管外，表列测量管的最小壁厚适用于液舱外部的测量管。
③ 对于允许采用的螺纹管，最小壁厚应自螺纹根部量起。
④ 焊接钢管和无缝钢管的外径和壁厚的数值取自 ISO 的推荐文件 R336，如按其他标准选取管子壁厚可适当减小。
⑤ 通过深舱的舱底水管和压载管的最小壁厚应另行考虑，通过货油舱的压载水管的最小壁厚应不小于相关规定的值。
⑥ 外径大于 457 mm 的管子的最小壁厚可参照国家或国际标准，但在任何情况下其最小壁厚不应小于表中管子外径为 406.4～457 mm 所对应的值。
⑦ 舱底、测量、空气和溢流管的最小内径应为：舱底管 50 mm；测量管 32 mm；空气和溢流管 50 mm。
⑧ 本表所列的最小壁厚一般是指公称壁厚，因此不必考虑负公差和弯曲减薄余量。
⑨ 排气管的最小壁厚应另行考虑。

### 二、压载水系统管路布置原则确定

(1) 压载水管系吸入口的布置为保证船舶在各种状态下均能抽干舱内的压载水，应设于各舱最低处。

(2) 内河船舶一般均在水舱后隔舱壁前设一吸入口，艉部压载舱常设于水舱的前舱壁，后部压载舱吸入口可不设滤网。

(3) 压载水管系的布置必须防止船外水或压载舱的水进入其他舱室。系统不得与干货舱及机炉舱的舱底管系及油舱管系接通。管路走向应避免通过油舱和清水舱。

(4) 运油船上，船艏部的压载要求另设独立系统。

(5) 管路通过货舱时，应予以保护，以免被货物碰损。当设于双层底上且又通过艏尖舱隔壁时，应装设可在舱壁甲板以上启闭的闸阀，以便船体艏部撞破时，立即关闭，防止海水进入压载水管系。

(6) 当干货舱或油舱可能用作压载水舱时，管系中应装设盲板或其他隔离装置。

(7) 清水舱兼作压载水舱时，为避免两个系统互相流通也需符合这一要求。

(8) 为使一舱一根管路能满足注入、抽出要求，管路中不应设止回阀及止回阀箱，为了便于管理，简化管路，系统常在机舱设调拨阀箱，集中控制操纵通向各舱的阀。

### 三、《船舶压载水管理计划编制指南》查读

**1. 通则**

(1) 目的。本指南旨在为编制符合 IMO《压载水管理公约》附则第 B-1 条要求的"船舶

压载水管理计划"(以下简称"计划"),以及中国船级社(以下简称"CCS")验船师按照《压载水管理公约》第 B—1 条要求审批计划提供指导。

(2)适用范围。本指南适用于 CCS 船级载有压载水的船舶。

(3)一般要求。本指南仅包括压载水公约及相关导则的规定,对特定船舶实施压载水管理时,还应注意船旗国主管机关和港口国当局的其他有关规定。对于航行美国水域的船舶,应注意在压载水管理计划中包括生物污垢管理的要求。

(4)指南编写依据。本指南主要依据下列 IMO 文件编制。在使用本指南时,还应注意这些文件的后续修订:

1)《压载水管理公约》及其修正案;

2)压载水管理及压载水管理计划编制指南(G4)[MEPC.127(53)],经 MEPC.306(73)修订;

3)压载水置换导则[MEPC.288(71)];

4)压载水公约应急措施指南(BWM.2/Circ.62);

5)压载水公约生效前压载水管理证书签发和根据 A.868(20)决议批准的压载水管理计划(BWM.2/Circ.40)。

(5)定义。本指南所用定义如下:

1)压载水:是指为控制船舶纵倾、横倾、吃水、稳定性或应力而加装到船上的水及其悬浮物。

2)沉积物:是指船上压载水的沉积物质。

3)压载水处理:是指用机械、物理、化学和生物处理方法,单独或合并使用以清除、钝化或避免加装或排放压载水和沉积物中的有害水生物和病原体。

4)压载水处理系统(BWMS):是指用于处理压载水使其满足或超过《压载水管理公约》第 D—2 条规定的压载水性能标准的任何系统。BWMS 包括压载水处理设备、所有相关控制设备、生产厂家指定的管系布置、控制与监测设备和取样设施。BWMS 不包括未设置 BWMS 时也会要求的包括管系、阀、泵等在内的船舶压载水配件。

5)有害水生物和病原体:是指水生物和病原体,如果被引入海洋包括河口或引入淡水河道,则可能危害环境、人体健康、财产或资源,损害生物多样性或妨碍该区域的其他合法利用。

6)压载水容量:是指船上用于装载、加装或排放压载水的任何液舱、处所或舱室(包括被设计成允许承载压载水的任何多用途液舱、处所或舱室)的总体积容量。

7)活性物质:是指对有害水生物和病原体有一般或特定的有利或不利作用的物质或生物,包括病毒或真菌。

8)主管机关:是指船舶在其管辖下进行营运的国家或地区政府。就有权悬挂某一国家国旗的船舶而言,主管机关是指该国政府。对于沿海国为勘探和开发其自然资源行使主权,在毗连于海岸的海底及其底土从事勘探和开发的浮式平台[包括浮式存储装置(FSUs)和浮式生产、存储和卸货装置(FPSOs)]而言,主管机关是指该有关沿海国的政府。

9)港口国当局:是指港口国政府授权执行或实施有关国内和国际航运管理措施的标准和规则的任何机构和组织。

10)船舶:是指在水域环境中运行的任何类型的船舶,包括潜水器、浮式艇筏、浮式平台、浮式存储装置(FSUs)及浮式生产、存储和卸货装置(FPSOs)。

11)压载水管理计划(BWMP):是指《压载水管理公约》第 B-1 条所述的说明每艘船上实施的压载水管理过程和程序的文件。

**2. 压载水管理计划编制**

(1)计划的"压载系统布置"的内容主要描述本船压载系统,包括压载舱、管系、泵系、监测取样点及 BWMS 的设置,旨在帮助检疫官熟悉船舶压载水系统。

(2)舱室布置和容量。

1)计划中,应包括船舶剖面图、压载舱布置示意图。

2)以表格形式记录:

①显示每个舱的容量及其可用的泵;

②显示泵的额定排量。

(3)管系、泵系布置和压载水取样点。

1)计划中,应包括压载系统的管系示意图和压载控制系统的布置示意图。示意图应显示阀的位置,以及识别编号、每台压载泵的位置和排量。

2)可采用表格或示意图的方式,指出管路上和舱柜的取样和进入点以便船员能协助检疫官迅速获得其希望得到的压载水样本。

3)压载水取样点设置应考虑所取压载水样本的代表性和方便性,以免进入具有潜在危险的处所或未注满的压载舱。下列方法可供参考:

①如可能,可以适当改造压载舱的人孔,以便取样设备进入。

②可在空气管中安装取样管。取样管的末端可在空气管的顶部或侧面一个方便的位置,以方便配装取样泵。

③设置独立的取样管系。该管系直接引入压载舱中,并且末端达到舱内,以确保获取具有代表性的压载水样本。

④在测深管中设置取样管,也可用于获取有代表性的样品。

⑤可在压载泵或压载管路中设置管路取样点,以便在压载或排压载过程中可以取样。

4)如采用溢流法或稀释法,不应在溢流管路内设置取样点。

(4)BWMS。

1)计划中,应包括压载水处理系统的布置图、压载水舱容图、压载水管系和泵的布置图、空气管和测深管布置图、压载泵排量、船舶的一个横向和纵向剖面图或压载舱布置简图等。

2)显示压载水处理系统的数量、型号、额定处理能力。

3)压载水处理系统的型式认可证书或船用产品证书或等效证明文件的复印件。

(5)计划应包括不同压载工况的压载水布置,包括正常压载工况、良好天气出港和恶劣天气压载工况(如适用)。

## 学生活动页

压载水系统规范查读

| 学习领域 | 船舶动力装置生产设计 | 任务名称 | 压载水系统生产设计 |
|---|---|---|---|
| 活动名称 | 压载水系统规范查读 | 建议学时 | |

续表

| 学生姓名 | | 班级学号 | |
|---|---|---|---|
| 组别 | | 任务成绩 | |
| 活动描述 | 本活动通过对《钢质海船入级规范》《船舶压载水管理计划编制指南》压载水相关部分进行识读，确定压载水系统管路布置的一般原则，为接下来的放样生产做准备。 | | |
| 活动目的 | 1. 了解《钢质海船入级规范》压载系统部分。<br>2. 掌握压载水系统管路布置原则。<br>3. 了解《船舶压载水管理计划指南》。<br>4. 掌握压载水、沉积物的定义。<br>5. 培养学生分析问题、解决问题的能力。<br>6. 培养学生的沟通能力和团队协作精神。 | | |
| 活动重点 | | | |
| 压载管路布置原则 | | | |
| 活动材料 | | 学生知识与能力准备 | |
| ➤ 课件<br>➤ 微视频<br>➤ 某散货船总布置图纸资料<br>➤《船舶压载水管理计划编制指南》<br>➤《钢质海船入级规范》 | | ➤ 使用 CAD 绘图的能力<br>➤ 正确识读 CAD 图纸的能力<br>➤ 正确查找规范的能力 | |
| 活动测试 | 简答题<br><br>1. 简述压载水和沉积物的定义。<br><br>2. 简述压载水管理的定义。<br><br>3. 简述压载管系吸入口布置的目的。<br><br>4. 简述《船舶压载水管理计划编制指南》的适用范围和一般要求。 | | |

续表

| | 填空题 |
|---|---|
| 活动测试 | 1. 水管不应通过_____、_____、_____或_____。<br>2. 压载水舱和双层底舱的压载水管系,应有专设的和独立的_____。<br>3. 当压载舱的长度超过 35 m 时,一般应在前、后端均设置_____。<br>4. 当管路设于双层底上且又通过艏尖舱隔壁时,应设有可在_____以上启闭的_____,以便船体艏部撞破时,立即关闭,防止海水进入压载水管系。<br>5. 可在_____中安装取样管。<br>6. 在_____中设置取样管,也可用于获取有代表性的样品。 |
| 任务评价 | 自我评价 | 1. 通过本任务学习,我学到的知识点和技能点有:_____。<br>　存在问题有:_____。<br>2. 在本次工作和学习的过程中,我的表现可得到:<br>　□优　□良　□中　□及格　□不及格 |
| | 小组互评 | |
| | 教师评价 | |

## ● 拓展知识

### 压载水处理系统安全评估

#### 一、一般要求

(1)根据《压载水管理公约》的第 B-3 条规定,海上压载水置换是船舶可以采取的管理措施之一。但压载水置换会引起许多安全问题,影响到船舶和船员的安全。因此,针对具体船舶进行压载水置换方法的安全评估,合理制定压载水置换程序是采用压载水置换方法的关键。压载水置换程序和相关指导应反映在压载水管理计划中。

(2)应确保在压载水置换前,与船上所采用的压载水置换方法有关的所有安全问题均得到充分考虑,并且船上相关人员受到适当的培训。应定期审核安全问题、所采用的置换方法的适用性和船员培训问题。

(3)根据《压载水管理公约》的要求,如果由于恶劣天气、船舶设计、应力、设备故障或任何其他异常情况,船长合理地判定置换压载水会危及船舶、船员或乘客的安全和船舶稳定性,则船舶不应遵守《压载水管理公约》第 B-4(1)和第 B-4(2)条的规定,在此情况下:

1)船舶如因上述理由而未置换压载水,应将理由记入《压载水记录簿》;

2)有关港口国或沿海国可要求压载水必须按照其所确定的程序并参照《附加措施包括紧急情况指南》(G13)排放。

(4)在采用顺序法的压载水置换过程中,若某些步骤不能完全符合安全评估标准,则应在对以下方面进行评估的基础上，在压载水管理计划中提醒船长加以注意，告知船长不符合的性质、需要另行考虑的措施和/或采取的预防措施。

1)压载水置换过程中不符合某一安全标准的步骤和所持续的时间；
2)这种"不符合"对船舶航行和操纵能力的影响；
3)需要对压载水置换采取的限制条件(如气象、海况条件)。

(5)船长在船舶实际营运中，当具备以下前提条件时才可作出压载水置换作业的决定：

1)船舶处于开阔水域；
2)通航密度较低；
3)加强航行值班，并增加前方瞭望(如有必要)，且与驾驶室有充分联系；
4)船舶操纵性不会因没有符合某些安全标准而受到不当影响；
5)气象和海况条件良好，且在预期的交换时间内不会恶化。

## 二、压载水置换方法

目前已由 IMO 评估并接受的压载水置换方法有以下三种：

(1)顺序法(Sequential method)：该方法也称排空注入法，是指先将用于装载压载水的压载舱抽空，然后用置换的压载水重新注满的过程，以达到置换率至少为压载水体积的 95%。

(2)溢流法(Flow-through method)：将替换的压载水泵装入用于装载压载水的压载舱，而允许水从溢流口或其他装置流出的过程。采用该方法时，在深海由泵向已注满的压载水舱注水，让水溢流，至少应以 3 倍该舱容积的水量流经该舱。

(3)稀释法(Dilution method)：替换的压载水从用于装载压载水的压载水舱顶部注入并同时以相同流速从底部排出的过程，至少应以 3 倍该舱容积的水量流经该舱，舱内水位在压载水置换作业全过程中保持不变。

除上述三种方法外的置换方法，应经 IMO 评估并接受后才允许使用。

## 三、安全因素

(1)每种压载水置换方法都存在与其相关的特定安全问题，在为特定船舶选择某一方法时，应考虑如下安全因素：

1)避免压载水舱超压和负压。
2)随时可能处于未装满状态的液舱的自由液面对稳定性的影响和产生的晃荡负荷。
3)按照经认可的纵倾和稳定性计划充分保持完整稳定性。
4)满足经认可的装载计划中航行状态下的许用弯矩和剪力的要求。
5)扭矩。
6)船艏和船艉吃水及纵倾，特别是驾驶室可视范围、螺旋桨浸没和船首最小吃水。
7)在置换压载水时波浪引起的船体振动。
8)在压载水置换期间可能需打开的水密门和风雨密门(如人孔)必须重新锁闭。
9)最大泵水/流水速率要确保压载水舱所承受的压力不大于其设计压力。
10)压载水的内部转移。
11)允许的气象条件。
12)在受季节性龙卷风、台风、飓风或严重冰况影响的地区划定气象航线。

13)装载和/或卸载压载水和/或内部转移压载水的记录文件。

14)对可能影响海上压载水置换的各种情况的应急程序,包括气象条件的恶化、泵的故障和动力的丧失。

15)各舱完成压载水置换的时间或置换的适当顺序。

16)连续监测压载水作业;监测应包括泵、舱内水位、管路和泵的压力、稳定性和应力。

17)不应置换压载水状况的清单。这些状况可能由于恶劣天气、已知的设备故障或缺陷,或危及人生命安全或船舶安全的任何其他情况造成的异常的危急状况或不可抗力而出现。

18)海上压载水置换应避免在结冰的气象条件下进行。但是当认为完全有必要时,应特别注意船外排放装置、空气管、压载水系统的阀门与其控制装置冻结及甲板上形成冰层所引起的危害。

19)人员安全,包括晚上、恶劣天气下、压载水溢流到甲板上时和结冰条件下需要人员在甲板上作业而可能需要的预防措施。考虑这些问题,可从职业保健和安全角度,联系到人员因压载水溢流到甲板上时甲板表面湿滑,以及直接与压载水接触而跌落和受伤的风险。

(2)对某一特定船舶进行安全评估后,应根据所确定的压载水置换方法及船型,在压载水管理计划中为该船提供针对上述所包含的安全因素所适用的程序、建议和资料。

### 四、安全评估

在为特定船舶确定压载水置换方法时,应对以下几个方面进行安全评估:

(1)各种船舶经批准的纵倾和稳定性计划及装载计划规定的许用航海工况下的稳定性和强度安全裕度。还应考虑所要使用的一种或数种压载水置换方法。

(2)压载水泵系和管系,需考虑压载水泵的数量及其排量、压载水舱的尺寸和布置。

(3)压载水舱的排出孔和溢流布置在使用溢流法时的有效性及流量,压载水舱溢流点的有效性及流量,防止压载水舱负压和超压。

### 五、顺序法

(1)应制定合适的压载水置换次序。

(2)对压载水置换次序各步骤,应对下列几个方面进行安全评估:

1)完整稳定性;

2)总纵强度;

3)螺旋桨浸没;

4)驾驶室可视范围。

(3)安全评估标准。

1)完整稳定性。满足装载手册(或各种装载工况稳定性与剪力弯矩计算书)中适用的稳定性标准。

2)总纵强度。满足装载手册(或各种装载工况稳定性与剪力弯矩计算书)中规定的许用值。

3)螺旋桨浸没。压载水置换各步骤中的最小尾吃水应使螺旋桨完全浸没。

4)驾驶室可视范围。位于船艏正前方的驾驶室视线盲区长度满足 2 倍船长("船长"是指船舶总长)与 500 m 之较小者。

(4)安全评估的校核工况。安全评估的核算工况应根据装载计划中的典型装载工况选择下列稳性和/或强度最差的工况:

1) 满载中途(消耗品50%);
2) 压载中途(消耗品50%)。

对于集装箱船来说应考虑满载中途工况,尽量选取额定最大装箱数或较接近最大装箱数的装载工况;对散货船来说应考虑压载中途(含重压载)工况;对液货船来说应考虑压载中途工况。

## 活动 7.3　压载水系统生产设计

### 活动引擎

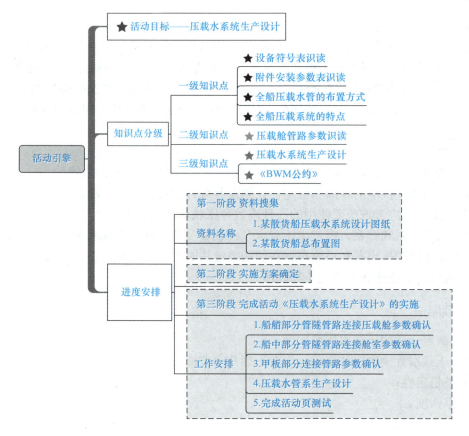

### 知识充电站

一、压载水系统详细设计图纸参数识读

船舶压载水系统,在进行具体的生产设计建模之前,需要进行原理图的识读,以保证该系统内相应的管路、设备建模准确。一套完整的压载水系统详细设计图册包含设计图纸与相关参数说明,下面对压载水系统详细设计图纸的基本参数进行识读。

**1. 设备符号表识读**

详细设计图纸中,包含了压载水管路中选用的设备及附件的图形符号代码,在详细设计图纸中指代对应设备,以便进行对应连接设备的模型构建(图7-3-1)。

| SYMBOL DESCRIPTION | |
|---|---|
| SYMBOL | NAME |
| ⌀ | BUTTERFLY V. (OPEN/SHUT INDICATED, –HYD.REMOTE OPERATED)<br>蝶阀（开关指示/液压遥控） |
| ⌀ | BUTTERFLY V. (MANUAL OPERATOR)<br>蝶阀（手动操纵） |
| ⌀ | NON–RTM FLAP CHECK VALVE<br>板式止回阀 |
| ⌀ | SUCTION STRAINER<br>吸入滤器 |
| ⌀ | PACKING TYPE EXPANSION JOIN<br>填料式伸缩接头 |
| ⌀ | BELL MOUTH<br>吸口 |
| ▲ | FIXED PIPE SUPPORT<br>固定管支架 |
| ⌀ | IMMERSION TYPE EXPANSION JOIN<br>浸没式伸缩接头 |

图 7-3-1　详细设计图纸设备符号

**2. 附件安装参数表识读**

吸入口一般安装于油水舱内的吸入管路末端，对油、水流动起到导向的作用，并减少吸入阻力。吸入口的标准主要有《船用吸入口》（CB/T 4230—2013）。《船用吸入口》（CB/T 4230—2013）标准有法兰焊接吸入口（圆形）、法兰铸铁吸入口（梅花形）和焊接连接吸入口（套接）三种不同的形式。常见的法兰焊接吸入口结构由法兰、短管和喇叭口三部分焊接而成。喇叭口可以是圆台；也可以上部为圆形，下部为腰形的筒体。喇叭口内焊有四块伸出喇叭口的三角板，它的作用是保证吸入口下部与舱底板之间的距离，也就是保证了足够的吸入面积，防止吸空现象的发生。

法兰铸铁吸入口（梅花形）的特点是体积小，截面面积大，可离船舱底较近，这样使积存在舱底的余油减少到最小数量。它主要适用于油船货油舱内的吸油。

该艘船舶的压载水系统要求安装吸入口的管路，间隙安装示意如图 7-3-2 所示，必须按照高度 65 mm 的间隙安装设备；同时，为了保证管路抽吸海水的效果，在吸入口处加装防冲板结构，该防冲板要求厚度 $t=15$ mm。

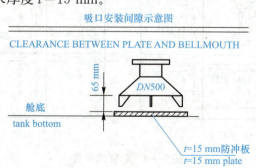

图 7-3-2　间隙安装示意

## 二、压载水系统详细设计图纸识读

### 1. 全船压载水管的布置方式

所谓全船压载水管即货舱及艏艉部分的压载水管系。根据不同的要求,可以有以下几种布置方式:

(1)支管式。这是一种各压载舱能独立注排水的方法,如图 7-3-3 所示。这种布置方式适用于双层底内压载舱,且压载管径较小,压载舱数不多的小型船舶。

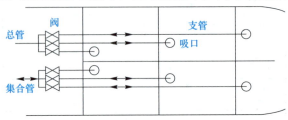

图 7-3-3 支管式布置

采用支管式时,压载泵设在机舱内,集合管设于机舱前壁或后壁,集合管至压载泵用总管连接,集合管至各压载舱用支管连接。所以,该方式的特点是总管短而支管长。

(2)总管式。采用这种方式时,沿船长方向敷设总管,由总管向各压载舱引出支管,在支管上安装阀门及吸口。阀门一般采用遥控阀门,目前大部分船舶均采用液压或气动遥控阀门,但也可以是小轴传动,总管式布置方式如图 7-3-4 所示,也有几种不同的方式。

如图 7-3-4(a)所示为一根总管方式,适用于 1 000 t 以下的小型船舶。

如图 7-3-4(b)所示为双总管方式,适用于稍大一些的船舶,载重量(DW)一般不超过 5 000 t。

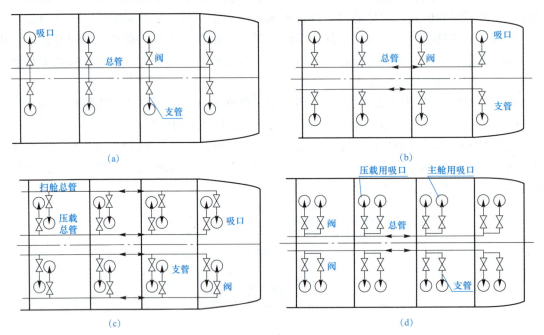

图 7-3-4 总管式布置

(a)单总管式压载系统;(b)双层管式压载系统;(c)另设扫舱总管的双总管式压载系统;(d)兼扫舱的双总管式压载系统

对于更大的船舶因压载水量大，压载管直径也大，不容易将舱内的水抽吸干净，一般需设扫舱吸口。如图 7-3-4(c) 所示为另设两根扫舱总管的方式；而图 7-3-4(d) 所示为不另设扫舱总管、扫舱吸口直接接在压载总管上的方式。

(3) 环形总管式。这种方式如图 7-3-5 所示，在大中型船舶上被广泛采用。环形总管式实质上是双总管式，只是把两根总管首端连接起来而已。这种方式一般配有两台压载泵。支管的布置可以如图 7-3-5(a) 所示对称布置，也可以如图 7-3-5(b) 所示不对称布置。与总管式布置一样，也需另设扫舱总管或将扫舱吸入口接到环形总管上。

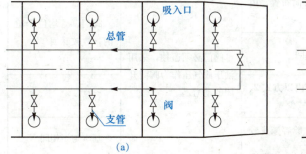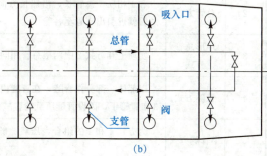

图 7-3-5　环形总管式布置

(a) 支管对称布置的环形双总管式压载系统；(b) 支管不对称布置的环形双底管式压载系统

(4) 管隧式和半管隧式。总管式及环形总管式压载管路的压载管和阀门都浸没在双层底压载水舱内，维修保养很不方便。所以，很多大中型船舶均采用管隧式或半管隧式布置，即在船的双层底内设一管隧，一般设在船纵中部位。压载总管就布置在管隧内，可以是总管式，但大多为环形总管式，如图 7-3-6 所示。

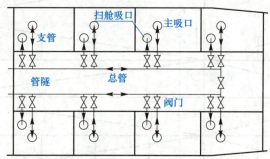

图 7-3-6　管隧式布置

如果在船长方向，只有一部分设管隧，则称为半管隧式，如图 7-3-7 所示。

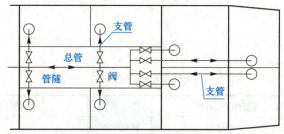

图 7-3-7　半管隧式布置

**2. 各种全船压载管系的特点**

前述五种不同的布置方式为全船压载管系的基本形式，它们各自的特点见表 7-3-1。

表 7-3-1　各种全船压载管系的特点

| 序号 | 形式 | 特点 | 操作 | 维修保养 |
|---|---|---|---|---|
| 1 | 支管方式 | 总管长度短，支管长度长。支管数仅和舱数有关 | 在阀门安装位置处可进行集中操纵，不必遥控 | 阀门维修保养方便，而舱内管子多，较麻烦 |
| 2 | 总管方式 | 和1相反，总管长，沿船长方向布置，由总管就近引出支管至各舱 | 阀门必须遥控，采用油压或气压作为阀门开闭的动力 | 阀门、管均位于舱内，故较麻烦 |
| 3 | 环形总管方式 | 实质上和方式2中两根总管相同 | | |
| 4 | 管隧方式 | 以船体一部分作管隧，在管隧内以方式2、3布置管子，因设管隧压载舱容减少 | | 容易 |
| 5 | 半管隧方式 | 为方式4和1的组合，压载舱舱容减少较4少 | | 基本与4相同 |

**3. 底边舱管路参数识读**

如图 7-3-8 所示，首先应确定从压载舱 No.2 W.B.TK（P2）出来的管路经过吸入口 BWF06，并明确管路的公称通径为 400 mm、连接附件法兰等参数。

识读方法参见"活动 6.3 燃油系统生产设计"。

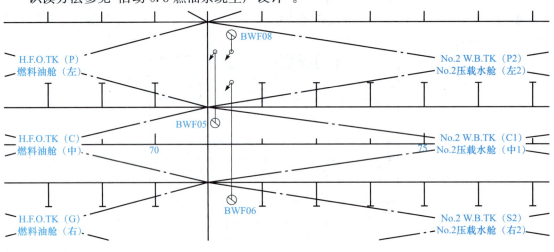

图 7-3-8　管路参数图

## 学生活动页

压载水系统生产设计

| 学习领域 | 船舶动力装置生产设计 | 任务名称 | 船舶压载水系统生产设计 |
|---|---|---|---|
| 活动名称 | 压载水系统生产设计 | 建议学时 | |
| 学生姓名 | | 班级学号 | |

续表

| 组别 | | 任务成绩 | |
|---|---|---|---|
| 活动描述 | 本活动通过对压载水系统详细设计图纸参数识读和压载水系统详细设计图识读为接下来的生产设计建模做准备。 | | |
| 活动目的 | 1. 掌握压载水系统设备符号表识读。<br>2. 掌握压载水系统附件安装参数表识读。<br>3. 了解全船压载水管的布置方式。<br>4. 了解全船压载系统的特点。<br>5. 掌握底边舱管路参数识读。<br>6. 培养学生分析问题、解决问题的能力。<br>7. 培养学生的沟通能力和团队协作精神。 | | |
| | 活动重点 | | |
| | 压载水系统生产设计 | | |
| | 活动材料 | 学生知识与能力准备 | |
| | ➢ 课件<br>➢ 微视频<br>➢ 《钢质海船入级规范》<br>➢ 《船舶设计实用手册》<br>➢ 《压载水系统管系详细设计图册》 | ➢ 使用CAD绘图的能力<br>➢ 正确识读CAD图纸的能力<br>➢ 正确查找规范的能力<br>➢ 管子建模能力 | |
| 小组人员分工 | 1. 资料搜集<br><br>2. 实施方案确定<br><br>3. 实施<br><br>4. 存在问题整理 | | |
| 活动实施 | 压载水系统生产设计（以57800 DWT散货船的压载水系统为例）<br>1. 计划<br><br><br>2. 实施背景<br>船体结构三维模型图。<br><br>3. 实施过程记录<br>3.1  压载水系统详细设计图纸参数识读（附图6）<br>3.1.1  船艏部分管隧管路连接压载舱参数确定<br>根据《压载水系统详细设计图册》进行生产设计，引入生产案例的船舶压载水布置形式为管隧式，艏尖舱、艏压载舱、第一底压载舱为船艏部分管隧。确定该部分管路连接情况，并完成如下表格的填写。 | | |

续表

| | 船艏部分管隧管路连接压载舱参数表 | | | |
|---|---|---|---|---|
| 活动实施 | 序号 | 管路参数 | 连接压载舱 | 连接附件 |
| | 1 | 无 | F. P. TK.(C)首尖舱(中) | 无 |
| | 2 | 支管路 DN400 | NO.1 F. W. B. TK.(C)第一舷压载水舱(中) | BWV05、BWF06 |
| | 3 | | NO.1 F. W. B. TK.(S)第一舷压载水舱(右) | |
| | 4 | | | |
| | 5 | | | |
| | 6 | | | |
| | 7 | | | |
| | 8 | | | |
| | 9 | | | |
| | 10 | | | |

3.1.2 船艏部分管隧管路连接参数确定

船艏部分管隧管路连接节点表

| 序号 | 节点名称 | 节点参数 | 连接附件 | 备注 |
|---|---|---|---|---|
| 1 | C | | | |
| 2 | BWF04 | DN800 | 法兰 | 凹法兰 |
| 3 | BWF04 | DN800 | 法兰 | 凸法兰 |
| 4 | BWV02 | DN800 | | |
| 5 | | | | |
| 6 | | | | |
| 7 | D | | | |

在完成该部分详细设计图纸识读的过程中,应明确不同功能的管路在系统中的连接方式、附件选用情况、舱室连接情况、通舱情况,并在上表中准确记录,以便接下来的生产设计能够准确遵循详细设计图纸参数,尽量保证生产设计的总体质量。但是,在详细设计阶段,由于缺乏设备、船体结构、机舱铁舾件结构的立体模型,在管路系统放样生产过程中,也会发现详细设计的不合理之处,原则上允许改变设计图纸,但必须随之更改相应系统详细设计图纸内容并集中二次送审。

3.1.3 船中部分管隧管路连接舱室参数确定

根据详细设计图纸完成船中部分管隧管路连接参数确定,包含舱室有 3 号压载水舱、4 号压载水舱、5 号压载水舱,并完成下列表格相关数据记录。

船中部分管隧管路连接舱室参数表

| 序号 | 管路类型 | 连接附件及名称 | 管路参数 | 连接舱室 |
|---|---|---|---|---|
| 1 | 支管 | BWF01、BWV33 | DN500 | No.3 W.B.TK.(P)<br>No.3压载水舱(左) |

续表

| | 2 | | | | |
|---|---|---|---|---|---|
| | 3 | | | | |
| | 4 | | | | |
| | 5 | | | | |
| | 6 | | | | |
| | 7 | | | | |
| | 8 | | | | |
| | 9 | | | | |

3.1.4 船中部分管隧管路连接参数确定

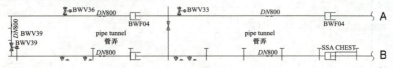

甲板部分连接管路参数

| 序号 | 节点名称 | 节点参数 | 连接附件 | 备注 |
|---|---|---|---|---|
| 1 | A | | | |
| 2 | BWF04 | $DN800$ | 填料式伸缩接头 | |
| 3 | | | | |
| 4 | | | | |
| 5 | | | | |
| 6 | B | | | |

活动实施

3.1.5 船艉部分管路连接参数确定

船艉部分压载水管管路连接着 6 号压载舱、艉压载舱等舱室，调节船舶纵倾的关键压载水舱，根据详细设计图纸确定管路连接参数。

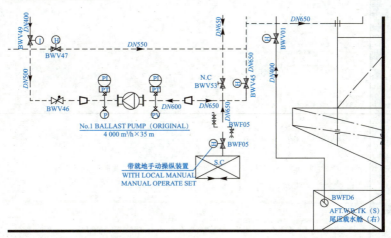

压载水通过 $DN400$ 的管路将压载水驳运至右舷艉压载舱内，经由 BWF06 附件排出；
压载水通过 $DN400$ 的管路将压载水驳运至左舷艉压载舱内，经由 BWF06 附件排出。

3.2 运行 SB3DS 放样生产软件

续表

| 活动实施 | 3.3 新建工程目录与用户权限<br>3.4 导入船体坐标轴及船体结构<br>3.5 根据详细设计图纸识读结果进行压载水系统生产设计 |
|---|---|
| 成果展示 | （生产设计图纸粘贴处） |
| 存在问题 | |

续表

| | |
|---|---|
| 活动测试 | **简答题**<br><br>1. 列举全船压载水管的布置方式。<br><br>2. 吸入口的安装位置和作用是什么？<br><br>3. 简述支管式压载水管布置方式的适用范围和特点。<br><br>4. 简述管隧式布置特性。<br><br>5. 简述压载舱的分类。<br><br>6. 简述全船压载管系布置方式中支管方式和总管方式的区别。<br><br>**填空题**<br><br>1. 常见的法兰焊接吸入口结构由法兰、_____和喇叭口三部分焊接而成。<br>2. 法兰铸铁吸入口（梅花形）的特点是体积小，_____，可离船舱底较近。<br>3. 支管式适用于双层底内压载舱，且压载管径_____，压载舱数不多的小型船舶。<br>4. 环形总管式实质上是_____，只是把两根总管首端连接起来而已。<br>5. 总管式及_____压载管路，压载管和阀门都浸没在双层底压载水舱内，维修保养很不方便。 |

续表

| 任务评价 | 自我评价 | 1. 通过本任务学习，我学到的知识点和技能点有：_____。<br>存在问题有：_____。<br>2. 在本次工作和学习的过程中，我的表现可得到：<br>□优　□良　□中　□及格　□不及格 |
|---|---|---|
| | 小组互评 | |
| | 教师评价 | |

## 拓展知识

### 《BWM 公约》

#### 一、《BWM 公约》简介

2004 年 2 月 9 日至 13 日，关于船舶压载水管理的外交大会在伦敦国际海事组织(IMO)总部成功召开，大会最终通过了《国际船舶压载水和沉积物控制与管理公约》(以下简称《压载水管理公约》或《BWM 公约》)。随着 2016 年秋天芬兰的加入，《BWM 公约》签约国家的船运总吨位终于跨过了全世界船运总吨位 35％的门槛。《BWM 公约》花了近 20 年的时间才达到今天的成就。

所有《BWM 公约》涉及的船只，包括绝大多数使用压载水通行国际水域的船只，都必须随船携带受认可的 BWMP 及国际压载水管理证书。这份证书代表着该艘船只至少达到了《BWM 公约》实施第一阶段的 D—1 标准要求。如果某艘船只的船旗国尚未签署《BWM 公约》，为了应对该船在境外港口需要出示上述证件的情况，该船的船旗国应首先发布一份承诺声明(Soc)并由该国船只随船携带。除此之外，所有船只使用压载水的行为都必须记录在压载水管理记录簿上。随着《BWM 公约》生效日期的日益临近，支持《BWM 公约》的行为也会越来越多，因此，尽早提交审核压载水管理计划将会是一个明智的做法。船东和船舶管理公司应该首先从确认《BWM 公约》涉及并且缺乏相应文件的船只开始行动。如有需要，他们应该适时地在 2017 年 9 月 8 日前开始开展船只压载水管理的初步检验。其中，初次的压载水管理检验可与其他检验协同完成。所谓 D—1 标准，代表着施行《BWM 公约》的第一个过渡阶段。在这个阶段中，所有不配备符合要求的压载水处理系统的船只都需要在《BWM 公约》规定距离外的深海，使用批准的几种方法之一置换船只的压载水。

#### 二、《BWM 公约》背景、生效条件及现状

《BWM 公约》规定的生效条件为世界商船总吨位不少于 35％的至少 30 个国家批准接受核标准或加入文件之日起 12 个月后生效。截至 2015 年 1 月 6 日，共有 43 个国家加入了《BWM 公约》，占世界商船总吨位 32.54％，离满足生效条件越来越近。为了便于当事国加入并实施《BWM 公约》，IMO 先后通过了 15 个技术导则，包括于 2014 年 10 月由海上环境保护委员第 67 届会议通过的《船舶压载水公约下港口国监督导则》。截至 2014 年 10 月，共

有 51 种船舶 BWMS 获得形式认可，50 种获得 IMO 的基本批准，36 种获得 IMO 的最终批准。中国有 11 种船舶 BWMS 获得形式认可或产品认可。

2014 年 10 月召开的 MEPC67，通过如下决议或决定：

(1)通过《船舶压载水公约下港口国监督导则》；

(2)通过《便于 2004 年压载水公约生效采取的措施》；

(3)启动对船舶压载水处理系统形式认可导则(G8)的审议；

(4)同意在《BWM 公约》生效后的 3 年经验积累阶段，PSC 检查时对船舶实施违法处罚不能以取样分析结果作为依据；

(5)经修订的 G8 导则实施之前，对已安装按现行 G8 导则进行形式认可的 BWMS 的船舶所有人不做处罚。

### 三、《BWM 公约》要求及实施时间表

#### 1.《BWM 公约》要求

《BWM 公约》附则 B—3 要求，国际航行船舶对船舶压载水及沉积物进行管理。常用方式是压载水置换或处置。在附则 D 中给出了压载水置换标准 D—1 及压载水性能标准 D—2。D—1 要求达到体积换率的 95% 或用溢流法置换 3 倍舱容的水量。同时，规定进行压载水置换的地点应距最近陆地至少 200 海里，水深至少 200 m，如无法满足则需在距最近陆地 50 海里、水深 200 m 的地方进行压载水置换。

#### 2. 实施时间表

IMO 于 2013 年 12 月 4 日通过的 A.1 088(28)号决议，对不同建造年限的船舶实施 D2 标准修正。实施时间表见表 7-3-2。

表 7-3-2  实施时间表

| 建造日期 | 压载水容量/m³ | D2 标准强制实施日期 |
| --- | --- | --- |
| 2009 年前 | 1 500～5 000(含 1 500 和 5 000) | 在公约生效日期后的首次换证检验时 |
| | <1 500 或 >5 000 | 在 2016 年 1 月 1 日以后的交船周年日后的首次换证检验时 |
| 2009 年及以后至公约生效前 | <5 000 | 公约生效日期后的首次换证检验时 |
| 2009 年及以后至 2012 年前 | ≥5 000 | 在 2016 年 1 月 1 日以后的交船周年日后的首次换证检验时 |
| 2012 年及以后至公约生效前 | ≥5 000 | 公约生效日期后的首次换证检验时 |
| 注：首次换证检验是指 MARPOL 公约附则 I 的换证检验。D2 标准实施日期之前船舶应满足 D1 标准。交船周年日是指与 IOPP 证书中"交船日期"对应的每一年的月份和日期 |||

### 四、满足《BWM 公约》要求给航运公司带来的实际影响

《BWM 公约》的背后，与其说是人类保护生存环境不如说是追逐经济利益。《BWM 公约》可否生效及生效进程的快慢，落到实处，取决于船舶压载水处理系统研发单位和制造厂商与船舶所有人(航运公司)的利益妥协。《BWM 公约》生效的实际进程，关键取决于技

(产品)拥有国(卖方)和产品使用国,即船队拥有国(买方)之间的博弈。如果一国兼具买卖双方性质,该国是否加入《BWM 公约》,则取决于两方力量较量和政府的态度。对于没有任何船队的岛国和内陆国,它们仅是保护海洋环境的受益者,当然会加入《BWM 公约》。这正是加入《BWM 公约》国家数早已超过 30 而船舶总吨位尚未满足生效条件的原因所在。

履行《BWM 公约》要求给航运公司(包括船舶所有人、船舶经营人、船舶管理人和光船承租人)带来巨大影响。

**1. 满足 D1——置换操作**

为了满足 D1,船舶必须进行压载水置换操作。就现有营运船舶操作而言,对某些航线难以满足置换区域(距岸 200 海里和 200 m 水深)的要求,同时置换操作应进行安全评估,评估事项和标准包括并不限于以下各项:

(1)完整稳定性按装载手册适用的稳定性标准。

(2)总纵强度校核,静水剪力与弯矩不超过装载手册中规定的许用值。

(3)螺旋桨浸没率大于 100%。

(4)驾驶室可视范围。根据可视范围要求,从驾驶位置所见的海面视域,自船艏前方不应有两个船身以上的长度或 500 m(取其小者)遮挡。

(5)艏部抨击。对装载手册有明确要求最小艏吃水的船舶,压载水置换过程中的艏吃水不得小于装载手册规定值。在进行置换操作过程中,有时难以完全满足船舶的全部衡准值要求,并可能将船舶置于潜在的危险与安全隐患之中。除此之外,置换操作无疑会增加船舶的人力资源和能源消耗。同时,船舶压载舱可能处于欠压或超压状态。所有这些都会对船舶的安全和操作带来威胁。

**2. 满足 D2——安装 BWMS**

为了满足 D2,船舶必须安装船舶 BWMS,现有船舶改装不可避免地面临如下困难:

(1)安装时间受限。现有船舶只能在距离满足要求时限的最近 30 个月的坞修中进行。

(2)空间及管路布置的限制。现有船舶建造时并没有考虑到预留空间,部分化学品船,LPG、LNG 难以改装。

(3)压载泵扬程很难满足改装后系统的要求。

(4)船舶电站容量可能不足。

(5)船体结构及应力可能不符合规范要求。

(6)船舶自动控制系统受影响并需要改换。

(7)使用活性物质的船舶压载水管理系统应涉及防爆、人员保护等。

(8)船东面临改装成本,包括新装船舶压载水管理系统成本在内的巨大压力。

### 五、《BWM 公约》实施要求及未来工作重点

作为一个保护海洋生态系统免受入侵水生物种破坏的重要举措,《BWM 公约》已于 2017 年 9 月 8 日正式生效。船东将面临的问题是如何选型与安装压载水处理系统,在什么时机安装最为合适;船配企业则是如何让自己的压载水处理系统更优化,为船东提供更好的服务等。当前,虽然《BWM 公约》已经生效,但仍有不少值得业界关注和解决的问题。由于制定过程中相关技术标准、要求存在诸多问题(客观来说,这些问题大都是因为在制定时技术条件不成熟、考虑不周全、过于匆忙造成的),实际经验也不足,因此,IMO 陆续出台了系列文件和安排,以便在近期和远期逐步解决这些问题。

**1.《BWM 公约》的经验积累期(EBP)**

IMO 决定 EBP 分为三个阶段(自《BWM 公约》生效日起约 5 年时间):数据收集(各方均可以提供)、数据分析和《BWM 公约》修订。在此期间 PSC 检查将遵循"先行者不处罚原则"(先行者是指已安装 BWMS 的船东),但船舶必须满足《BWM 公约》相关要求(尽管其排放可能不满足 D—2 标准)。

由于 EBP 将最终决定如何对《BWM 公约》及配套导则进行进一步修订,因此如何开展船舶排放标准符合性验证试验、获得并收集到相关数据、对取样分析方法开展研究(包括 PSC 检查、BWM 认可时采用的取样分析方法,以及两者如何统一)、识别 BWMS 认可规则中的技术问题、如何完善应急措施将是下一步的工作重点。

**2. BWMS 认可规则的进一步修订**

尽管新 G8 或 BWMS 认可规则比老 G8 要求更严格、更完善,提高了 BWMS 的可靠性,但由于其设定的标准并不能完全覆盖船舶实际运行的环境条件(如总悬浮颗粒、温度范围等),且目前获得的经验、数据较少,业界对认可时的取样分析方法还存在争议,因此对 BWMS 认可规则做进一步修订将作为下一步的重点工作之一。此外,IMO 发布的认可导则与美国海岸警卫队(USCG)的认可标准之间还存在差异,如何消除这些差异也需要进行考虑。

**3. 应急措施**

IMO 制定了 BWM 下应急措施指南(BWM.2/Circ.62),以帮助港口国和船舶之间实行合理可行的解决措施。当船舶压载水的排放不符合 D—1 或 D—2 标准时(实际中很有可能出现这种情况),可根据该指南进行操作,同时,船东应了解港口国的政策并提前与其协商解决方案,将其纳入相关程序或 BWMP。对该指南的修订也是 IMO 下一步的重点工作。

**4. 相同风险区域(SRA)**

根据 IMO 通过的"2017 年压载水公约 A—4 条下风险评估导则(G7)"[MEPC.289(71)],对于短途国际航行的船舶,允许各国通过 SRA 风险评估方法对航行该区域的船舶免除 D—1 或 D—2 标准,东南亚等国际短距离航线船舶可考虑按此问询所涉及的主管机关是否及如何按此实施。

**5. 压载水置换统一解释**

对中日韩等航线船舶(具备压载水置换能力),当航行海域达不到《BWM 公约》对置换区的要求时(距岸距离和水深要求),可根据相关主管机关的要求,考虑依据 IMO 最新的压载水置换统一解释(BWM.2/Circ.63)进行操作,此时船舶无须将压载水排至压载水接收设施,也无须符合 D—2 标准,且具体的操作不应使船舶偏离航线或造成不当延误。

**学习笔记:**

# 任务 8　机舱通风系统放样设计

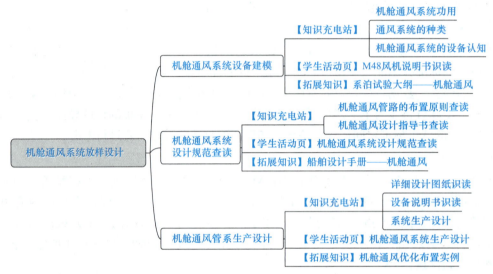

船舶机舱的通风是保证机舱良好的工作环境、完善管理人员劳动和卫生条件的一项必不可少的重要措施。另外，为了保证主机、辅机、锅炉及某些机械设备所需的空气量，机舱通风的必要性也就更加突出了。为此，在大中型船舶的机舱中都有比较完备的通风管系。即便在没有专门的通风管系的小型船舶，也要利用天窗、烟窗与外界相通的通道及自然通风头等来实现自然通风。本任务通过对机舱通风系统设计原理的学习，设计规范的查读，进而进行机舱通风系统生产设计。

通过本任务的学习，学生具体应达到以下要求。

一、知识要求

1. 了解机舱通风系统铁舾件设计原则。
2. 熟悉机舱通风系统管路布置原则。
3. 了解机舱通风系统设备布置原则。
4. 熟悉机舱通风系统设备基座建模主要内容。

二、能力要求

1. 能够掌握全船总布置图识读方法。
2. 能够掌握机舱布置图识读方法。
3. 能够掌握机舱通风系统设备说明书识读方法。

4. 能够掌握机舱通风系统设备建模方法。
5. 能够掌握机舱通风系统设备位置确定原则。
6. 能够掌握机舱通风系统详细设计图识读原则及方法。

### 三、素质要求

1. 具有规范操作、安全操作、环保意识。
2. 具有爱岗敬业、实事求是、团结协作的优秀品质。
3. 具有分析问题、解决实际问题的能力。
4. 具有创新意识，获取新知识、新技能的学习能力。

## 活动 8.1  机舱通风系统设备建模

### 活动引擎

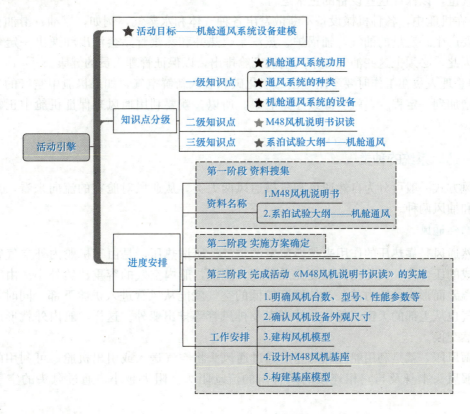

### 知识充电站

船舶机舱的通风是保证机舱良好的工作环境、完善管理人员劳动和卫生条件的一项必不可少的重要措施。另外，为了保证主机、辅机、锅炉及某些机械设备所需的空气量，机舱通风的必要性也就更加突出了。为此，在大中型船舶的机舱中都有比较完备的通风管系。即便在没有专门的通风管系的小型船舶，也要利用天窗、烟窗与外界相通的通道及自然通风头等来实现自然通风。

## 一、机舱通风系统功用

机舱通风系统的作用就是降低机舱的温度,排除各种油气、水蒸气和供应新鲜空气以保证动力装置的正常工作及改善管理人员的工作和卫生环境。船舶设置机舱通风系统的原因如下:

(1)在机舱内安装有主机、辅机、辅锅炉及管系等机械设备,这些设备在运行时每时每刻都要散发大量的热量,其中主机散发的热量占机舱热量的极大部分。例如,在大型船舶上 7 350 kW 柴油机的散热量每小时可以超过 418 500 J,再加上柴油发电机、辅锅炉及其他辅机和管系所散发出来的热量,同时,机舱相对来说又比较狭小,除天窗、舱口和通道外,四周又是密闭的,这就促使机舱的温度急剧升高,甚至达到不能容许的温度。高温不利于管理人员的健康和操作,因此,必须进行通风来造成一定的空气流动速度,将机械设备散发出来的热量带走,从而使机舱温度降低。

(2)主机、辅机、辅锅炉等设备在运行时需要燃烧一定量的空气,这就要不断供给机舱这些空气量,以保证这些设备的正常运行。

(3)在机舱中,各种机械设备不断散发出各种气体和水蒸气,例如,燃油、滑油在工作过程中要产生一定量的油气,辅锅炉、蒸汽泵、热井和蒸汽管路会汇出和逸出一定量的水蒸气。因此,必须把这些油气和水蒸气从机舱排出,以保证管理人员的健康。

(4)管理人员在工作时要不断呼出二氧化碳和吸入新鲜空气,如果机舱中空气的二氧化碳含量增加到一定程度,就会导致严重后果。所以,就要利用通风来保证机舱中正常的空气成分。

## 二、通风系统的种类

通风方式一般可分为自然通风和机械通风两大类。从通风对舱室的流向来看,又可分为送风和抽风两种。

### 1. 自然通风

自然通风是靠热压的作用来替换舱室的空气。所谓热压,是由于机舱内外空气容重不同而形成的压力差。机舱内的温度比舱外高,因而,舱内空气的容重比舱外小。由于存在这种因温差而形成的压力差,舱外温度较低的空气就能从风管进入机舱下部。同时,舱内的热空气也从上部的天窗、舱口、外烟囱及排风管等排出船外。这样,舱内外就形成了空气的自然交换。

所谓风压,就是利用船外风的速度通过通风头将空气送入或引出机舱。可利用的风压应能克服风头本身及与它相连接的风管内的流动阻力。阻力越小,通过风头的空气量就越大。

自然通风可以利用各种通风头来实现,通风效果好坏与通风头的选用有关。自然进风和排风的通风头结构形式很多,图 8-1-1 所示为自然通风的烟斗式通风头(或称风斗)。它的优点是相对风速高,局部阻力系数较小,且结构简单;缺点是防水性差。这种通风头装有回转装置后,既能作为进风又能作为排风。当转动风斗使斗口迎风,风就能从风斗进入机舱。当转动风头使斗口背风,就能将机舱的热空气抽出。烟斗式自然通风头在自然通风中得到广泛应用。

自然通风的优点是不需设置通风机,因而设备简单,耗费小,仅需设置一些风筒

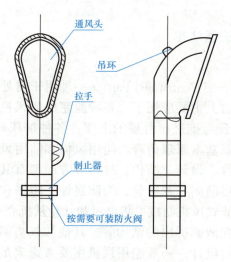

图 8-1-1 烟斗式通风头

之类的装置即可，且工作时不消耗动力。但由于它是依靠热压和风压进行的，因此与外界的自然条件有密切的关系，工作不稳定，而且通风量也受到一定的限制。所以，自然送风和排风一般仅适用于小型船舶上，在大、中型船舶上自然通风与机械通风结合起来使用。

**2. 机械通风**

机械通风是通过风机来进行送风和排风的，利用通风机将舱外新鲜空气送入机舱即机械送风，用抽风机抽出机舱内的热空气即机械排风。机械通风的优点是通风量可以人为控制不受外界自然条件的影响，且能对空气进行合理的分配和输送到各个特定处所。它一般在大、中型船舶上是作为主要的通风方式，而且常与自然通风结合起来使用。图 8-1-2 所示为机械通风示意。

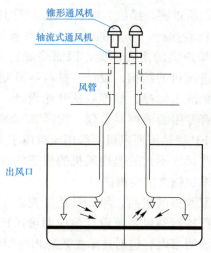

图 8-1-2 机械通风示意

从图 8-1-2 中可以看出，机舱内的新鲜空气是通过轴流式通风机从通风头吸入，然后沿着风管向下送到各个需要通风的处所。这种通风方式在一般船上应用较广。

### 三、机舱通风系统的设备认知

#### 1. 船用风机

船用风机(Forward Curved Centrifugal Fan)是一种用于需处理大流量、低中压空气的离心风机。船用风机在舰船上主要应用于：各种舱室的通风换气；各种船用空调器；锅炉鼓、引风；气垫船的垫升与推进；潜艇的上浮；各种加压舱通风；惰性气体、焚烧、再生、空气净化等系统。就基本原理而言，船用风机和陆用风机并无差别。但由于使用在舰船上，因而在性能参数、设计、结构、材料等方面都有其本身的特点。例如，为减小尺寸，离心式风机多采用前向叶片叶轮；为防腐蚀、防爆和减轻质量，多采用铝制叶轮；为便于船上拆装，轴流式风机制成可将电机和叶轮从机壳中摇出的可开式机壳结构，离心式制成可将叶轮从机壳两侧拆出的结构等。其他如气垫船用风机等特种风机，则更与陆用产品不同，需要专门设计。一般船用风机主要考虑满足船用要求，因而，限制了它采用更多的提高效率的措施，加上一般船用风机的功率均不大(数千瓦)，因而，结构较简单，效率也不高。

船用风机的发展是与舰船的发展息息相关的。随着造船技术的发展，一方面需要性能更好、更适合船用的产品；另一方面则需要研制新型风机以适应新的需要。发展方向主要为：标准化、低噪声化、高效率化；船用风机使用场合广泛，类型繁多，品种复杂，它的标准化、系列化是十分重要的。只有重视和发展这项工作才能不断提高产品质量，满足舰船发展的需要。各国都很重视这项工作，如日本、苏联在20世纪60年代建立标准系列均修订了多次。一方面不断更新已建立的标准系列，提高质量，扩大范围；另一方面则根据舰船发展建立新的系列。苏联在20世纪60年代还只有船用离心风机标准系列，轴流式多采用MU型(即我国的20 K4型)，参数范围也不广。现阶段不仅出现了参数范围更广的离心风机系列，还发展了机壳可开启式的轴流式风机标准系列。总的参数档数达200多档。日本的情况也相类似。

噪声问题也越来越为人们所重视，挪威、瑞典、德国等国家均已制订了船舶噪声规则。有些国家还已作为正式规范检验执行。今后的舰船上将对各种舱室内的噪声级作出限定。通风机的噪声是船舶舱室内噪声级的主要声源，因而降低它的噪声是各国所关心的问题。噪声的降低，一方面需从改进风机的结构、设计、材料等研制低噪声风机；另一方面需研制通风机配用的消声器，从系统上降噪。如苏联从叶轮设计，采用紊流网、叶片穿孔等方面设法减降。日本、丹麦均有专用的消声器系列。我国27 000 t出口船上选用的一台日本低噪声风机即装有消声器的FP型轴流通风机。船用风机由于主要考虑了船用要求，效率均较陆用产品低。实际上，一些尺寸不大的船用风机的效率均在0.6左右。随着船用风机尺寸的加大、功率的加大，效率也随之需要提高。

船用风机一般多是从厂家购买的成品，船厂只负责安装工作，一般配备技术服务人员对安装过程进行指导；在进行机舱通风系统设计前应明确风机的结构特性，便于进一步布置于管路的放样设计。风机说明书内容包括技术参数与相应图纸，如图8-1-3所示为风机外轮廓参数图。

#### 2. 风机基座建模

根据风机不同形式，风机基座可分为图8-1-4所示的三种形式。

(1)a类基座适用于轴流式风机，注意法兰需与风机配对，基座需开坡口满焊[图8-1-4(a)]。

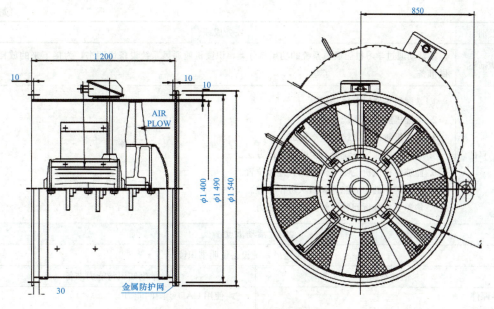

图 8-1-3　风机外轮廓参数图

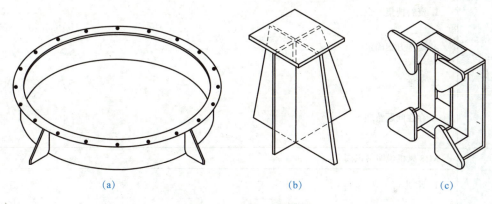

图 8-1-4　风机基座模型
(a)a 类基座；(b)b 类基座；(c)c 类基座

(2)b 类基座适用于离心式风机，注意立板不要与风机本体干涉[图 8-1-4(b)]。

(3)c 类基座适用于离心式风机，由于风机振动不好控制，且基座容易影响接线盒接线，此种基座尽量不采用[图 8-1-4(c)]。

风机基座加强同其他设备基座加强类似，采用反面加强或延伸至船体架构。

## 🧰 学生活动页

**M48 风机说明书识读**

| 学习领域 | 船舶动力装置生产设计 | 任务名称 | 船舶通风系统放样设计 |
|---|---|---|---|
| 活动名称 | M48 风机说明书识读 | 建议学时 | |
| 学生姓名 | | 班级学号 | |

续表

| 组别 | | | 任务成绩 | |
|---|---|---|---|---|
| 活动描述 | 本活动通过学习机舱通风系统的功用与分类，识读机舱通风系统设备说明书，为接下来的放样生产做准备。 ||||
| 活动目的 | 1. 掌握机舱通风系统功用。<br>2. 掌握机舱通风系统分类。<br>3. 了解机舱通风系统的基本构成。<br>4. 掌握机舱通风系统设备说明书识读方法。<br>5. 能够根据风机说明书确定风管连接位置。<br>6. 培养学生的沟通能力和团队协作精神。<br>7. 培养学生分析问题、解决问题的能力。 ||||
| 活动重点 |||||
| 机舱通风系统设备说明书识读 |||||
| 活动材料 ||| 学生知识与能力准备 ||
| ➤课件<br>➤微视频<br>➤某散货船机舱通风系统设备说明书 ||| ➤使用 CAD 绘图的能力<br>➤正确识读 CAD 图纸的能力<br>➤正确查找规范的能力 ||
| 小组人员分工 | 1. 资料搜集<br><br>2. 实施方案确定<br><br>3. 实施<br><br>4. 存在问题整理 ||||
| 活动实施 | M48 风机说明书识读<br><br>1. 计划<br><br><br><br><br><br><br>2. 实施背景<br>以 57800DWT 散货船的机舱通风系统设备 M48 说明书为例，对其说明书内的相关参数进行查读，以便为接下来的机舱通风系统生产设计提供相关参数支持。　3. 实施过程记录<br>3.1　M48 风机设备参数表查读<br>《M48 风机说明书》第一部分设备名称、型号、数目等参数表，见下表。 ||||

续表

| 风机名称 FAN MAME | 风机 FAN ||||||| 型号 Type | 功率/kW Output |
|---|---|---|---|---|---|---|---|---|---|
| | 型号 Type | 流量/(m²·h⁻¹) Capacity | 静压/Pa Sta press. | 气温/℃ Air Temp | 转速/(r·min⁻¹) Speed | 传动方式 Drive way | 出风口角度 Outlet angle | | |
| 1. Engine room supply fan 机舱轴流送风机 | FA-140A | 80 000 | 700 | | 1 175 | A | 门开（逆时针） | M2QA 250M6A | 42.6 |
| 2. Engine room supply fan 机舱轴流送风机 | FA-140A | 80 000 | 700 | | 1 175 | A | 门开（顺时针） | M2QA 250M6A | 42.6 |
| 3. Engine room supply fan 机舱轴流送风机 | FA-140A | 80 000 | 700 | | 1 175 | A | 门开（顺时针） | M2QA 250M6A | 42.6 |
| 4. Engine room supply fan 机舱轴流送风机 | FA-140A | 80 000 | 700 | | 1 175 | A | 门开（逆时针） | M2QA 250M6A | 42.6 |
| 5. Purifier space exhaust fan 分油机室轴流排风机 | FA-90A | 16 000 | 600 | | 1 745 | A | | M2QA 160M4A | 12.7 |
| 6. Workshop exhaust fan 机修间离心排风机 | JCL-32 | 5 000 | 600 | | 1 705 | A | R90° | M2QA 100L4B | 3.45 |
| 7. Pump room exhaust fan 泵舱轴流排风机（无火花型） | CBZ-100BⅢ | 50 000 | 650 | | 1 770 | after cabin 隔舱 | 配购2个TJB填料函 | M2QA 200L4A | 34.5 |
| 8. steering gear and emergency fire pump room supply fan 舵机室和应急消防泵舱轴流供风机 | JCZ-80B | 27 500 | 400 | | 1 725 | A | | M2QA 132M4A | 8.6 |
| 9. Bosun's store supply fan 水手长仓库轴流排风机 | JCZ-70A | 21 500 | 300 | | 1 725 | A | | M2QA 112M4A | 4.6 |

NOTE：
1. The material of peg, gemel, bolt, nut of fans is stainless steel(316L).
风机的销钉、铰链、螺栓、螺母等紧固件应为不锈钢材质(316L)。
2. Paint color：MUNSELL7.58G/7/2.
涂料颜色：MUNSELL7.58G/7/2。
3. Nameplate：English, the material of IP56 motor is stainless steel(316L), others is brass.
铭牌：英文，56号电机的风机铭牌为不锈钢材质，其他为黄铜。
4. Supply counter flange for inlet and outlet.
风机进出口带配对法兰。

| | |
|---|---|
| | 5. Supply factory certificate, DNV certificate.<br>提供工厂合格证书，DNV 证书。<br>6. Except Steering gear and emergency fire pump room fan is located the weather deck, others are located in the engine room.<br>除舵机室和应急消防泵舱轴流排风机位于露天甲板外，其余风机都位于机舱内。<br>7. The fan inside and outside surface treatment Sa2.5.<br>风机内外表面处理 Sa2.5 级。<br>8. 风机内表面：油漆牌号(Jotacote Universal)；颜色：灰色；厚度：125 μm。<br>风机外表面(位于机舱内)：第一层油漆牌号(Jotacote Universal)；颜色：灰色；厚度：100 μm。<br>第二层油漆颜色：7.5BG7/2；厚度：40 μm。<br>第三层油漆牌号：Pilot II；颜色：7.5BG7/2；厚度：40 μm。<br>9. 风机内表面：油漆牌号(Jotacote Universal)；颜色：灰色；厚度：125 μm。<br>风机外表面(位于露天甲板)：第一层油漆牌号：(Jotacote Universal)；颜色：铝红；厚度：150 μm。<br>第二层油漆牌号(Jotacote Universal)；颜色：灰色；厚度：150 μm。<br>第三层油漆牌号(Hardtop Flexi)；颜色：7.5BG7/2；厚度：50 μm。<br>位于机舱内：FA-140A(在风机房内)；FA-90A；JCL-32。<br>位于露天甲板：CBZ-100BⅢ；JCZ-80B；JCZ-70A。 |
| 活动实施 | 根据《风机设备参数表》确定该机泵舱风机使用个数等相关情况，并完成下表的填写<br><br>| 风机台数： | |<br>|---|---|<br>| 风机类型参数： | FA－140A |<br>| 传动方式： | |<br>| 风机安装位置： | |<br><br>3.2 M48 风机设备外观尺寸确认<br>《M48 说明书》中明确绘制了相应风机的外观尺寸，对于其外观的确认，为接下来设备的建模提供设计数据。如下图所示为分油机室风机。<br>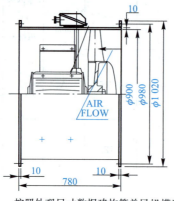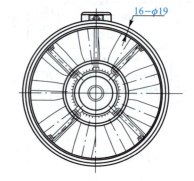<br>按照外观尺寸数据建构简单风机模型：<br>(三维模型图纸粘贴处) |

续表

| | |
|---|---|
| 活动实施 | 3.3 根据设计风机的类型选择其基座类型，选型原则如下：<br>a类基座适用于轴流式风机，注意法兰需与风机配对，基座需开坡口满焊。<br>b类基座适用于离心式风机，注意立板不要与风机本体干涉。<br>c类基座适用于离心式风机，由于风机振动不好控制，且基座容易影响接线盒接线，此种基座尽量不采用。<br>风机基座模型构建：<br>（三维模型图纸粘贴处） |
| 存在问题 | |

续表

| | 简答题 |
|---|---|
| 活动测试 | 1. 简述机舱通风管系的作用。<br><br>2. 简述机械通风的优点。<br><br>3. 简述通风系统的种类。<br><br>4. 风机的布置位置一般有哪些？<br><br>5. 风机基座类型有哪些？ |
| | 填空题 |
| | 1. 机舱通风管系的作用是_____，排除各种_____、_____和_____以保证动力装置的正常工作及改善管理人员的工作和卫生环境。<br>2. 机械通风的优点是_____，且能对空气进行合理的_____和_____到各个特定处所。<br>3. 自然通风的优点是不需设置通风机，因而_____，_____，仅需设置一些风筒之类的装置即可，且工作时_____。 |

| 任务评价 | 自我评价 | 1. 通过本任务学习，我学到的知识点和技能点有：_____。<br>存在问题有：_____。<br>2. 在本次工作和学习的过程中，我的表现可得到：<br>□优　□良　□中　□及格　□不及格 |
|---|---|---|
| | 小组互评 | |
| | 教师评价 | |

## 拓展知识

### 系泊试验大纲——机舱通风

| 图纸履历 PLAN HISTORY | | | | | |
|---|---|---|---|---|---|
| 日期<br>DATE | 标记<br>REV. NO | 简述<br>DESCRIPTION | 设绘<br>DWN | 审查<br>CHKD | 批准<br>APPD |
| | | | | | |

目录

CONTENTS

V01 机舱风机……………………………………………………………………

ENGINE ROOM VENTILATION FAN……………………………………………

| | | | | | | 详细设计 DETAIL DESIGN | | | |
|---|---|---|---|---|---|---|---|---|---|
| 标记<br>MARK | 数量<br>QTY | 修改单号<br>REV. SH. NO | 签字<br>SIGN | 日期<br>DATE | 系泊试验大纲（暖通部分）<br>ON BOARD TEST SCHEME<br>FOR VENTILATION PART | 质量<br>WEIGHT | 比例<br>SCALE | 面积<br>AREA | 2.2 |
| 设计 | | 审签 | | | | 共7页<br>TOTAL<br>SHEETS 7 | | 第1页<br>SHEET 1 | |
| 校对 | | | | | | | | | |

|  |  | 续表 |
|---|---|---|

| 船名 | 系泊试验大纲(暖通部分)<br>ON BOARD TEST SCHEME<br>FOR VENTILATION PART | 共 7 页<br>TOTAL<br>SHEETS 7 | 第 2 页<br>SHEET 2 |
|---|---|---|---|

V01 机舱风机
ENGINE ROOM VENTILATION FAN
1. Scope/范围
2. Test condition/试验状态

| EQUIPMENT<br>设备 | MAKER<br>制造厂 | MODEL<br>型号 | CAPACITY<br>容量/($m^3 \cdot h^{-1}$) | Q'TY<br>数量 |
|---|---|---|---|---|
| SUPPLY FAN FOR ENG. ROOM<br>左前机舱轴流送风机 | ××× | FA-140-1 REV.<br>可逆转 | 75 000 | 1 |
| SUPPLY FAN FOR ENG. ROOM<br>左后机舱轴流送风机 | ××× | FA-140-1 REV.<br>可逆转 | 75 000 | 1 |
| SUPPLY FAN FOR ENG. ROOM<br>右前机舱轴流送风机 | ××× | FA-140-1 | 75 000 | 1 |
| SUPPLY FAN FOR ENG. ROOM<br>右后机舱轴流送风机 | ××× | FA-140-1 | 75 000 | 1 |
| EXHAUST FAN FOR SEP. RM<br>分油机室排风机 | ××× | JCZ-90-4 | 25 000 | 1 |
| EXH. FAN FOR WORKSHOP<br>机修间排风机 | ××× | JCL-30 | 4 000 | 1 |
| EXH. FAN FOR ELEVATOR<br>MACHINE RM.<br>电梯设备间排风机 | ××× | JCZ-30-1 | 500 | 1 |
| EXH. FAN FOR PUBLIC TOILET<br>机舱公厕排风机 | ××× | CK100C | 200 | 1 |
| EXHAUST FAN FOR STEERING<br>GEAR ROOM<br>舵机舱排风机 | ××× | JCZ-90A | 39 000 | 1 |
| SUPPLY FAN FOR EMERGENCY<br>FIRE PUMP ROOM<br>应急消防泵舱送风机 | ××× | JCL-18 | 1 800 | 1 |
| SUPPLY FAN FOR BOSUN STORE<br>水手长储藏室送风机 | ××× | JCL-29 | 3 200 | 1 |
| EXH. FAN FOR FORE HYDRAULIC<br>PUMP ROOM<br>艏部液压泵舱排风机 | ××× | JCL-39 | 7 000 | 1 |

| 船名 | | 系泊试验大纲(暖通部分)<br>ON BOARD TEST SCHEME<br>FOR VENTILATION PART | 共 7 页<br>TOTAL<br>SHEETS 7 | 第 3 页<br>SHEET<br>3 |
|---|---|---|---|---|

| EQUIPMENT<br>设备 | MAKER<br>制造厂 | MODEL<br>型号 | CAPACITY/(m³·h⁻¹)<br>容量 | Q'TY<br>数量 |
|---|---|---|---|---|
| EXH. FAN FOR CHEMICAL LOCKER<br>化学品间排风机 | ××× | JCL-15 | 700 | 1 |
| EXH. FAN FOR MID. HYDRAULIC<br>PUMP ROOM 舯部液压泵舱排风机 | ××× | JCL-27 | 2 500 | 1 |
| SUPPLY FAN FOR PIPE TUNNEL<br>管弄送风机 | ××× | JCZ-80B | 19 000 | 1 |
| EXH. FAN FOR FORE PAINT ROOM<br>艏部油漆间防爆排风机 | ××× | CBL-32 | 6 000 | 1 |

3. Test condition

试验状态

Prior to inspection, following to be completed.

试验前，如下工作需完成：

(1)机舱通风系统和风机设备安装完毕。

Engine room ventilation system and fan are installed to be completed.

(2)机舱通风管路清洁完毕。

Engine room ventilation ducts are cleaned to be completed.

(3)上页表中，所有风机马达检测冷态绝缘电阻，其值应不小于 1 兆欧。

Motor of fan should be measure the insulation not less than 1 MΩ.

4. Test procedure

试验程序

4.1 机舱通风系统及通风机

E/R ventilating system and fan

各通风机进行半小时的效用试验，试验时检查：

Make function test of each fan for half hour, and check:

(1)风机及电动机的运转情况。

Fan and motor running situation.

(2)风道各出口布风情况。

Ventilating capacity of all air outlet.

(3)进、出风口关闭装置、调风门作效用检查。

Air intake/outtake close device and air damper.

(4)检查风机机舱外应急切断功能。

Check fan emergency stop function from E/R outside.

4.2 可逆转风机的送风/抽风转换试验

Reversible fan supply/exhaust changeover test

4.3 通风管防火风闸效用试验(在防火控制室操作，分油机室、水手长室除外)

Fire damper function test(operation from fire control stations, except the separator room and bosun store).

4.4 烟囱上自然通风开口关闭装置作关闭效用试验

Make function test of closing natural ventilation shutter close device.

| 船名 | 系泊试验大纲(暖通部分)<br>ON BOARD TEST SCHEME<br>FOR VENTILATION PART | 共 7 页<br>TOTAL SHEETS 7 | 第 4 页<br>SHEET 4 |
|---|---|---|---|

4.5　船艏各舱室和舵机舱通风系统

Forecastle rooms and steering gear room ventilating system

各通风机进行半小时的效用试验，试验时检查：

Make function test of each fan running for half hour and check：

(1)风机及电动机的运转情况。

Check fan and motor running.

(2)进、出风口关闭装置。

Air intake/outtake close device and air damper function test.

5. Test record

试验记录

The test results are to be recorded in the attached sheet.

试验结果应记录在附页中。

续表

| 船名 | | 系泊试验大纲(暖通部分)<br>ON BOARD TEST SCHEME FOR VENTILATION PART | | 共 7 页<br>TOTAL SHEETS 7 | 第 5 页<br>SHEET 5 |
|---|---|---|---|---|---|
| No. | DESCRIPTION<br>项目 | | RESULT 结果 | | 备注 |
| | | | SUPPLY 供风 | EXHAUST 排风 | |
| 1. | SUPPLY FAN FOR ENG. ROOM<br>左前机舱轴流送风机 | | | | |
| 2. | SUPPLY FAN FOR ENG. ROOM<br>左后机舱轴流送风机 | | | | |
| 3. | SUPPLY FAN FOR ENG. ROOM<br>右前机舱轴流送风机 | | | | |
| 4. | SUPPLY FAN FOR ENG. ROOM<br>右后机舱轴流送风机 | | | | |
| 5. | EXHAUST FAN FOR SEP. RM<br>分油机室排风机 | | | | |
| 6. | EXH. FAN FOR WORKSHOP<br>机修间排风机 | | | | |
| 7. | EXH. FAN FOR ELEVATOR MACHINE RM.<br>电梯设备间排风机 | | | | |
| 8. | EXH. FAN FOR PUBLIC TOILET<br>机舱公厕排风机 | | | | |
| 9. | EXHAUST FAN FOR STEERING GEAR ROOM<br>舵机舱排风机 | | | | |
| 10. | SUPPLY FAN FOR EMERGENCY FIRE PUMP ROOM<br>应急消防泵舱送风机 | | | | |
| 11. | EXH. FAN FOR CHEMICAL LOCKER<br>化学品间排风机 | | | | |
| 12. | EXH. FAN FOR MID. HYDRAULIC PUMP ROOM<br>舯部液压泵舱排风机 | | | | |
| 13. | SUPPLY FAN FOR PIPE TUNNEL<br>管弄送风机 | | | | |
| 14. | EXH. FAN FOR FORE PAINT ROOM<br>艏部油漆间防爆排风机 | | | | |
| 15. | SUPPLY FAN FOR BOSUN STORE<br>水手长储藏室送风机 | | | | |
| 16. | EXH. FAN FOR FORE HYDRAULIC PUMP ROOM<br>艏部液压泵舱排风机 | | | | |
| Q.C. | | OWNER | | | ABS |

续表

| 船名 | 系泊试验大纲（暖通部分）<br>ON BOARD TEST SCHEME FOR VENTILATION PART | 共 7 页<br>TOTAL SHEETS 7 | 第 6 页<br>SHEET 6 |
|---|---|---|---|

| VALVE No. | DESCRIPTION<br>项目 | RESULT<br>记录 | REMARK<br>备注 |
|---|---|---|---|
| | 机舱风机遥控防火风闸(1)<br>CLOSING DAMPER FOR E/R FAN(1) | | |
| | 机舱风机遥控防火风闸(2)<br>CLOSING DAMPER FOR E/R FAN(2) | | |
| | 机舱风机遥控防火风闸(3)<br>CLOSING DAMPER FOR E/R FAN(3) | | |
| | 机舱风机遥控防火风闸(4)<br>CLOSING DAMPER FOR E/R FAN(4) | | |
| | 烟囱百叶窗 1<br>FUNNEL CLOSING DAMPER 1 | | |
| | 烟囱百叶窗 2<br>FUNNEL CLOSING DAMPER 2 | | |
| | 分油机室供风管路气动防火风闸<br>SEPARATOR ROOM SUPPLY VENT CLOSING DAMPER | | |
| | 分油机室排风管路气动防火风闸<br>SEPARATOR ROOM EXHAUST VENT CLOSING DAMPER | | |
| | 电梯设备间供风管路气动防火风闸<br>ELEVATOR MACHINE RM. SUPPLY VENT CLOSING DAMPER | | |
| | 电梯设备间排风管路气动防火风闸<br>ELEVATOR MACHINE RM. EXHAUST VENT CLOSING DAMPER | | |
| | 机修间排风管路气动防火风闸<br>WORKSHOP EXHAUST VENT CLOSING DAMPER | | |
| | 艏液压泵间和水手长储物间排风管路电动防火风闸<br>FORE HYDRAULIC PUMP ROOM &BOSUN STORE EXH. VENT CLOSING DAMPER | | |

Q.C.                        OWNER                        ABS

续表

| 船名 | | 系泊试验大纲（暖通部分）<br>ON BOARD TEST SCHEME FOR VENTILATION PART | | 共 7 页<br>TOTAL SHEETS 7 | 第 7 页<br>SHEET 7 |
|---|---|---|---|---|---|
| INSPECTION RESULT<br>检验记录 | | | | | |
| 风机<br>FAN | | | | | |
| 风机安装位置<br>FAN POSITION | 测量数据 DATA | | 试验结论<br>CONCLUSION | 备注<br>REMARK | |
| | 风速<br>WIND VELOCITY | 通风截面积<br>SECTION AREA | | | |
| SUPPLY FAN FOR ENG. ROOM<br>左前机舱轴流送风机 | | | | | |
| SUPPLY FAN FOR ENG. ROOM<br>左后机舱轴流送风机 | | | | | |
| SUPPLY FAN FOR ENG. ROOM<br>右前机舱轴流送风机 | | | | | |
| SUPPLY FAN FOR ENG. ROOM<br>右后机舱轴流送风机 | | | | | |

Q. C.　　　　　　　　　　　　OWNER　　　　　　　　　　　　ABS

## 活动8.2　机舱通风系统设计规范查读

### 活动引擎

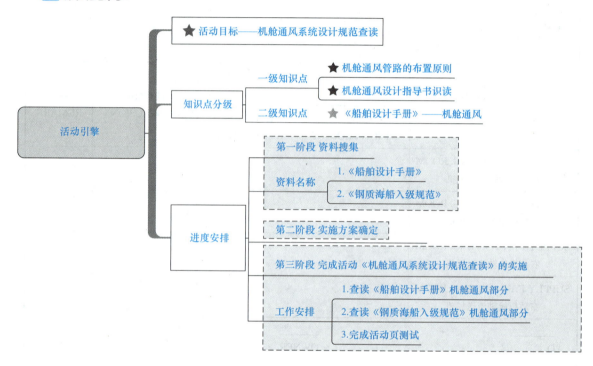

### 知识充电站

机舱通风系统相关动力装置的生产设计是在详细设计的基础上，根据产品建造方针和规格书、详细设计相关图样、管路附件的标准和样本图、有关的设备资料及相关的公约、规范、规则和工艺文件等，绘制通风管路走向图和综合布置图；并绘制管子零件图、管子支架图、管子腹板图、管子开孔图、托盘管理表、管材汇总表、附件汇总表和密性试验清册等，为管子加工与安装及物资采购和生产计划安排提供主要技术依据。根据对船舶总布置图的识读，已经明确整个机舱通风系统的相应船体构件，为了能够进行机舱通风系统生产设计，要提前查读机舱通风系统管路布置相关的规范及设计指导书等，确保在接下来的机舱通风系统生产设计中，管路、支架等的设计在符合通用要求的前提下又能满足机舱通风系统本身的特殊性。

一、机舱通风管路的布置原则

**1. 对管路布置的要求**

（1）应保证机舱内有足够的通风量以满足管理人员和机械设备的需要。
（2）机舱内各设备及工作处所的风量应根据需要予以合理分配。
（3）应保证能顺利和充分地进行通风换气，尽量避免死角，尽量减少外界的干扰和影响。

(4)气流组织和管路安排都应合理,通风管路应占据空间小,对其他管路影响少。

(5)设备要简单,管路尽量短,弯头尽可能少。

**2. 机舱通风的气流组织**

气流组织的好坏对通风换气的顺利进行、风量的均匀合理分配,以及管理人员的工作都有很大影响,因此,在进行通风管路布置时必须注意以下几点:

(1)为达到机舱通风降温的目的,应采用重点局部通风,即将舱外新鲜空气以较高速度送至主要工作场所,而且应与排气道组成良好的气流系统。

(2)机舱中的高温层、油气和水蒸气都在上部,送风区应在高温层下面,排风区则在其上面,这样不会将上面的热空气带入工作区域。对于没有明显高温层的机舱,排风区也应高于送风区。

(3)舱外新鲜空气应送到需要通风的地方。送风要保证一定的通风量,使工作区域的温度不超过舱外温度 5 ℃~8 ℃,而且要保证一定的风速,因为送风的主要方式是横向强力送风。

(4)不要将高速空气吹向机器,否则将加速机器余热的扩散而使工作地区的气温上升。气流的路线应该先吹至工作人员,逐渐扩散后再接近到机器,气流吸热加温后即自然上升。

船舶上往往是根据需要决定通风方式和管路布置,多是将机械通风、机械排风和自然通风相结合。管路布置形式一般为干管式、单管式和环管式三种。其中由于干管式占空间位置小、易于施工和投资少,一般在船舶上广泛应用。风管的截面形状有圆形和矩形两种。由于矩形风管占空间小、容易布置、装置方便美观,大、中型民用船舶的机舱风管一般采用矩形风管。

## 二、机舱通风设计指导书查读

**1. 轮机部分通风简介**

轮机部分通风生产设计是为了进一步体现详细设计的思想,更为具体地实现详细设计的目的,为现场制作及安装提供保证。

(1)工作范围。根据不同类型船舶,轮机部分通风生产设计工作范围略有不同。总的来说,机舾专业通风应包括机器处所(除空调机室和应发室)及部分服务处所的通风生产设计,一般包括机舱通风、泵舱通风、舵机舱通风、应急消防泵舱通风、管弄通风、艏部独立舱室通风、甲板储藏室及液压泵间通风、化学品间通风、缆索舱通风等。对于特种船舶,则根据详细设计具体进行划定范围或与空冷分交。

普通散货船及油船包括机舱通风、泵舱通风、舵机舱通风、应急消防泵舱通风、管道通风、艏部独立舱室通风、甲板储藏室及液压泵间通风、化学品间通风、缆索舱通风、机舱公厕通风、机舱内蓄电池室通风、货舱通风(货舱通风一般情况下不用进行生产设计)。

对于特种船舶,部分轮机专业通风与居舾专业通风在同一张布置图上,而且没有详细设计转化的布置图。

(2)轮机部分通风目的。轮机部分不同处所通风目的不同,一般来说,机器处所通风目的包括:提供燃烧设备必需的燃烧用空气量;带走设备及管路等的散热量;为工作人员创造适宜的工作环境。

对于特殊处所,通风目的更为明确,如油漆间通风需能够排除可燃气体;蓄电池室通风需排出有害气体;应急消防泵舱及泵舱需保证人员安全;$CO_2$ 室需有效地排除 $CO_2$ 气体;集控室需提供人员呼吸的新风等。不同的通风目的对生产设计要求不同。

(3)通风方式分类。在通常情况下,机械处所通风可分为四种类型,即机械送风和机械抽风;机械送风和自然排风;自然送风和机械抽风;自然送风和自然排风。各舱室通风方式的选择根据不同通风要求及规范、规则及公约而定。不同的通风方式对生产设计要求不同;生产设计时,根据详细设计图纸体现出的通风方式进行生产设计的合理布置。

(4)相应规范及规则在生产设计中的体现。规格书、规范及公约在通风生产设计中一般分为以下几类:

1)规格书对风管壁厚的规定(对比详细设计图纸)。

2)规格书中对露天处紧固件的规定。

3)规范中干舷甲板上船艏 0.25 L 处风筒及其加强形式的规定。

4)公约中泵舱应急风闸高度的要求及对泵舱通风进、排出口位置的规定。

5)规范中对于风管在不同处所穿舱形式的要求。

6)位置 1 与位置 2 处围板高度的要求。

对于从事通风生产设计的设计者,需对规格书、规范及公约中通风部分做出相应的了解。根据《国际载重线公约》附则 I 第 13 条的定义,位置 1 为在露天的干舷甲板上和后升高甲板上,以及位于从首垂线起船长的 1/4 以前的露天上层建筑甲板上的位置。位置 2 为在位于从首垂线起船长的 1/4 以后干舷甲板上至少一个标准上层建筑高度的露天上层建筑甲板上的位置,以及在位于从首垂线起船长的 1/4 以前,且在干舷甲板上至少两个标准上层建筑高度的露天上层建筑甲板。

**2. 风管设计基本原则及要点**

(1)附壁风管布置。

1)由于部分风管尺寸过大或距结构较近,风管需做成附壁风道。

2)注意规格书中对附壁风道壁厚的规定。

3)附壁风道尽量做成结构风道。

4)单边超过 800 mm 的附壁风道需加强,但加强要尽量小一点,避免噪声过大或影响通风面积。

5)注意附壁风道的现场施工可行性。

6)注意附壁风道的过焊孔处的封堵形式(可参考船体专业节点形式)。

(2)支管布置。

1)支管大体走向依据通风布置图放样。

2)支管高度不得低于 2 100 mm。

3)风管距舱壁至少 100 mm,保证船体涂装空间及风管紧固件拆装空间。

4)风管不得布置在吊装区域内。

5)尽量避免布置在加热设备上方。

6)尽量远离排烟管路,风管距排烟管最好 50 mm 以上(包完绝缘)。

7)注意风管及附件不得妨碍主通道、应急脱险通道、梯道的规定空间。

8)如风管需包绝缘,则需考虑绝缘空间。

9)如非必要,应避免特殊形状风管,应尽量保持风管平滑。

10)风管变径时尽量保持下表面平。

11)风口处不应有遮挡,影响通风效果。

12)风管布置时不应影响正常通道。

(3)风管基本形状。一般情况下,风管形状应按图 8-2-1 进行设计。

(4)风管的断取及开孔。如有需要,风管设计可采用图 8-2-1 所示形状的组合形式及一些特殊形状。

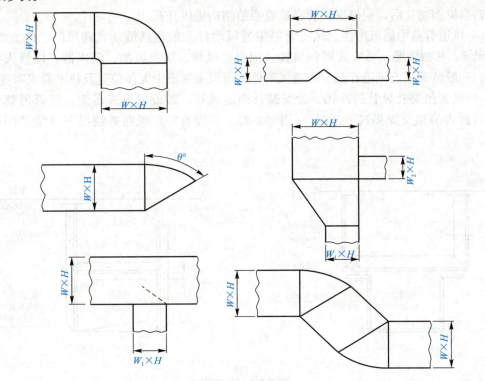

图 8-2-1　风管形状

为方便制作及安装,风管需用法兰及套管分为若干部分。每根直管长度约为 2 000 mm,当最小边≥500 mm 时,长度可延长至约 3 000 mm。

1)单根管子弯头数量一般≤2 个,带弯头的风管如图 8-2-2 所示。

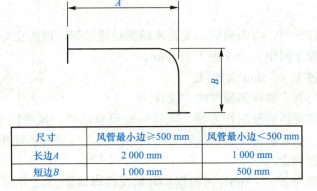

| 尺寸 | 风管最小边≥500 mm | 风管最小边<500 mm |
| --- | --- | --- |
| 长边 $A$ | 2 000 mm | 1 000 mm |
| 短边 $B$ | 1 000 mm | 500 mm |

图 8-2-2　带弯头的风管

2)穿平台的管子距平台一般应为 100 mm,最长不超过 300 mm,法兰高度为 100～300 mm。

3)分段的风管断取应距分段缝约 300 mm。

4)与结构风管或舱壁烧焊的直管段为100 mm。

5)主管上的支管断取长度为100 mm。

6)合龙套管两端直管段一般为600 mm,最大不超过800 mm。

7)当模型细化后,应根据风管穿舱需要给结构提供开孔。

(5)风道管路中通风附件。风道管路中通风附件一般包括链动式调风门、E型调风门、E型风栅、F型风栅、百叶式可调风栅、铝合金风栅、防火风闸、消声器、检修人孔及直梯等。一般情况下,风道管路中的通风附件按通风布置图中大体位置及技术要求布置。

(6)风管吊架及风管的连接。为安装及固定风管,需设置风管吊架。风管吊架一般可分为可拆式吊架及焊接式吊架两种(图8-2-3)。在没有特殊说明的情况下尽量采用可拆式吊架。

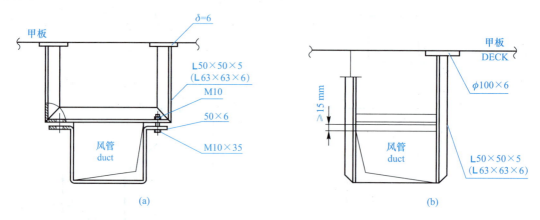

图 8-2-3 吊架型式
(a)可拆式吊架;(b)焊接式吊架

1)风管吊架形式选择需参考ASDP。

2)风管吊架间距基本为2 000 mm,可根据具体情况调整。

3)吊架角钢基本为L50×50×5(风管单边小于800 mm),L63×63×6(风管单边大于或等于800 mm)。

4)一般风管附件两侧、弯头两侧、支管末端需设置吊架,以防止局部振动。

5)吊架角钢与管子间距大于或等于15 mm。

6)吊架高度超过1 000 mm需加强。

7)风管吊架可与管支架等舾装件统一设计。

风管的连接为方便拆装及制作方便,风管一般设置法兰。风管法兰一般可分为角钢法兰和扁钢法兰两种。在通常情况下,风管采用角钢法兰,与风机圆端相连处采用扁钢法兰。在分段合龙处需设置套管。

8)法兰间距一般为2 000 mm,可根据实际情况适当调整。

9)支管与主管相连处100 mm应设置法兰,以方便安装。

10)注意法兰处需保证足够的拆装空间。

11)与设备及附件相连的法兰需与设备及附件配对。

12)套管形式(表8-2-1)以ASDP为准。

表 8-2-1 套管形式

| 类型 | 详图 | 材料 | 应用 |
|---|---|---|---|
|  | 3—间隙值 3 mm | 等边角钢（equal angle） | 矩形风道（Rectangular duct） |
|  | 1—间隙值 1 mm；3—间隙值 3 mm | 钢板（steel plate） | 圆形风管（Circular duct） |
|  | 2-10；60 | 钢板（steel plate） | 调整管道（Adjusting duct） |

注：套管的长度根据 ASDP 最终确定。

(7) 特殊处所的通风布置。对于一些特殊处所，通风布置有特定的要求，如泵舱、蓄电池室、油漆间、应急消防泵舱等。

1) 蓄电池室出风口位于房间顶部，进风口位于房间底部，成对角布置以保证有害气体有效排出，避免易爆气体积聚。

2) 油漆间的通风布置应保证比空气轻的和比空气重的气体均能排出。

3) $CO_2$ 室的排风口应与自然进风口错开布置，在房间的顶部和房间的底部均应有口，风管经过起居处所时需气密。

4) 应急消防泵舱应保持独立的通风系统，机舱发生火灾时应保证烟气无法进入应急消防泵舱。

5) 风道在集控室窗前经过时不应该挡住视野。

6) 集控室内的风道要注意布风器的连接空间，进风口及回风口安装时要注意壁板厚度。

7) 机舱公厕排风口需与居舱专业沟通，以保证排风口连接。

8) 空压机处需参考空压机厂家推荐布置送风口。

## 学生活动页

### 机舱通风系统设计规范查读

| 学习领域 | 船舶动力装置生产设计 | 任务名称 | 船舶通风系统生产设计 |
|---|---|---|---|
| 活动名称 | 机舱通风系统设计规范查读 | 建议学时 | |
| 学生姓名 | | 班级学号 | |
| 组别 | | 任务成绩 | |
| 活动描述 | 本活动通过对机舱通风管路的布置原则和机舱通风设计指导书的查读,为之后机舱通风管路的生产设计做准备。 | | |
| 活动目的 | 1. 了解机舱通风管路布置的要求。<br>2. 了解机舱通风的气流组织。<br>3. 掌握轮机部分通风概述。<br>4. 掌握风管设计基本原则及要点。<br>5. 了解风管基本形状。<br>6. 培养学生分析问题、解决问题的能力。<br>7. 培养学生的沟通能力和团队协作精神。 | | |

| 活动重点 |
|---|
| 通风系统管路布置原则 |

| 活动材料 | 学生知识与能力准备 |
|---|---|
| ➤课件<br>➤微视频<br>➤某散货船总布置图纸资料<br>➤《船舶机舱通风管理计划编制指南》<br>➤《钢质海船入级规范》 | ➤使用CAD绘图的能力<br>➤正确识读CAD图纸的能力<br>➤正确查找规范的能力 |

| 活动测试 | 简答题<br><br>1. 简述机舱通风管路布置的要求。<br><br>2. 简述轮机部分通风概述。<br><br>3. 简述轮机部分通风目的。<br><br>4. 简述通风方式分类。<br><br>5. 简述附壁风管布置。<br><br>6. 简述支管布置。 |
|---|---|

续表

| | |
|---|---|
| 活动测试 | 7. 简述风道管路中通风附件。<br><br>填空题<br>1. 船舶上往往是根据需要决定_____和管路布置，多是将机械通风、机械排风和_____相结合。<br>2. 管路布置形式一般为干管式、单管式和_____。其中由于_____占空间位置小、易于施工和投资少，一般在船舶上广泛应用。<br>3. 总的来说，机舾专业通风应包括机器处所（除空调机室和应发室）及部分服务处所的通风生产设计，一般包括_____、泵舱通风、舵机舱通风、_____、管弄通风、艏部独立舱室通风、甲板储藏室及液压泵间通风、_____、缆索舱通风等。<br>4. 风管的截面形状有圆形和_____两种。<br>5. 风道管路中通风附件一般包括_____、E型调风门、E型风栅、F型风栅、_____、铝合金风栅、防火风闸、_____、检修人孔及直梯等。 |
| 任务评价 | 自我评价：1. 通过本任务学习，我学到的知识点和技能点有：_____。<br>存在问题有：_____。<br>2. 在本次工作和学习的过程中，我的表现可得到：<br>□优 □良 □中 □及格 □不及格 |
| | 小组互评 |
| | 教师评价 |

## • 拓展知识

**船舶设计手册——机舱通风**

### 1. 机舱通风的任务

（1）提供燃烧设备必需的燃烧用空气量。
（2）带走设备的散热量。
（3）为机舱内工作人员创造适宜的环境条件。

### 2. 机舱通风总量

机舱通风总量已有国际标准（ISO 8861）。设计时可按照该标准推荐的公式和数据进行计算。该标准要求机舱通风总量 $Q_{TV}$ 至少为机舱内所有设备所需燃烧空气量 $q_c$ 和设备散热所需通风量 $q_h$（考虑燃烧空气的散热作用）的总和，即

$$Q_{TV} = q_c + q_h \tag{8-2-1}$$

$$Q_{TV} = q_c + q_h \tag{8-2-2}$$

计算中不考虑逸入机舱棚和烟囱的空气量及机舱棚和烟囱中设备和管道的散热通风量。ISO 8861 计算的通风总量是按式（8-2-1）和式（8-2-2）进行计算的，计算出的风量已大于换气量要求和温升要求。

$q_c$ 和 $q_h$ 应按具体的设备厂提供的参数进行计算,当在设计中不能及时得到这些信息时,可按式(8-2-3)和式(8-2-4)进行估算。

### 3. 燃烧所需空气量

(1)推进柴油机燃烧空气量 $q_{dp}$ ($m^3/s$)。

$$q_{dp}=\frac{P_{dp} \cdot m_{ad}}{\rho} \tag{8-2-3}$$

式中　$P_{dp}$——推进柴油机的持续使用功率(kW)。

　　　$m_{ad}$——推进柴油机燃烧空气率[kg/(kW·s)],估算时可取:对二冲程柴油机,$m_{ad}$=0.002 3 kg/(kW·s);对四冲程柴油机,$m_{ad}$=0.002 0 kg/(kW·s)。

　　　$\rho$——空气密度,$\rho$=1.13 kg/$m^3$(温度为+35 ℃,相对湿度为70%,气压为101.3 kPa)。

(2)发电用柴油机燃烧空气量 $q_{dg}$ ($m^3/s$)。

$$q_{dg}=\frac{P_{dg} \cdot m_{ad}}{\rho} \tag{8-2-4}$$

式中　$P_{dg}$——发电用柴油机使用功率(kW);

　　　$m_{ad}$——发电用柴油机燃烧空气率[kg/(kW·s)],当无 $m_{ad}$ 数值时,可采用同推进柴油机同样估算数据;

　　　$\rho$——空气密度,$\rho$=1.13 kg/$m^3$(温度为+35 ℃,相对湿度为70%,气压为101.3 kPa)。

(3)锅炉(蒸汽和热流体锅炉)燃烧空气量 $q_b$ ($m^3/s$)。

$$q_b=\frac{G_b \cdot m_{fs} \cdot m_{af}}{\rho} \tag{8-2-5}$$

式中　$G_b$——锅炉最大连续产量(kg/s)(蒸汽),或最大连续产热量(kW);

　　　$m_{fs}$——燃油耗率(kg/kg)或[(kg/s)/kW],估算时可取 $m_{fs}$=0.77 kg/kg 或 $m_{fs}$=0.11(kg/s)/kW;

　　　$m_{af}$——燃烧1 kg燃油所需空气量(kg/kg),估算时可取 $m_{af}$=15.7 kg/kg;

　　　$\rho$——空气密度,$\rho$=1.13 kg/$m^3$(温度为+35 ℃,相对湿度为70%,气压为101.3 kPa)。

(4)燃烧所需总空气量 $q_c$ ($m^3/s$)。

$$q_c=q_{dp}+q_{dg}+q_b \tag{8-2-6}$$

### 4. 设备散热量估算

(1)柴油机(推进、发电等)散热量 $\phi_d$ (kW)。

二冲程　　　　　　　　　$\phi_d=0.141 \cdot P^{0.76}$ 　　　　　　　　(8-2-7)

四冲程　　　　　　　　　$\phi_d=0.396 \cdot P^{0.7}$ 　　　　　　　　(8-2-8)

式中　$P$——柴油机持续使用功率(kW)(不计备用柴油机)。

(2)齿轮箱散热量 $\phi_g$ (kW)。

$$\phi_g=h_g \cdot S(t_{LO}-t_{air}) \tag{8-2-9}$$

式中　$\phi_g$——齿轮箱表面散热量(kW);

　　　$h_g$——齿轮箱表面热导率[0.013 9 kW/(m·K)];

　　　$S$——齿轮箱散热计算面积($m^2$);

　　　$t_{LO}$——润滑油工作温度(℃);

　　　$t_{air}$——周围空气温度(℃)。

(3)锅炉(蒸汽、热媒油)散热量 $\phi_b$ (kW)。

对蒸汽锅炉 $\phi_b = m_s \cdot m_{fs} \cdot h \cdot \dfrac{\Delta h_b}{100} \cdot B_1$ (8-2-10)

对热媒油加热炉 $\phi_b = Q_b \cdot B_1 \cdot \dfrac{\Delta h_b}{100}$ (8-2-11)

式中 $m_s$——蒸汽产量(kg/s)。

$m_{fs}$——每千克蒸汽的燃油耗率，可取 $m_{fs}=0.077$ kg/kg。

$h$——燃油低热值，一般 $h=40\,200$ kJ/kg。

$\Delta h_b$——锅炉在最大连续输出时的热损失百分比，按图 8-2-4 查取。

$B_1$——锅炉位置系数，若锅炉设在机舱内(机舱棚以下)，则 $B_1=1$；若锅炉设在机舱棚格栅上下之间，则 $B_1=0.1$；若锅炉设在机舱棚烟道内，则 $B_1=0$。

$Q_b$——热媒油加热炉的最大连续产热量(kW)。

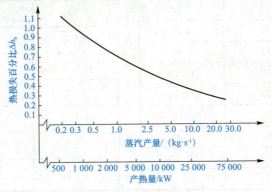

图 8-2-4 锅炉热损失

(4)蒸汽管和凝水管散热量 $\phi_{ps}$(kW)。

$$\phi_{ps} = m_{sc}\dfrac{\Delta h_p}{100}$$ (8-2-12)

式中 $m_{sc}$——蒸汽总耗量(kW)(每千瓦大约相当于每小时 1.6 kg 蒸汽)；

$h_p$——蒸汽管和凝水管每千瓦蒸汽热耗量的散热量，可取 $h_p=0.2$。

(5)发电机散热量 $\phi_{dg}$(kW)。

风冷发电机的散热量

$$\phi_{dg} = P_{dg}(1-\eta)$$ (8-2-13)

式中 $P_{dg}$——风冷发电机功率(kW)，备用机组不计；

$\eta$——发电机效率，可取 $\eta=0.94$。

(6)电气设备散热量 $\phi_{el}$(kW)。机舱内电气设备的总散热量为工作中的电气设备散热量总和，估算时可取航行中使用的电气设备额定功率和照明功率总和的 20%。

(7)排气管和废气锅炉散热量 $\phi_{pg}$(kW)。排气管和废气锅炉的散热量可按图 8-2-5 查取(各排气量段单位长度散热量)，二冲程柴油机用 $\Delta t = 250$ K，四冲程柴油机用 $\Delta t = 320$ K。设在机舱棚和烟道内的排气管与废气锅炉的散热量不计。

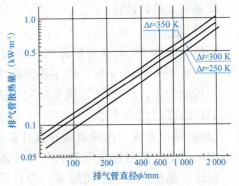

图 8-2-5 排气管道散热

(8)空压机散热量 $\phi_{ac}$(kW)。机舱中若设有空冷式空压机则其散热量较大,表 8-2-1 所列为 0.294 MPa 输出压力的空冷式空压机系列的散热量,供估算时参考。如尚有散热量较大的设备,则按其规格书上的散热量加以考虑。

表 8-2-2 空冷式空压机的散热量

| Hz | 转速/(r·min⁻¹) | 排量/(m³·h⁻¹) | 散热量/kW | Hz | 转速/(r·min⁻¹) | 排量/(m³·h⁻¹) | 散热量/kW |
|---|---|---|---|---|---|---|---|
| 50 | 950 | 7 | 1.87 | 60 | 1 150 | 9 | 2.05 |
| | 1 450 | 11 | 2.45 | | 1 750 | 13 | 2.76 |
| | 950 | 17 | 2.29 | | 1 150 | 20 | 4.38 |
| | 950 | 23 | 4.09 | | 1 150 | 27 | 5.25 |
| | 1 450 | 25 | 5.52 | | 1 750 | 28 | 6.94 |
| | 950 | 29 | 5.78 | | 1 150 | 35 | 6.94 |
| | 1 450 | 34 | 6.76 | | 1 750 | 38 | 9.08 |
| | 1 450 | 43 | 8.81 | | 1 750 | 47 | 11.84 |
| | 950 | 50 | 10.23 | | 1 150 | 59 | 12.46 |
| | 950 | 73 | 14.15 | | 1 150 | 88 | 17.09 |
| | 1 450 | 74 | 15.66 | | 1 150 | 114 | 21.54 |
| | 950 | 96 | 17.80 | | | | |
| | 1 450 | 108 | 21.63 | | | | |
| | 1 450 | 140 | 27.15 | | | | |

(9)设备散热所需通风量 $q_h$(m³/s)。

$$q_h = \frac{\sum \phi}{\rho \cdot c \cdot \Delta T} - 0.4(q_{dp} + q_{dg}) - q_b \tag{8-2-14}$$

式中 $\sum \phi$——机舱中所有设备散热量总和,即

$$\sum \phi = \phi_d + \phi_g + \phi_b + \phi_{ps} + \phi_{dg} + \phi_{el} + \phi_{ac} + \phi_{pg} + \phi_t + \phi_0$$

$\phi_0$——其他设备散热量(kW);

$c$——空气比热容[kJ/(kg·K)]($c$=1.01);

$\Delta T$——12.5 K(设计状态下空气流经机舱的温升);

$\rho$——空气密度,$\rho$=1.13 kg/m³(在温度为+35 ℃,相对湿度为 70%和气压为 101.3 kPa)。

**5. 通风系统的设计**

(1)风量分配。

1)机舱棚约 5%,主要供废气燃油两用锅炉用空气。

2)机舱上平台约 50%,供主机燃烧用空气。

3)机舱中平台约 30%,供柴油发电机组、分油机、燃油加热器等冷却。

4)机舱底层约 50%。

(2)出风口布置。出风口应布置在靠近柴油机增压器进气处、经常操纵与操作维修的场所。出风口不能直对散热设备和电气设备等对海水敏感的设备表面。

建议分油机设独立封闭舱室,设自闭式钢质门。对该舱室要求独立的送抽风系统,送风管可接自机舱风机,抽风管设独立抽风机,设防火风闸。风量可按以上散热风量计算和

换气量确定，推荐送风每小时 30～40 次，抽风量每小时 35～45 次，两者中取大值。客船机舱则要求设独立的分油机室。一般货船若船级社允许不设独立的分油机室时，则须注意该船级社的有关要求。

（3）风速。主风管 10～15 m/s，支管 8～10 m/s，自然排风口 3～5 m/s。机舱通风风管阻力计算需注意计算分析，以免由于风管阻力大，使风机排量减少而导致机舱温度上升。

（4）抽风。机舱通风机供风时，由烟囱风口排出（推荐烟囱风口排出量为机舱送风量30%）。机舱还需设排风机，一般是设可逆转风机兼供风及排风用，风机的布置应注意防止海水的浸入。当排气不能通过烟囱或排风口排出时，应另设抽风机。抽风系统的设计应维持机舱内稍微有正压，通常不超过 50 Pa。

（5）防火风闸。根据船级社及有关规则的要求，在机舱的通风管系统中适当处所设置防火风闸或采取其他等效的措施。

## 活动 8.3　机舱通风管系生产设计

### 活动引擎

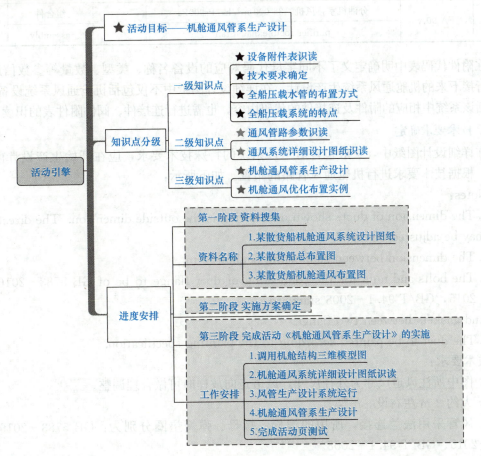

## 知识充电站

### 一、机舱通风系统详细设计图纸参数识读

#### 1. 设备附件表识读

在机舱通风系统的详细设计图中包含了一些基本参数表,这类图形代码表的存在,降低了详细设计图纸内容的复杂性,如设备图形附件表见表 8-3-1。

表 8-3-1 设备图形附件表

| 序号 | 代号 | 名称 | 口径/mm | 材料 | 数量 |
|---|---|---|---|---|---|
| 1 | FA-140A | 机舱供风机　80 000 $m^3$/h,Ps700Pa<br>engine room supply fan | | 组合件<br>assembly | 1 |
| 2 | FA-140A | 机舱供风机　80 000 $m^3$/h,Ps700Pa<br>engine room supply fan | | 组合件<br>assembly | 1 |
| 3 | FA-140A | 机舱供风机(可逆转)　80 000 $m^3$/h,Ps700Pa<br>engine room supply fan(REV.) | | 组合件<br>assembly | 1 |
| 4 | FA-140A | 机舱供风机(可逆转)　80 000 $m^3$/h,Ps700Pa<br>engine room supply fan(REV.) | | 组合件<br>assembly | 1 |
| 5 | FA-90A | 分油机室排风机　36 000 $m^3$/h,Ps900Pa<br>purifier room exhaust fan | | 组合件<br>assembly | 1 |

在附件代码表中明确定义了不同字母代码对应的设备名称、类型、数量等参数信息,便于进行接下来的机舱通风系统生产设计。在详细设计图纸中不仅包括机舱通风系统设备代码,还包括该系统中相应的附件及连接件的代码内容,也需进行连接件、阀件附件表的识读。

#### 2. 技术要求确定

在详细设计图纸中,一般包含对于该系统的特殊技术要求,应在开始生产设计前予以确认,根据技术要求进行机舱通风管路的布置。如下所示:

Notes:

1. The dimension of ducts shown on drawing is the outside dimension. The direction of duct may be adjusted on loft.

2. The dimension between supporting is about 2 m.

3. The bolts and nuts for the connecting of duct flange to be of GB 5783—2016, GB 6170—2015, GB/T 94.1—2008 standard.

And gaskets between two flange.

4. The duct to be painted according to the painting specification.

技术要求:

1. 图中所注风道尺寸为外径尺寸,风道走向放样时可做合理调整。

2. 大约 2 m 左右设一吊架。

3. 风管采用法兰连接,所用的螺栓、螺母、弹簧垫圈分别为:GB 5783—2016、GB 6170—2015、GB/T 94.1—2008。

法兰之间加垫片。

4. 风道涂漆根据油漆说明书。

## 二、通风系统详细设计图纸识读

通风系统详细设计图如附图 7 所示。

该案例的机舱通风装置由进气与排气通风装置组成。进气通风装置由进气栅(风帽)、防火挡板、轴流式风机、风管、送风口和调节风门等组成；排气通风装置由排风口、排风机、排气栅(风帽)及防火挡板等组成。

机舱通风管系布置形式有以下三种：

(1)以主管为主的通风管系，其优点是占地面积较小，布置合理，投资较小，因此一般船舶大多采用这种形式。

(2)以支管为主的通风管系，各支管分别与总管连接。它有利于采用相同尺寸的支管而便于大量生产，但占据空间较大，布置不尽合理，船舶采用不多。

(3)主、支管结合的环形通风管系，采用两根主管连接成环形，各支管都连接在主管上。这种形式的缺点是在环管末端的风速和风量容易变化，而且占空间位置较大，船舶上也采用不多。

该案例的通风管路布置形式为第三类。

机舱通风管一般有矩形风管和圆形风管(螺旋风管)两种形式，现在还有椭圆形螺旋风管。由于在周长相等的情况下，圆的面积要大于矩形的面积，故采用圆形风管节约材料且质量比较轻，安装简便，但破损率也比较高；矩形风管形式灵活，在保证截面面积的情况下可做任意调整，在有些位置复杂的场合具有优势。

机舱主风机一般采用电动风机，有两台或两台以上，大型船舶一般为四台，其中有两台可逆转，布置在艉楼甲板上，这样可以避免在主进风口安装可关闭的风雨密装置(规范要求)。进风口的位置不得靠近相关舱室的排风口，以避免有毒气体或废气进入机舱再循环；进风口的开孔面积要足够大，保证进气流速不超过 6 m/s。风机布置最好左右舷对称，因为在舰机型船舶机舱内，出于排气管和机舱行车的布置，风管要横穿机舱非常困难；且在航行过程中低负荷的情况下，可以利用侧风机的可逆转，形成机械送风和机械排风的通风组合，大大改善换气效果。排风口应位于船的尾部，以便利用船舶航行时产生的负压区加强排风。

## 学生活动页

**机舱通风管系生产设计**

| 学习领域 | 船舶动力装置生产设计 | 任务名称 | 机舱通风系统放样设计 |
|---|---|---|---|
| 活动名称 | 机舱通风管系生产设计 | 建议学时 | |
| 学生姓名 | | 班级学号 | |
| 组别 | | 任务成绩 | |
| 活动描述 | 本活动通过对机舱通风系统详细设计图纸参数和通风系统详细设计图纸识读，为机舱通风系统的生产设计做准备。 | | |

续表

| 活动目的 | 1. 了解机舱通风系统详细设计图纸参数。<br>2. 掌握机舱通风系统设备附件表识读。<br>3. 确定机舱通风系统技术要求。<br>4. 掌握机舱通风系统详细设计图纸识读的方法。<br>5. 培养学生分析问题、解决问题的能力。<br>6. 培养学生的沟通能力和团队协作精神。 ||
|---|---|---|
| 活动重点 |||
| 压载水系统生产设计 |||
| 活动材料 || 学生知识与能力准备 |
| ➢课件<br>➢微视频<br>➢《钢质海船入级规范》<br>➢《船舶设计实用手册》 || ➢使用CAD绘图的能力<br>➢正确识读CAD图纸的能力<br>➢正确查找规范的能力<br>➢风管建模能力 |
| 小组<br>人员<br>分工 | 1. 资料搜集<br><br>2. 实施方案确定<br><br>3. 实施<br><br>4. 存在问题整理 ||
| 活动实施 | 机舱通风系统生产设计（以57800DWT散货船的机舱通风系统为例）<br><br>1. 计划<br><br><br>2. 实施背景<br>调用船体结构三维模型图。<br>3. 实施过程记录<br>3.1 机舱通风系统详细设计图纸识读<br>根据《机舱通风系统详细设计图册》进行生产设计。引入生产案例的船舶机舱通风原理图，确定该部分管路连接情况，并完成如下表格的填写。 ||

· 236 ·

续表

| | 机舱通风系统管路连接参数表 | | | |
|---|---|---|---|---|
| 活动实施 | 序号 | 管路参数 | 连接设备 | 连接附件 |
| | 1 | | | |
| | 2 | | | |
| | 3 | | | |
| | 4 | | | |
| | 5 | | | |
| | 6 | | | |
| | 7 | | | |
| | 8 | | | |
| | 9 | | | |
| | 10 | | | |

3.2 运行 SB3DS 放样生产软件

3.3 新建工程目录与用户权限

3.4 风管生产设计系统演示

3.5 根据详细设计图纸识读结果进行机舱通风管系生产设计

| 成果展示 | （生产设计图纸粘贴处） |
|---|---|

| 存在问题 | |
|---|---|

续表

| 活动测试 | 简答题 |
|---|---|
| | 1. 简述机舱通风管系布置形式。 |
| | 2. 简述机舱通风系统常用设备。 |
| | 3. 机舱风管常用连接件有哪些？ |
| | 4. 机舱风管的一般布置原则有哪些？ |
| | 填空题 |
| | 1. 机舱通风装置一般由_____与通风装置组成。<br>2. 机舱通风管一般有_____和_____（螺旋风管）两种形式，现在还有_____风管。<br>3. 由于主机增压器及主机排烟引起的高温，故对这个区域的_____和_____都有较高的要求。<br>4. 风管管路支架的布置，是为减小_____的振动。<br>5. 排风装置由_____、_____、_____（风帽）及_____等组成。 |

| 任务评价 | 自我评价 | 1. 通过本任务学习，我学到的知识点和技能点有：_____。<br>存在问题有：_____。<br>2. 在本次工作和学习的过程中，我的表现可得到：<br>□优　□良　□中　□及格　□不及格 |
|---|---|---|
| | 小组互评 | |
| | 教师评价 | |

## • 拓展知识

### 机舱通风优化布置实例

根据任务实施过程的成果，综合分析机舱通风管路的生产设计过程，下面对该生产设计进行优化。

#### 一、分油机间通风布置

分油机间一般包含 2 台分油机、2 台供油单元，使整个分油机间的温度较高。因此，此空间布置 2 套独立的通风系统，并配备 1 台针对该区域的轴流式抽风机，如图 8-3-1 所示。

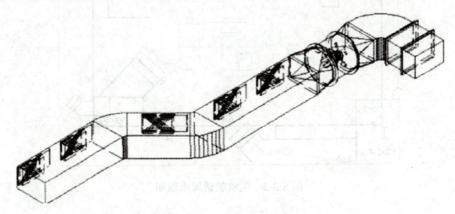

图 8-3-1　独立通风系统

由于高温层在该房间的上层区域，故送风区分别用调风门和风栅，将外界新鲜空气送至高温层下面，甚至设备底层。对应的排风区则直接用位于顶端的风栅将高温区空气抽至房间外面。为了安全起见，抽风管路上配备一台防火风阀，4 台设备中间的检修通道顶端也配备了 2 扇风栅，为人员通道提供新鲜冷风。

合龙管应用于船体结构分段或总段合龙时，分段风管间的连接管段。它带有长度调整余量，长度一般为 300～500 mm。位于合龙管上的法兰需与管段点焊，方便现场调整。一般位于机舱大开口、吊物口，影响大型设备起吊的风管也需设置为合龙管，方便设备起吊及安装。图中 8-3-2 所示为两个分段间合龙管。

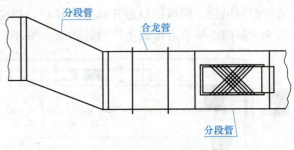

图 8-3-2　两个分段间合龙管

#### 二、主机通风布置

由于主机增压器及主机排烟引起的高温，故对这个区域的冷通风速和风量都有较高的要求。如图 8-3-3 所示，右下角设置在主机增压器的上方的矩形风管通径为 1 000 mm×850 mm，其风速控制为 10.5 m/s。左下角设置在排烟管上方的矩形风管通径为 850 mm×800 mm，其风速控制为 7.87 m/s。考虑到机舱送风来源于外界，不可避免地会携带一定量的灰尘和杂质，所以，尽量不要将该区域的出风口过度靠近主机，以免造成设备污染。

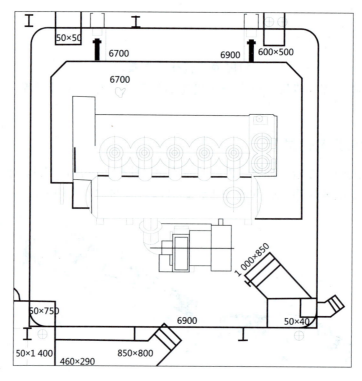

图 8-3-3　主机舱送风原理图

### 三、集控室通风布置

机舱集控室是轮机管理人员值班的场所，所以应创造较为适宜的工作环境。为了保证室内有充分的新鲜空气，应从支风管单独引一路新风进入集控室。由于集控室设置有天花板，且天花板有排列板缝线，所以送风管最好避开排列板缝线位置，布置在顶部天花板上，并用通风栅调节。送风风栅和布风器的位置均避开集控室天花板排列板缝线位置，单独设置一路回风管，回风出口避开高噪声场所，以免机舱噪声从回风口进入集控室。送风风栅与天花板的连接节点形式生产设计图纸如图 8-3-4 所示。

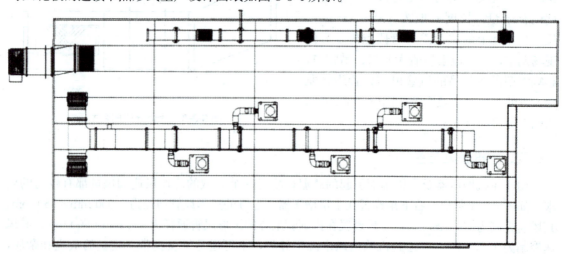

图 8-3-4　送风风栅和布风器的位置图

### 四、风管支架布置

风管支架的布置，是为减小通风管路的振动。布置风管支架的原则通常为，当风管管路通径≥700 mm 时，该风管上的固定支架间距不超过 1.5 m；当风管管路通径＜700 mm 时，该风管上的固定支架间距不超过 2 m，如图 8-3-5 所示。

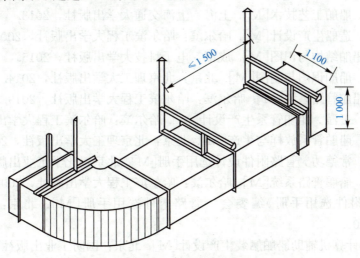

图 8-3-5 风管支架设置

**学习笔记：**

# 参考文献

[1] 应长春. 船舶工艺技术[M]. 上海：上海交通大学出版社，2013.
[2] 黄广茂. 造船生产设计[M]. 哈尔滨：哈尔滨工程大学出版社，2008.
[3] 张幻. 船舶结构与识图[M]. 成都：电子科技大学出版社，2015.
[4] 刘雪梅. 船舶识图与制图[M]. 北京：北京理工大学出版社，2014.
[5] 王欢. 船舶管路系统[M]. 哈尔滨：哈尔滨工程大学出版社，2019.
[6] 付锦云，王滢. 船舶管系生产设计[M]. 哈尔滨：哈尔滨工程大学出版社，2019.
[7] 孙文涛. 船舶管系放样与生产[M]. 北京：北京理工大学出版社，2014.
[8] 周明衡，常德功. 管路附件设计选用手册[M]. 北京：化学工业出版社，2004.
[9] 付锦云. 船舶管路系统[M]. 哈尔滨：哈尔滨工程大学出版社，2006.
[10]《管路附件选用手册》编委会. 管路附件选用手册[M]. 北京：机械工业出版社，2008.
[11] 陈宁. 计算机辅助船舶舾装生产设计[M]. 北京：国防工业出版社，2006.
[12] 中国船级社. 钢制海船入级规范2018[M]. 北京：人民交通出版社，2018.
[13] 日本造船学会钢船建造法研究委员会. 钢船建造法第一卷总论[M]. 北京：国防工业出版社，1986.
[14] 高介枯. 深化生产设计对建立造船生产管理新模式的有关要求[C]. 深化造船生产设计文集，1992.
[15]《中国船舶工业集团公司推进建立现代造船模式领导小组》文件，《2007年度船舶设计院所长第二次联席会》纪要附件2，设计概念介绍[C]. 推进建模工作通讯，2007(4).
[16] 章炜梁，周德寿. 装件的设计与管理托盘化的应用研究. 沪东中华造船（集团）有限公司，现代造船模式的应用研究专题研究报告（下册）[R]. 上海船舶工艺研究所"现代造船模式的应用研究"项目管理办公室，2007.
[17] 谢子明，薛曾丰. 造船软件国产化[C]//中国造船工程学会. 2006中国数字化造船论坛论文集. 2006.
[18] 郑冬标，胡可一. 江南数字化设计之路[C]//中国造船工程学会. 2006中国数字化造船论坛论文集. 2006.